SHANGHAI MINYING JINGJI

2021 上海民营经济

上海市工商业联合会
上海市发展和改革委员会
上海市市场监督管理局
上海市统计局
上海市民营经济研究会

复旦大学出版社

主办单位

上海市工商业联合会

上海市发展和改革委员会

上海市市场监督管理局

上海市统计局

上海市民营经济研究会

《2021 上海民营经济》编委会、编辑部成员名单

《2021 上海民营经济》编委会成员

主　　　任：寿子琪
副 主 任：华　源　　王霄汉　　陈学军
　　　　　　朱　民　　彭文皓　　赵福禧
编　　　委：施登定　　彭一浩　　汤汇浩

《2021 上海民营经济》编辑部成员

主　　　编：施登定
副 主 编：罗永勤　　陈永奇　　贾　川
　　　　　　王　倩　　刘　云
成　　　员：陈　菁　　王晓琳　　曹美芳
　　　　　　刘　清　　李　琳

目 录

经济发展

专题一	2020年度上海市民营经济运行分析报告	3
专题二	2020年民营经济	13
专题三	2021年上半年上海市民营经济运行分析报告	17
专题四	发挥企业创新主体作用 壮大国家战略科技力量上海调研报告	24
专题五	促进民营企业发展"五型经济"服务构建新发展格局研究	33
专题六	激发民企创新活力优势 促进城市数字化转型	40
专题七	"上海民营企业评营商环境"调研报告	48
专题八	中小企业垄断协议豁免制度研究	77
专题九	打造宝山区万亿级钢铁金融产业的意见与建议	94
专题十	2020年浦东新区重点民营企业融资需求分析和研究	104
专题十一	嘉定民营科技企业培育发展研究	111

理论研究

专题十二	弘扬企业家精神 加强对民营经济人士思想引导工作研究	131
专题十三	上海青年企业家社团组织建设及发展研究	137
专题十四	发挥民营企业解决上海"老、小、旧、远"等民生问题作用	164
专题十五	做好民营经济统战工作 助推嘉定新一轮发展	180
专题十六	上海民营经济法治精神提升研究	195
专题十七	上海民营企业服务构建新发展格局研究	206
专题十八	疫情催生发展机遇 诸多挑战不容忽视——2020年我市电子商务交易平台发展情况分析	213

2021 经济发展

上海民营经济

专题一

2020年度上海市民营经济运行分析报告

2020年,在以习近平同志为核心的党中央坚强领导、科学决策下,我国统筹疫情防控和经济社会发展取得重大成果,经济总量迈上百万亿元新台阶,全年经济增长2.3%,人均国内生产总值连续两年超过1万美元,稳居中等偏上收入国家行列。全年居民人均可支配收入增长与经济增长基本同步,决战脱贫攻坚取得决定性胜利。上海扎实做好"六稳"工作,全力落实"六保"任务,全市经济运行持续稳定恢复,实现地区生产总值3.87万亿元,增长1.7%,增速比前三季度提高2.0个百分点,经济发展韧性、活力和动力明显增强,稳就业保民生成效显著。

面对突如其来的新冠肺炎疫情和错综复杂的国际形势,上海围绕降低成本、金融支持等方面出台多项纾困政策措施,《上海市优化营商环境条例》《上海市促进中小企业发展条例》相继实施,发布"28条""金融18条""中小企业22条""在线新经济"等政策,建立4 696人中小企业服务专员队伍开展惠企让利活动,成立上海市民营经济发展战略咨询委员会,助力民营经济高质量发展。2020年,上海民营经济发展的质量和效益不断提升,经济运行呈现出以下主要特点:一是经济持续稳定恢复,调结构取得新进展;二是第三产业引领发展,工业效益稳步提升;三是对外贸易逆势增长,国内消费逐步回稳;四是创业热度强劲反弹,创新动能不断积聚。

同时,民营经济也面临着降本减负纾困政策有待延续、民营投资和市场需求恢复较慢、部分民企融资需求依然迫切等困难和问题。为进一步促进民营经济发展,本报告建议:着力做好助企惠企政策优化与调整,持续优化民营经济发展环境,继续加大金融支持民营经济力度。

一、上海民营经济运行的主要特点

民营经济是国民经济的重要组成部分。2020年,上海民营经济遭受新冠肺炎疫情的巨大冲击后,持续稳定恢复,全年实现增加值1.11万亿元,同比增长1.0%,在全市生产总值中的比重为28.7%(见表1-1)。上海民营企业持续推进创新驱动、转型升级,为全市经济发展做出了重要贡献。

表1-1 2020年上海民营经济主要指标

指　　标	2020年绝对值	2020年增速(%)	增速较全市(±百分点)	占全市比重(%)
经济增加值(亿元)	11 103.31	1.0	−0.7	28.7
第一产业	95.26	−8.0	0.2	92.0
第二产业	2 437.75	0.1	−1.2	23.7
第三产业	8 570.27	1.4	−0.4	30.3
工业总产值(亿元)	7 328.11	0.4	−1.5	21.0
工业主营业务收入(亿元)	8 234.03	−0.4	1.3	21.0
工业利润总额(亿元)	646.63	17.2	19.5	22.8
建筑业总产值(亿元)	2 520.17	−5.8	−11.7	30.4
服务业营业收入(亿元)	14 354.24	2.5	1.4	41.4
服务业营业利润(亿元)	968.43	8.4	13.6	33.1
社会消费品零售额(亿元)	3 798.13	−0.1	−0.6	23.8
进出口总额(亿元)	8 335.90	11.3	9.0	23.9
出口	3 810.69	6.5	6.5	27.8
进口	4 525.21	15.6	11.8	21.4
固定资产投资(亿元)	−	9.3	−1.0	−
房地产开发投资	−	7.3	−8.6	−
工业投资	−	6.5	−4.6	−
新设企业数量(万户)	46.03	11.3	0.7	96.5
新设企业注册资本(亿元)	17 591.40	29.1	4.1	65.4
税收收入(亿元)	4 777.70	−1.9	3.8	38.6

(一) 经济持续稳定恢复,调结构取得新进展

2020年,上海民营经济遭受新冠肺炎疫情的巨大冲击,在国家及上海一系列纾困政策措施的支持下,民营企业有序复工复产、复商复市,经济持续稳定恢复。全年民营经济增加值达11 103.31亿元,已连续两年突破1万亿元大关,经济总量较2019年增长1.0%,增速较上半年提高4.1个百分点。

全年第三产业增加值占民营经济增加值

图 1-1　上海民营企业税收收入及全市占比情况

的比重达到 77.2%，高于全市平均 4.1 个百分点。民营经济增加值在全市生产总值中的比重为 28.7%，较 2020 年上半年提高 0.3 个百分点，为全市经济发展做出重要贡献。特别是在全市落实减税降费的大背景下，2020 年，上海民营经济完成税收收入 4 777.70 亿元[①]，同比下降 1.9%，降幅低于全市平均 3.8 个百分点。其中，非国有控股企业上缴税收同比由增转降，降幅为 10.6%，私营企业、个体经营户上缴税收保持增长，增幅分别为 3.2% 和 10.0%。从占比情况看，民营经济税收收入占全市税收收入的比重升至 38.6%，较 2019 年提高 1.5 个百分点，再创历史新高（见图 1-1）。

（二）第三产业引领发展，工业效益稳步提升

1. 高技术服务业引领发展，盈利势头良好

2020 年，上海民营经济实现服务业增加值 8 570.27 亿元，同比增长 1.4%，增速快于各产业平均水平 0.4 个百分点。

全年民营服务业企业实现营业收入 14 354.24 亿元[②]，同比增长 2.5%，占全市服务业比重 41.4%；营业利润 968.43 亿元，同比增长 8.4%，占全市服务业比重 33.1%；营业收入利润率 6.7%，略低于全市平均 1.7 个百分点。分行业看，科学研究和技术服务业，信息传输、软件和信息技术服务业营业利润增速较快，分别达到 41.9% 和 28.1%，以上两个行业及居民服务业、交通运输业营业收入利润率均略高于全市平均水平。民营批发零售业和住宿餐饮业受疫情冲击较大，全年限额以上企业实现营业收入分别为 36 295.69 亿元和 395.72 亿元，同比分别下降 3.4% 和 21.1%。

[①] 民营经济税收收入不含海关代征的增值税、消费税以及证券交易印花税。统计范围包括私营企业、集体企业、个体经营以及非国有控股的联营企业、有限责任公司、股份有限公司。

[②] 服务业营业收入、营业利润的统计范围为规模以上服务业企业，不包括房地产业，下同。

2. 工业生产由降转增，企业效益稳步提升

随着新冠肺炎疫情防控、复工复产形势持续向好，2020年上海民营工业生产经历了快速萎缩、逐渐企稳和由降转增的过程，逐步显现复苏迹象。全年规模以上工业总产值7 328.11亿元，1—6月、1—9月、1—12月同比增速分别为－7.8%、－1.7%和0.4%，但全年增幅仍低于全市工业1.5个百分点，民营工业总产值占全市工业的比重为21.0%。全年规模以上工业主营业务收入8 234.03亿元，同比下降0.4%。企业效益稳步提升，全年实现规模以上工业利润总额646.63亿元，占全市工业的比重为22.8%，1—6月、1—9月、1—12月同比增速分别为4.6%、13.9%和17.2%。工业主营业务收入利润率达到7.9%，高于全市工业0.7个百分点。分行业看，33个工业行业中约有六成行业受疫情影响，产值、收入同比下降，但也有近六成行业实现盈利同比增长，如通用设备制造业、医药制造业利润总额分别同比增长39.5%和37.0%，纺织业、农副食品加工业同比增速更是分别达到2.0倍和1.3倍。

（三）对外贸易逆势增长，国内消费逐步回稳

1. 外贸逆势提速，助力全市进出口总值创历史新高

2020年，在全球贸易萎缩背景下，上海统筹疫情防控和经济社会发展，对外贸易实现正增长，进出口总值3.48万亿元，创历史新高。其中，民营企业实现进出口总额8 335.90亿元[①]，同比增长11.3%，增速较上年提高2.0个百分点，快于全市平均9.0个百分点；其中出口额增长6.5%，进口额增长15.6%。对外贸易占全市比重进一步提高，全年民营进出口总额占全市比重为23.9%，较上年提高1.9个百分点。其中，出口额占比为27.8%，进口额占比为21.4%，分别较2019年提高1.7和2.2个百分点。

2. 消费逐步回稳，但表现不及全市平均水平

2020年，上海民营限额以上社会消费品零售额3 798.13亿元，同比微降0.1%，降幅较2020年上半年、前三季度分别收窄14.0和7.2个百分点；而全市社会消费品零售总额同比由负转正，增速为0.5%。全年民营限额以上社会消费品零售额占全市比重为23.8%。

（四）创业热度强劲反弹，创新动能不断积聚

1. 营商环境不断优化，创业热度强劲反弹

2020年，上海实行"以告知承诺为基础的审批程序"等措施精简流程，推动提升新型基础设施规模和创新能级，不断优化营商环境，促进新生业态发展。疫情后上海大众创业、万众创新的势头不减反增，全年新设民营市场主体共46.03万户[②]（见图1-2），月均达到

[①] 民营企业进出口数据的统计范围为私营企业、集体企业和个体工商户。
[②] 民营市场主体户数、注册资本的统计范围包括私营企业、个体工商户和农民专业合作社。

图1-2 上海民营新设市场主体户数

3.84万户,同比增长11.3%,增速较2019年提高3.4个百分点;新设民营市场主体占全市新设市场主体比重为96.5%,较2019年提高0.6个百分点。爱康企业集团等81家企业被认定为2020年度民营企业总部,其中百亿能级企业占比达15%,喜马拉雅、途虎、珍岛等在线新经济企业占比达30%。截至目前,上海共认定三批民营企业总部,总数达到274家。

2. 招、退工同步萎缩,就业形势总体稳定

2020年,经备案的民营企业招工数为248.34万人次①,同比下降6.4%,降幅低于全市平均2.9个百分点;退工数为227.68万人次,同比下降8.7%,降幅低于全市平均1.6个百分点(见表1-2)。从占比情况看,民营企业招工数占全市比重为68.2%,退工数占全市比重为65.5%,分别较2019年提高2.1和1.1个百分点。招退工相抵后,民营企业全年净招工20.65万人次,情况好于2020上半年和前三季度(上半年净退工4.58万人次、前三季度净招工10.30万人次),也好于全市(全市同期净招工16.55万人次)。

表1-2　2020年民营企业劳动用工备案情况

指标	招工情况		退工情况	
	招工数(人次)	同比增速	退工数(人次)	同比增速
全市	3 641 328	-9.3%	3 475 863	-10.2%
民营	2 483 375	-6.4%	2 276 832	-8.7%

3. 企业创新亮点频现,发展动能不断积聚

2020年,新认定高新技术企业7 396家,民营企业占比八成以上;专精特新企业达到3 005家,民营企业占比超过九成;科创板已

---

① 民营企业招、退工数据的统计范围包括私营企业、城镇集体、股份制、有限责任公司及个体经营户,其中股份制和有限责任公司根据全市情况推算。

上市的39家上海企业中,民营企业达24家;民营经济已成为体现上海经济活力、创新能力的骨干力量。一批创新能力强、业态模式新、质量品牌优、管理水平高、国际融合好的成长型民企不断做强做优,实现创新发展。例如,上海博泰车联网致力于以"大排档"价格为用户提供"米其林"产品体验,是行业中重研发、肯投入的典范,已累计投入十多亿研发资金,拥有超过4000项知识产权,2020年首次成功入围世界物联网500强企业、上海市民营企业总部;珍岛集团作为智能营销领域技术革新的引领者,致力于为全球中小微企业进行营销力赋能,已申请专利22项,软件著作权240项,2020年成功入选"商务部第二批数字商务企业","基于AI-SaaS的Marketingforce智能营销云平台服务"入选"工信部中小企业数字化赋能推荐目录"。一批创新成果成功打破国外垄断,助推产业发展。例如,上海榕融新材料宣布完成国产氧化铝连续纤维中试,产品性能和指标接近国际水平,价格比进口价格大约降低40%,一举打破国内耐高温新材料长期被国外巨头垄断的局面,将在临港实现量产。

二、上海民营经济运行存在的主要问题和相关建议

(一)民营经济运行存在的主要问题

疫情暴发后,民营企业生产经营一度受到巨大冲击。在国家和市一系列惠企纾困政策措施的支持下,民营经济运行总体呈现逐步恢复态势,全年民营固定资产投资增速由2020年上半年下降3.7%转为增长9.3%,限额以上社会消费品零售额同比降幅较2020年上半年收窄14.0个百分点,基本恢复到疫情前水平,但尚不及全市平均水平,部分企业生产运营仍然存在一些困难和问题。

1. 降本减负纾困政策有待延续

2020年以来,尽管上海大力推动支持疫情防控和经济社会发展的减税降费政策落实落细,但据第四季度民营经济运行状况调查显示,22.8%企业表示缴税额同比有所下降,66.7%表示没有变化,10.5%表示不降反升。劳动力成本、物流成本、原材料成本等各类成本高企也导致企业面临资金压力。从第四季度民企政策落实情况调查结果来看,企业最希望延长期限和扩大适用范围的前三位政策分别是:阶段性缓缴或适当返还社会保险费,对受疫情影响较大的困难行业企业年度亏损的延长转结和延期缴纳税款,对符合条件的企业给予吸纳就业补贴、稳岗补贴、职工技能培训补贴。

2. 民营投资和市场需求恢复较慢

2020年下半年以来,国内消费需求处于缓慢恢复中,投资需求内生动力仍显不足。全年民营固定资产投资增速由上半年下降3.7%转为增长9.3%,限额以上社会消费品零售额同比降幅较上半年收窄14.0个百分点,但均不及全市平均水平,与疫情前水平仍有一定差距。调查显示,有54.8%的民营非

制造业企业和46.3%的民营制造业企业反映市场需求不足,占比较疫情暴发期间略有回落,但明显高于疫情前水平。从民营PMI指数看,1—11月制造业和非制造业新订单指数分别为46.9和42.6,分别低于全市均值4.2个百分点和3.1个百分点。

3. 部分民企融资需求依然迫切

据专项调研表明,在融资需求变化上民营企业较其他企业更为迫切,融资难度也较高。在一系列政策措施的合力作用下,我国企业综合融资成本明显下降,2020年12月企业贷款加权平均利率已降至4.61%。第四季度民营经济运行状况调查显示,当前上海民企仍有三成综合融资成本在5%~8%,一成多企业在8%以上。在调查中表示当前有融资需求的企业占35.7%,其中近半数企业日常运营流动资金存在缺口,显示疫情对部分企业的影响依然存在。从融资方式看,民营企业较易获得的"受托支付"类贷款,由于时效性等问题尚不能很好地满足企业需求。

(二)进一步促进民营经济发展的建议

1. 着力做好助企惠企政策优化与调整

按照"能延尽延、及时调整、持续优化、适时退出"的原则,做好助企纾困政策的适当接续,保持政策的连续性、稳定性和可持续性,把握好政策调整的时机和节奏,分类并精准施策,激发市场主体活力,稳定市场预期。研究完善上海更好落实国家各项减税政策的相关制度设计,结合上海最低工资涨幅,动态调整企业社保缴纳比例;进一步研究扩大增值税留抵退税的行业范围。坚持减税和补贴协同发力,全面落实提高民营企业研发费用加计扣除比例、股权激励递延纳税等税收优惠政策,加大企业研发经费投入后补助政策力度。完善免退税政策,为居民提供更多更好更便宜的消费商品。

2. 持续优化民营经济发展环境

持续深化国际一流营商环境建设,建立公平竞争、诚信经营的市场环境,持续放宽市场准入,推动贸易和投资便利化,支持民营企业特别是中小微民营企业积极与国有企业在竞争与合作中实现共赢;构建政府与企业良性互动的政商机制和环境,畅通政商正常交往的途径;营造依法保护企业家合法权益的法治环境,妥善处理历史形成的产权案件,严格规范涉案财产处置的法律程序,谨慎把握产权处理和经营纠纷的司法政策;弘扬企业家精神,加强新时代民营企业家队伍建设,全力营造尊重和激励企业家实干、创业的社会氛围和民营经济发展的良好生态,推动民营企业不断迸发创新创造活力,发挥更大作用。

3. 继续加大金融支持民营经济力度

继续支持民营小微企业发展,推动金融系统向企业合理让利,更加注重发挥政策性融资担保的作用。用好再贷款再贴现政策,引导金融机构加大对民营企业科技创新、绿色发展、制造业等领域的信贷投放。发展知识产权质押融资,引导民营企业与数字经济、智能制造等技术创新结合,加快转型升级。建立多层次的债权和股权融资市场,探索在金融监管的 KYC、风控和合规等方面实现多层次化,在丰富民营和中小企业融资渠道的同时满足金融监管需求。完善金融信用体系,利用大数据、区块链等技术手段完善中小企业信用信息,探索以金融科技促进解决民营企业与金融机构之间信息不对称、抵质押物登记衔接等问题。

三、附录——2020 年上海民营工业经济运行分析

2020 年,面对突如其来的新冠肺炎疫情严重冲击和前所未有的严峻复杂形势,上海民营经济工业生产从深度回调到逐步回稳再到由降转增,逐步显现复苏迹象,全年第二产业增加值同比增速 0.1%,实现正增长。工业企业效益稳步增长,工业投资增速有所提高(见表 1-3)。

表 1-3 2020 年民营规模以上工业主要指标

指标	民营工业		全市工业	
	绝对值(亿元)	同比增长(%)	绝对值(亿元)	同比增长(%)
工业总产值	7 328.11	0.4	34 830.97	1.9
主营业务收入	8 234.03	-0.4	39 174.8	-1.7
利润总额	646.63	17.2	2 831.81	-2.3

(一)工业生产由降转增

2020 年,随着上海新冠肺炎疫情防控、复工复产形势持续向好,民营工业生产经历了快速萎缩、逐渐企稳和由降转增的过程,逐步显现复苏迹象。全年规模以上工业总产值 7 328.11 亿元,1—6 月、1—9 月、1—12 月规模以上工业总产值同比增速分别为-7.8%、-1.7% 和 0.4%,但全年增幅仍低于全市工业 1.5 个百分点,民营工业总产值占全市工业的比重为 21.0%。

分行业看,33 个工业行业中有 13 个行业规模以上工业总产值同比增长,较上年减少 4 个行业,20 个行业同比下降。

其中,化学原料和化学制品制造业(639.62 亿元,7.9%)、医药制造业(305.06 亿元,12.9%)、专用设备制造业(633.51 亿元,5.0%)、电气机械和器材制造业(993.73 亿元,3.1%)、计算机、通信和其他电子设备制造业(586.48 亿元,2.4%)、通用设备制造业(818.31 亿元,1.3%)等行业工业总产值同比增加量居前,对工业生产保持平稳起到了主要支撑作用。

而纺织服装、服饰业(137.22 亿元,-21.6%)、汽车制造业(630.10 亿元,-3.7%)、皮革、毛皮、羽毛及其制品和制造业(113.75 亿元,-14.1%)、金属制品业(418.00 亿元,-4.1%)、文教、工美、体育和娱乐用品制造业(70.75 亿元,-14.1%)、家具制造业(65.03 亿元,-14.0%)等行业工业总产值同比缩减量居前。

(二)主营业务收入同比小幅下降

2020 年,民营企业规模以上工业主营业

务收入达到8 234.03亿元,同比小幅下降0.4%,降幅较2019年扩大0.3个百分点,但低于全市工业1.3个百分点。民营工业主营业务收入占全市工业的比重为21.0%。

分行业看,33个工业行业中有14个行业实现主营业务收入同比增长,较上年减少1个行业,19个行业同比下降。

其中,电气机械和器材制造业(1 204.12亿元,7.2%)、专用设备制造业(715.85亿元,11.2%)、医药制造业(319.89亿元,17.4%)、化学原料和化学制品制造业(695.87亿元,3.2%)、农副食品加工业(214.58亿元,9.5%)、计算机、通信和其他电子设备制造业(629.35亿元,2.4%)、通用设备制造业(867.73亿元,1.7%)等行业主营业务收入同比增加量居前。

而有色金属冶炼和压延加工业(290.02亿元,−34.8%)、汽车制造业(720.37亿元,−6.8%)、纺织服装、服饰业(147.73亿元,−17.1%)、金属制品业(455.80亿元,−4.2%)、皮革、毛皮、羽毛及其制品和制造业(109.02亿元,−13.9%)、橡胶和塑料制品业(508.06亿元,−2.3%)等行业主营业务收入较上年缩减量居前。

(三)工业企业效益逆势稳步提升

2020年,民营企业实现规模以上工业利润总额646.63亿元,占全市规模以上工业的比重为22.8%,1—6月、1—9月、1—12月同比增速分别为4.6%、13.9%和17.2%,全年增速较2019年提高14.4个百分点,而同期全市规模以上工业利润总额同比下降2.3%。工业主营业务收入利润率为7.9%,高于全市工业平均水平0.7个百分点。

分行业看,33个工业行业中有19个行业实现盈利增长,较上年增加4个行业,12个行业盈利同比萎缩,尚有2个行业存在小幅亏损。

盈利增长的行业中,通用设备制造业(67.77亿元,39.5%)、医药制造业(59.40亿元,37.0%)、专用设备制造业(92.63亿元,19.2%)、纺织业(19.05亿元,198.9%)、电气机械和器材制造业(77.13亿元,19.6%)、橡胶和塑料制品业(47.34亿元,35.2%)、农副食品加工业(19.40亿元,132.7%)等行业利润增加额排名靠前,支持民营工业利润总额同比增长。

而盈利缩减金额靠前的行业包括计算机、通信和其他电子设备制造业(22.68亿元,−26.9%)、文教、工美、体育和娱乐用品制造业(17.52亿元,−29.5%)、印刷和记录媒介复制业(3.28亿元,−50.3%)、皮革、毛皮、羽毛及其制品和制造业(4.98亿元,−32.6%)等,一定程度上抑制了利润总额的快速增长。

(四)工业投资增速提高

在新冠肺炎疫情冲击下,上海围绕税费减免、金融支持、降低成本等方面出台了多项纾困政策措施,全力以赴支持民营经济发展。2020年,上海民营工业投资同比增长7.3%,增幅较2019年提高4.6个百分点,但仍低于全市工业投资增速8.6个百分点(见图1-3)。

图1-3 上海民营工业投资增长情况及与全市比较

(供稿单位:上海市工商联合会,主要完成人:徐惠明、施登定、张捍、刘佳、韩莹、徐玲玲)

专题二

2020年民营经济

一、2020年民营经济发展基本情况

2020年，上海积极落实党中央、国务院有关要求，按照市委、市政府统一部署，以企业需求为导向，加强制度供给，优化营商环境，持续提升企业服务能级，疫情期间有序推动企业复工复产，疫情后期全力帮助企业提振信心、实现平稳健康发展。

（一）优化制度供给环境

加快中小企业地方立法。市委、市人大、市政府高度重视立法工作，2020年6月18日《上海市促进中小企业发展条例》经市十五届人大常委会二十二次会议表决通过并正式实施。7月28日印发《加大支持本市中小企业平稳健康发展的22条政策措施》。疫情初期发布《关于应对疫情影响进一步加强企业服务促进中小企业平稳健康发展的若干措施》，全力帮助中小企业渡过疫情难关。

（二）加强服务体系建设

一是深化"市企业服务云"功能内涵，启动平台二期建设，提供"互联网＋政务"和10大类专业服务。企业服务云累计注册用户达60万个，访问量超2735万次，完成各类服务订单超38万个，受理解决各类企业诉求7.87万个。启动首届"稳企保业云动惠"，推出魔方公寓"云享房"、央企"云对接"等十余项云动惠系列产品。打造企业服务云手机版，通过"钉钉"实现诉求流转、政策推送、政策申报、企业赋能、科创对接等服务功能。二是做强市级中小企业服务中心功能，完善"1＋16＋X＋N"中小企业服务体系。全市培育国家级中小企业公共服务示范平台25个，市级中小企业服务机构314家。开展中小企业服务专员试点。形成服务专员方案，年底前组建首批5812人的中小企业服务专员队伍，对口联系中小企业近8.12万家。

（三）深化重点企业培育

市区联动形成培育合力。发布2020年度专精特新企业名单，全市专精特新企业近3005家。构建分层培育体系。培育国家级专精特新"小巨人"企业80家，第一至第五批制造业单项冠军企业（产品）23家。叠加人才、创新、市场等服务。推动培训视频上网，继续举办重点培育企业创始人、领军人才、首席质量官、知识产权、人力资源等系列培训。开展"走进央企""共享计划""信息化新动力"

等活动,参与企业近500家次。促进重点企业转型升级。组织一批重点民营企业和"专精特新"企业投资项目集中开工,举办"专精特新"企业领军人才浦江21期、22期培训,开展专精特新企业质量提升行动。实施民营企业百强培育提升计划。形成百强培育提升企业名单,市区联动培育一批新业态、新经济、新模式民营龙头企业。召开"上海市民营经济发展战略咨询委员会"成立大会;加大招商引资力度,推动美的集团、云南白药、华峰集团、信达生物等民企项目落沪。

(四)助推双创企业发展

挖掘培育优质创业企业。2020年"创客中国"上海赛区大赛暨50佳评选启动,新增5G、互联网+汽车等专业赛道,已报名参赛企业511家;贯彻落实国家"创客中国"资金奖补政策,支持27家企业,总金额640万元。做强志愿服务。完善"1(总队)+4(分团)+16(区)+Z(专家)+Y(园区工作站)"服务对接机制,发展志愿者223人、园区工作站111家;实施"千智万企"志愿服务计划,累计举办活动240场,线上参与1.2万人次。加强双创载体建设。培育张江核心园、漕河泾新兴技术开发区等国家创新创业特色载体4家,推荐金桥经济技术开发区等2家申报第三批特色载体。

(五)强化融资服务

国家中小企业发展基金注册上海。国家中小企业发展基金有限公司完成工商注册,总规模357.5亿元,7月正式揭牌。推送"稳企业保就业金融支持重点企业名单"。加大金融支持力度,梳理稳企业保就业金融重点支持企业名单,首批推送企业6 129家。加大融资担保力度。落实国家融资担保业务降费奖补资金1 564万元;推出"小微企业流动资金应急贷",对受疫情冲击明显的小微企业和复工复产延迟的制造业小微企业发生的担保代偿风险,给予最高70%的代偿。支持科创板上市。建设"上海市改制上市企业培育库",入库企业369家,"科创企业上市贷"搭建信贷绿色通道,疫情期间为66家入库企业提供贷款27.55亿元,累计1 400多家科创企业获得贷款300多亿元。推动供应链金融试点。聚焦汽车、重大装备等重点领域核心企业,联合银行、企业集团财务公司等金融机构,开展供应链金融试点,商业银行面向首批试点5条供应链融资授信36.34亿元,为91家链上企业提供融资23.55亿元。

二、2021年民营经济发展总体思路

全面贯彻党的十九大和十九届五中全会精神,深入贯彻落实习近平总书记考察上海和在浦东开发开放30周年庆祝大会上的重要讲话精神,坚持稳中求进工作总基调,不断提升企业服务精准性和有效性,保护和激发市场主体活力,助推上海经济实现高质量发展。

(一)持续优化企业发展环境

开展发展环境评估和涉企政策效果分

析。开展全市中小企业发展环境第三方评估工作,以评促优。跟踪跨区迁移、减税降费等政策执行效果,深化政策效应分析,做好形势预判和政策储备。提高企业诉求解决实效。依托市服务企业联席会议,实行"涉及单个部门、区的诉求5个工作日内解决,涉及跨部门、区的诉求15个工作日内解决"快速协调解决企业诉求机制,组建全市企业诉求处理联络员队伍,建立诉求专题例会工作制度,推动提高诉求处理效率和质量。优化中小企业发展专项资金项目管理。妥善安排资金,做好预算执行,按照《管理办法》支持范围编制项目指南。严格按照程序规定做好资金的使用和管理;做好项目验收,开展资金绩效评价,提高资金使用效果。

(二)增强企业服务统筹

完善企业服务专员制度。市、区、街道(镇)三级联动,不断夯实企业服务专员队伍,分区域开展服务专员培训,将企业服务专员服务范围从中小企业扩大到全市各类所有制重点企业。持续优化服务专员平台建设。完善中小企业服务专员平台(市企业服务云手机版)功能,做强政策导读、诉求反映、企业赋能三大功能版块,实现政策推送申报、诉求流转、上线赋能、科创对接等服务目标。实施企业"赋能"行动。开展数字化赋能、创意设计赋能、金融赋能、标准赋能等系列线上"赋能"行动,为中小企业发展注入生命力。完善"1+16+X+N"中小企业服务体系。建设国家中小企业公共服务示范平台和国家小型微型企业创业创新示范基地。开展大中小企业融通特色载体功能建设。开展2021年度中小企业服务机构认定。

(三)加大重点企业培育力度

实施民企百强和独角兽企业培育计划,聚焦上海"3+6"重点产业,倾斜资源、主动服务,培育一批营业收入、市值(估值)超过100亿元的民营企业。定期召开民营经济高质量发展座谈会,了解企业发展情况,推动企业诉求解决。召开民营经济发展战略咨询委会议。充分发挥委员智慧力量,召开专题座谈会,为上海民营经济发展把脉集智,准确研判后疫情时代上海民营经济发展形势,听取委员对民营经济育新机开新局、更好参与强化四大功能、构建双循环新格局的意见建议。开展赴民营经济发达省市调研活动。由市领导、委领导带队,调研外省市民营经济发展情况,学习外省市好的经验做法,了解企业在沪布局和规划,推介上海营商环境和科创板上市服务,吸引企业来沪发展壮大。引导"专精特新"方向发展。开展2021年度专精特新企业遴选(复核),全年培育专精特新企业3 000余家。组织推荐第六批制造业单项冠军企业和第三批专精特新"小巨人"企业。组织一批重点民营企业和"专精特新"企业投资项目集中开工,举办"专精特新"企业领军人才浦江23期、24期培训。

(四)创新金融服务手段

推广供应链金融。面向关键领域推出首批试点核心企业,围绕核心企业上下游产业链打通信息流、数据流、资金流,支持和推动商业银行、担保机构加大供应链金融支持力度,全年力争新增供应链融资300亿元。加大融资担保支持力度。全面落实融资担保机构降费奖补政策,综合运用奖励、补贴、代偿补偿等方式,支持担保机构更好服务中小企业融资,发挥好政府性融资担保作用,推动市融资担保中心落实"两个五"政策要求,力争融资担保放大倍数达到5倍。提高中小企业信用贷款规模。继续实施"专精特新中小企业千家百亿信用融资计划""科创企业上市贷""小微企业流动资金应急贷",探索建立"中小企业信用贷款模型",借力金融科技、大数据等手段,数字化赋能破解中小企业无抵押信用贷款难题。提高直接融资比重。支持企业在境内外资本市场上市,探索在国家中小企业发展基金框架下,支持成立若干上海市子基金,与国家中小企业发展基金联动,采用直投方式支持上海中小科创企业股权融资。

(供稿单位:上海市发展和改革委员会,主要完成人:上海市经济和信息化委员会)

专题三

2021年上半年上海市民营经济运行分析报告

2021年上半年,受益于疫情趋缓和大规模刺激政策,世界经济逐步走出危机,以快于预期的速度持续复苏,但复苏进程中在疫情、增长、政策、贸易等方面出现了严重分化。我国各地区各部门在以习近平同志为核心的党中央坚强领导下,统筹推进疫情防控和经济社会发展,经济持续稳定恢复,运行质量持续提升,2021年上半年实现国内生产总值532 167亿元,同比增长12.7%。上海以推动高质量发展、创造高品质生活、实现高效能治理为目标导向,聚焦主要目标、重点任务和重大项目,狠抓各项政策落地,经济发展呈现稳中加固、稳中有进、稳中向好的态势,上半年地区生产总值20 102.53亿元,同比增长12.7%,与全国平均水平保持一致。

上海各相关部门全力以赴加大改革创新力度,加强改革系统集成,加快优化营商环境,畅通政企沟通渠道,支持民营经济跑出加速度,推出了南虹桥、张江、市北高新3个民营企业总部集聚区,为民营经济发展提供更广阔的空间。在此背景下,上海民企坚持以习近平新时代中国特色社会主义思想为指导,精耕细作主业,服务国家战略,弘扬沪商精神,不断创新发展。

2021年上半年,上海民营经济加快从疫情影响中恢复,经济运行呈现出以下基本特点:一是三大需求全面发力,外贸快速增长,投资、消费强劲复苏;二是产业发展持续向好,服务业加快回暖,工业生产稳定恢复;三是经济社会贡献突出,税收恢复疫情前水平,就业形势稳中向好,创新活力不断迸发。同时,民营经济运行也存在着不少问题,如原材料价格持续上涨,市场需求不足和资金紧张,芯片短缺影响逐步凸显。为进一步促进民营经济发展,本专题建议:持续深化"放管服"改革,加强大宗商品供需双向调节,大力扶持科技创新。

一、2021年上半年上海民营经济运行的主要特点

2021年以来,国内散发疫情仍然存在,部分海外国家形势依然严峻,全球经济在复苏中分化。上海持续统筹疫情防控和经济社会发展,深入推进"放管服"改革,努力打造更优的营商环境,成效不断显现。2021年上半年,上海民营经济运行开局良好,呈现出稳定恢复、稳中向好态势(经济运行主要指标详见表3-1)。

表 3-1　2021 年上半年上海民营经济主要指标

指　　标	金额（亿元）	全市占比（％）	同比增速（％）	增速较全市（±百分点）
进出口总额	5 083.08	27.0	35.5	＋16.5
出口	2 188.15	31.1	24.5	＋14.9
进口	2 894.93	24.6	45.1	＋19.7
固定资产投资	－	－	19.0	＋8.1
房地产业	－	－	17.5	＋6.1
工业	－	－	32.7	＋22.2
社零消费品零售额	2 282.96	25.2	32.0	＋1.7
服务业营业收入	8 436.12	41.4	32.0	－1.5
服务业营业利润	510.66	28.7	2.1	＋0.9
工业总产值	4 107.44	22.6	27.0	8.2
工业主营业务收入	4 542.00	22.1	30.0	9.6
工业利润总额	302.08	19.7	20.6	－15.4
建筑业总产值	1 096.64	27.3	15.0	－7.7
税收收入	3 078.38	35.3	18.2	－3.6
招工人数（万人次）	145.40	70.7	33.0	＋0.9
退工人数（万人次）	137.68	68.3	20.9	＋2.2
新设企业户数（万户）	25.63	96.2	26.7	－0.7
新设企业注册资本	8 907.28	68.3	17.9	－3.6

（一）外贸快速增长，投资、消费强劲复苏

1. 进出口延续向好态势，继续引领全市

2021 年以来，尽管全球新冠肺炎疫情仍在蔓延，受益于我国持续巩固疫情防控成效，我国出口弥补国际市场供需缺口形成贸易替代效应，上海民营企业对外贸易实现快速增长。2021 年上半年，民营企业实现进出口总额 5 083.08 亿元①，同比增长 35.5％，增速高于全市平均 16.5 个百分点，较 2020 年同期提高 26.0 个百分点。其中，出口额和进口额分别增长 24.5％和 45.1％，继续呈现出口增速放缓、进口增速加快的趋势。从占比情况看，

---

① 民营企业进出口数据的统计范围为私营企业、集体企业和个体工商户。

民营企业进出口总额占全市比重为27.0%，较上年同期提高3.3个百分点，其中出口额、进口额占比分别为31.1%和24.6%，分别较上年同期提高3.7和3.3个百分点。

2. 投资强劲复苏，平均增速接近全市

2021年上半年，上海民营固定资产投资由降转增，同比增长19.0%①，增速高于全市平均8.1个百分点，全市为8.8%。从投资结构看，房地产投资同比增长17.5%，增速高于全市平均6.1个百分点，工业投资同比大增32.7%，增速高于全市平均22.2个百分点。

3. 消费强劲复苏，全市占比有所提高

2021年上半年，民营经济实现限额以上社会消费品零售额2 282.96亿元，同比增速由上年同期下降14.1%转为增长32.0%，增幅高于全市平均1.7个百分点。民营限额以上社会消费品零售额占上海全社会消费品零售总额比重为25.2%，较2020年同期提高2.6个百分点。

（二）服务业加快回暖，工业生产稳定恢复

1. 服务业加快回暖，企业利润明显分化

2021年上半年，上海民营规模以上服务业实现营业收入8 436.12亿元②，同比增长32.0%；营业利润510.66亿元，同比增长2.1倍；营业收入利润率为6.1%；民营服务业营业收入占全市服务业的比重为41.4%，较2020年同期下降0.5个百分点，而营业利润占比28.7%，较2020年同期提高8.2个百分点。分行业看，大部分行业营业收入同比实现两位数增长，但营业利润分化明显：信息传输、软件和信息服务业、科学研究和技术服务业同比分别大涨4.5倍和1.6倍，而交通运输、仓储和邮政业同比下降3.4%，教育、卫生和社会工作营业利润为负。

批发零售业、住宿餐饮业营业收入均由降转增。上半年，民营限额以上批发零售业实现营业收入23 366.24亿元，同比增长14.8%，增速低于全市限额以上批发零售业9.8个百分点，占全市比重为35.5%；限额以上住宿餐饮业实现营业收入274.58亿元，同比增长59.0%，增速高于全市限额以上住宿餐饮业4.4个百分点，占全市比重为42.0%。

2. 工业生产稳定恢复，企业利润持续增长

2021年上半年，上海民营经济实现规模以上工业总产值4 107.44亿元③，同比增长27.0%，增速高于全市工业8.2个百分点；规模以上主营业务收入4 542.00亿元，同比增长30.0%，增速高于全市工业9.6个百分点。民营工业总产值、主营业务收入占全市工业的比重分别为22.6%和22.1%，分别较2020年同期提高2.3和2.1个百分点。33个工业行业中，30个行业实现产值增长，全部行业实

---

① 民营固定资产投资、社会消费品零售额的统计范围包括私营、集体、私营控股和集体控股企业。
② 服务业营业收入、营业利润的统计范围为规模以上服务业企业，不包括房地产业，按国家统计局2021年初发布的新口径统计。
③ 民营经济工业总产值的统计范围均包括私营、集体、私营控股和集体控股企业。

现主营业务收入增长,其中计算机、通信和其他电子设备,专用设备,电气机械和器材,通用设备,汽车,化学原料和化学制品制造业发展势头较好,这些行业合计对民营工业规模以上总产值和主营业务收入增长的贡献率均超过六成。

工业利润保持较快增长。2021年上半年,上海民营工业实现规模以上利润总额302.08亿元,同比增长20.6%。33个工业行业中,31个行业实现盈利,其中20个行业实现盈利增长,较2020年同期增加5个。

(三) 税收平稳恢复,就业稳中向好,活力持续显现

1. 税收实现较快增长,已恢复疫情前水平

2021年以来,上海民营经济运行开局良好,1—6月完成税收收入3 078.38亿元①,同比增长18.2%。其中,私营企业(1 817.10亿元)、非国有控股企业(1 245.43亿元)分别同比增长32.8%和20.7%。从占比情况看,1—6月,民营经济税收收入占全市比重为35.3%②(2021年起,上海民营税收收入数据已调整为最新统计口径,与之前数据不可比)。

2. 招工增速快于退工,就业形势稳中向好

2021年上半年,上海经备案的民营企业招工数为145.40万人次③(见表3-2),同比增长33.0%,增幅高于全市平均0.9个百分点,较2019年同期增长4.7%;退工数为137.68万人次,同比增长20.9%,增幅高于全市2.2个百分点,较2019年同期增长2.0%。从占比情况看,民营企业招工数占全市比重为70.7%,退工数占全市比重为68.3%,招退工相抵后净招工7.72万人次,为全市净招工人数的1.9倍。

表3-2　2021年上半年民营企业劳动用工备案情况

指标	招工情况		退工情况	
	招工数(人次)	同比增速	退工数(人次)	同比增速
全市	2 056 568	32.1%	2 015 761	18.7%
民营	1 454 012	33.0%	1 376 834	20.9%

3. 创业热情持续高涨,创新活力不断迸发

2021年上半年,上海注册登记的新设民营市场主体为25.63万户④(见表3-3),同比增长26.7%,占上海全部新设市场主体的比重为96.2%。新设民营市场主体注册资本合计8 907.28亿元,同比增长17.9%,占全市新设市场主体注册资本总额的68.3%。

---

① 民营经济税收收入不含海关代征的增值税、消费税、证券交易印花税。统计范围包括私营企业、集体企业、股份合作企业、个体经营以及私营控股、集体控股企业(联营企业、有限责任公司、股份有限公司)。
② 2021年起,上海民营税收收入数据根据国家税务总局最新统计口径进行调整,与之前数据不可比。
③ 民营企业招、退工数据的统计范围包括私营企业、城镇集体、股份制、有限责任公司及个体经营户,其中股份制和有限责任公司根据全市情况推算。
④ 民营市场主体户数、注册资本的统计范围包括私营企业、个体工商户和农民专业合作社。

表 3-3　2021 年上半年新设民营市场主体主要指标

指　　标	全　　市		民　　营		
	指标值	同比增速	指标值	同比增速	占全市比重
新设市场主体(万户)	26.64	27.3%	25.63	26.7%	96.2%
新设主体注册资本(亿元)	13 037.03	21.5%	8 907.28	17.9%	68.3%

民营科技企业是最活跃、最有创造力的创新主体。2020—2021年两年,上海积极支持行业骨干企业尤其是民营科技型企业深度参与上海科研基地平台建设,面向集成电路、人工智能、生物医药、先进制造、金融科技等重点主导产业需求,聚焦技术创新和成果转化,布局建设了28家上海市技术创新中心,为上海民企注入创新活力。例如,国内车联网龙头企业上海博泰坚持每年投入营收的30%用于研发,依托技术创新中心已经在车联网智能语音、5G-V2X、手机车联网、车联网服务等方面形成一定先发优势,目前正努力将上海智能网联车载终端创新中心打造成汇聚企业外部创新资源和凝聚企业内部创新动力的双平台。

二、2021年上半年上海民营经济运行存在的主要问题和相关建议

(一)民营经济运行存在的主要问题

1. 原材料价格持续上涨,企业成本压力加剧

2021年以来,国际大宗商品价格大面积持续飙升,使上海民营制造业企业成本压力骤升。1—5月,民营制造业购进价格指数均值67.0,高于全市0.4点。调查显示,1—5月有59.1%的民营制造业企业表示生产经营受到原材料成本高的影响(5月该比例更是达到2018年以来最高值67.5%),在制造业企业反映的问题困难中居首位,居二、三位的分别是劳动力成本高(47.0%)和物流成本高(43.8%)。有49.4%的民营非制造业企业表示劳动力成本高,在非制造业企业反映的各类问题困难中居第二位。

2. 市场需求不足、资金紧张制约企业发展

2021年以来,尽管需求低迷情况较2020年有所缓和,但仍是制约民营企业发展的重要因素之一,且非制造业企业这一问题表现更为突出。调查显示,1—5月分别有35.9%的制造业企业和53.0%的非制造业企业表示受到市场需求不足影响,在其各自反映的问题困难中分别居第五位和第一位。从PMI指数看,1—5月,上海民营非制造业新订单指数均值为46.5,整体呈现收缩态势,较全市均值低3.2点。同时,有39.2%的制造业企业和

38.4%的非制造业企业表示遇到资金紧张问题,在其各自反映的问题困难中分别居第四位和第三位。

3. 芯片短缺影响逐步凸显

国际芯片供不应求一度导致国际汽车、电子等行业停工待产,并对我国产业链安全造成影响。调研显示,上汽集团第二季度后由于库存芯片逐渐消耗,新的芯片供应下降,致使整车生产有所下降。受此影响,民营零配件供应商接收到的订单也有所降低。此外,电子信息制造业也逐步受到芯片短缺影响,2021年5月民营电子信息制造业PMI为55.5,较4月下降4.3点,扩张程度有所收窄。由于多方纷纷表示芯片供应短缺问题在短期内无法得到缓解,预计下阶段该影响仍将持续。

(二)进一步促进民营经济发展的建议

1. 持续深化"放管服"改革,激发市场主体活力

市场主体是经济社会发展的重要力量,是支撑就业的"顶梁柱"和创造财富的源泉,要把市场主体的痛点难点作为发力点,推进"放管服"改革。一是深入开展"证照分离"改革全覆盖工作,大力推动照后减证和简化审批,采取直接取消审批、审批改为备案、实行告知承诺等方式,进一步放开市场准入,破解"准入不准营"问题,实现企业快捷准入。探索更加适应发展要求的事中事后监管体系,依托"一网通办""一网统管",切实加强数字监管,提高监管效率。二是建立"放管服"工作清单动态修订机制,拓展"非接触式"办税缴费,推进办税缴费便利化,持续简化纳税人缴费人办理税费事项和报送资料的程序,健全以信用评价、监控预警、风险应对为核心的监管方式。三是持续做好临港新片区"17+10"征管服务措施和长三角新征管措施的统筹协调和组织落实,贯彻落实提升税务注销效率、探索推行"掌上办税"等改革措施,探索推广长三角区域跨省市缴税,加快推进长三角"一网通办"涉税事项系统建设。

2. 加强大宗商品供需双向调节,减轻企业成本压力

2021年以来,大宗商品价格大幅上涨对我国中下游企业带来明显冲击,多个部门已打出政策组合拳合理理顺需求,引导供给增加,下一阶段要继续做好保供稳价。一是引导供需平衡,适时释放储备资源平抑市场价格,支持大型企业搭建重点行业产业链供需对接平台,引导供应链上下游稳定原材料供应和产销配套协作,加强市场监管,减少囤积居奇和投机炒作。二是畅通海外物流循环,解决集装箱运输问题,平抑运输环节价格。三是支持企业加大能源资源节约替代,推动绿色低碳转型发展。四是积极引导国际期货定价,提升上海期货交易所的国际影响力,促进洋山特殊综保区保税建设能够代表实体产业链的大宗商品离岸、在岸结合的现货市场,实现"期现联动"。五是继续发挥金融机构作用,及时纾困解难,减轻上游大宗商品涨价对中下游小微企业、个体工商户带来的传导

压力。

3. 大力扶持科技创新,发挥企业主体作用

要完善技术创新市场导向机制,强化企业创新主体地位,促进各类创新要素向企业集聚,形成以企业为主体、市场为导向、产学研用深度融合的技术创新体系。一是支持有能力有意愿的龙头企业,牵头组织或参与国际大科学计划、国家重大科技专项和市级重大科技专项;支持龙头企业围绕行业关键共性技术,加强与产业链上下游中小企业合作,形成大中小融通的创新生态体系,共同开展技术攻关。二是进一步拓宽政策惠及面,力争对关键核心"卡脖子"领域的扶持政策全覆盖,如集成电路设备、材料领域企业,提高所得税减免和企业研发加计扣除力度。三是提供完善的技术成果转化服务,搭建校企合作公共服务平台,定期举办科技成果交易展示会,打造"线上线下"融合的科技成果展示交易集市,积极引进、培育一批具有国际影响力的科技成果转化服务机构,建立重点领域共享中试基地,打通科技成果向生产力转化的关键一环。四是解决科技成果转化的"最初一公里"资金瓶颈,关注科技成果早期(实验室)阶段,通过债权、债转股等路径,与高校院所权属改革试点相结合,发挥专业化技术转移机构作用,支持前瞻性、前沿性、原创性的成果转化。

(供稿单位:上海市工商联合会,主要完成人:徐惠明、施登定、张捍、刘佳、韩莹、徐玲玲)

专题四

发挥企业创新主体作用 壮大国家战略科技力量上海调研报告

创新上升为我国现代化建设全局中的核心地位,科技自立自强成为国家发展的战略支撑力量。国家和上海市"十四五"规划均明确提出,完善技术创新市场导向机制,强化企业创新主体地位,促进各类创新要素向企业集聚,形成以企业为主体、市场为导向、产学研用深度融合的技术创新体系。为深入贯彻落实党的十九届五中全会和中央经济工作会议作出的"强化国家战略科技力量"重大决策部署,配合全国工商联做好"围绕落实企业科技创新主体地位、壮大国家战略科技力量"的调研工作,上海市工商联开展了一系列的相关工作,走访了市科委、市经信委、市金融办等相关政府部门,召开了3场企业专题座谈会,调研了30余家企业,认真听取了政府部门和企业家代表关于发挥企业创新主体作用的意见和建议,形成了如下报告。

一、上海促进企业参与科技创新国家战略的现状

(一)企业创新政策环境不断优化

"十三五"期间,上海市委市政府以及市经信委、市科委等多部门制定出台《关于着力发挥资本市场作用 促进本市科创企业高质量发展的实施意见》《关于加快本市高新技术企业发展若干意见》《上海市工业强基工程实施方案(2017—2020)》等24项市级政策(见表4-1),全方位营造支持企业创新发展的政策环境,内容涵盖促进科创企业高质量发展、促进科技成果转移转化、支持产业转型升级、持续建设科创载体、大力培育高新技术企业等多个方面。

表4-1 上海市支持科创企业发展政策列表(部分)

政策发布人	政策名称
市委市政府	《关于着力发挥资本市场作用 促进本市科创企业高质量发展的实施意见》
	《关于加快本市高新技术企业发展若干意见》
	《关于促进创业投资持续健康高质量发展的若干意见》
	《市金融工作局、人民银行上海分行、上海银保监局、上海证监局关于贯彻〈中共中央办公厅、国务院办公厅关于加强金融服务民营企业的若干意见〉的实施方案》

续表

政策发布人	政策名称
市委市政府	《关于推进本市区域性股权市场规范健康发展的若干意见》
	《上海市工业强基工程实施方案（2017—2020）》
市经信委	《上海产业转型升级投资基金管理办法》
	《上海市中小企业发展专项资金管理办法》
	《"企业技术中心"专项金融支持服务方案（2021—2025年）》
	《"科创企业上市贷"服务方案》
市科委	《上海市科技创新券管理办法（试行）》
	《上海市科技小巨人工程实施办法》

（二）企业创新平台建设有序推进

大力培育认定企业技术中心。上海拥有92家国家级企业技术中心和660家市级企业技术中心。2019年市级以上企业技术中心户均研发投入2.2亿元、户均拥有发明专利78件，分别是规上工业企业的8.4倍和3.71倍。全面支持上海企业技术中心创新联盟发展。目前，联盟已吸收会员单位200多家，涉及集成电路、生物医药、人工智能、智能制造、新材料、新能源汽车等多个行业领域。积极搭建高端成果展示平台。成功举办5届创新与新兴产业发展国际会议，举办上海市产业技术创新大会，策划132个院士专家团队237项创新科技成果展亮相中国工博会。

（三）科技创新技术攻关不断突破

1. 企业强链补链固链成效显著

聚焦225项"卡脖子"技术中177项具备一定替代潜力的方向，布局开展产业核心技术攻关58个项目；立项支持13个战新重大项目，累计投资金额24亿元。

2. 研发投入逐年递增

2019年上海全社会研发投入占GDP比重达4%，高于2.23%的全国平均水平[①]。2020年高新技术企业研发投入快速增长，投入总额达1 263.91亿元，同比增长13.9%，研发投入强度（研发投入占营业收入比例）持续加强，达到3.96%。

3. 三大先导产业高质量发展

集成电路领域，中微介质刻蚀机成功进入国际5纳米工艺线，新昇300毫米大硅片实现量产并填补国内空白。人工智能领域，快仓智能、澜起科技、深迪半导体等3家企业的重点产业攻关项目被纳入2019年国家人工智能创新发展工程。生物医药领域，联影获批首台国产一体化PET/MR，创领获批首个国产心脏起搏器。

（四）企业科创投融资环境逐步完善

1. 科创板融资成效显著

科创板专项协调机制、重点企业上市协调机制等逐步完善，以科创企业库为核心的上市企业专题库建设成效明显。截至2021年

---

① 数据来自《2019上海科技创新中心建设报告》。

2月19日，科创板上市企业达到229家，首发融资总额超过3 200亿元，三大先导产业科创板上市企业融资额为1 670亿元，占比52%。其中上海的科创板上市企业39家（排名全国第二），累计首发募资1 135.2亿元，占科创板首发募资总额的35%。

2. 积极组建产业投资基金

设立规模500亿元的上海市集成电路产业投资基金，涵盖设备材料、设计和制造全产业链领域，其中"超越摩尔"产业基金规模达50亿元，旨在促进"超越摩尔"核心技术研发和8英寸中试线的投入使用。市经信委、上海电气等联合组建上海智能制造产业投资基金，投资覆盖上海市相关国家战略的转型项目。

二、制约企业创新主体作用发挥的问题

（一）提升企业参与创新平台建设的力度有待增强

企业牵头建设创新平台需进一步强化。调研中发现，国家重点实验室大多依托高校和科研院所，近年来也布局了一批依托行业领军企业建设的国家重点实验室，目前国家层面正在开展优化重组，打通两者边界，加强产学研合作。同时，建设独立法人的新型研发机构尚处于探索阶段，尤其是市场化运作的企业主体研发机构，在相关注册审批、国资评估、仪器设备免税等方面，政府支持及行政服务主体和流程规范有待进一步强化。地方相关政府部门对国家级创新平台的配套政策落地细则尚不明确。调研中有企业反映，国家级制造业创新中心获批成立后，按工信部相关规定，市级财政应与国家资金1∶1配套，但因具体落实路径和牵头实施部门不明确，导致配套资金迟迟难以兑现。

（二）企业创新的政策环境有待进一步优化

（1）产业政策惠及面有待拓宽。扶持政策更多关注的是产业链条上的部分环节，惠及面较窄。例如，《国务院关于印发新时期促进集成电路产业和软件产业高质量发展若干政策的通知》对达到要求的集成电路制造企业最高可以减免10年企业所得税，但对装备材料企业，仅能享受5年的减免[①]。（2）企业研发的政策支持有待进一步加强。我国企业研发费用加计扣除的比例是75%，制造业企业在2021年提高至100%，但新加坡、英国分别为150%和130%，支持力度更大。（3）相关税收优惠也需不断加码。技术转让所得税的免征额度、适用范围，以及职务科技成果转化收入的所得税缓征等方面均有进一步提升空间。

（三）国有企业创新的激励机制有待完善

（1）国企考核不利于激发创新活力。国资国企考核以保值增值为主要导向，但科技

---

① 集成电路产业链，包括设计、制造、封测和装备材料等环节，其中装备材料是我国集成电路的核心"卡脖子"领域，如EUV光刻机和光刻胶等，虽然整体产业规模不大，但对整个产业链影响很大。

创新活动有研发投入高风险、科技成果转化交易价格存在波动性等特点，与当前国资国企考核要求存在不适应，限制了国企高管加强创新投入的意愿。（2）国企的薪酬制度不利于留住创新人才。调研中有企业反映，上海国有企业薪酬制度不够灵活，不利于吸引和留住优秀创新人才。以上海微电子为例，科研人员的薪酬与能源、电力等行业科研人员持平，远低于同行业国内外民营科技企业科研人员的薪酬水平。

（四）促进科技成果转化的运行体系有待建立健全

（1）高校重科研和轻成果转化共存。目前，高校存在重论文发表、参与评奖，轻成果转化、科技推广的现象，相关导向机制有待建立健全。（2）企业与高校院所对接机制仍不顺畅。企业在有技术需求时并不清楚哪些高校院所能够提供实际解决方案，产品开发中的难题找不到合适的科技支撑，同时高校院所科研成果也面临无法及时有效转化的问题。（3）产业中试基地普遍缺乏。中试环节是科技成果向生产力转化的必要环节，直接决定成果转化的成败。由于缺少中试基地，高校院所科技成果多停留于试验阶段，企业引进处于试验阶段的科技成果后，需要进行二次或三次开发，技术风险较大。

（五）企业面临的投融资问题仍有待解决

（1）投融资环境有待优化。一方面，政府引导基金运行的市场化程度有待提升，引导社会资本投资的能力不强。2020年上海创投基金子基金募集规模约650亿元，深圳则超过3 200亿元，是上海的5倍左右。另一方面，投资机构基于短期收益压力，倾向于投资快要上市的科技企业，对于最需要资金支持的关于前期培育和初创阶段企业的投资明显不足。（2）科技企业信用信息体系不健全。目前还没有统一平台能够对创新创业企业进行全面的信息归集[①]，且还有很多企业信息沉没于市场平台中，各类平台间信息互通渠道不畅，银行和评估机构获取企业全面信用信息的成本较高，导致银行贷款意愿不强。

三、相关建议

（一）发挥企业科技创新的主导作用

一是进一步支持有能力有意愿的龙头企业，牵头组织或参与国际大科学计划、国家重大科技专项和市级重大科技专项；支持龙头企业围绕行业关键共性技术，加强与产业链上下游中小企业合作，形成大中小融通的创新生态体系，共同开展技术攻关。二是充分激发地方政府积极性，在配套资金保障、攻关条件建设、企业融资、成果产业化和政策支持等方面发挥能动性，实现国家战略任务布局与区域产业协同创新发展。三是积极推动知识产权联盟建设，支持龙头企业引领建设专利池，深化产业专利协同应用，促进知识产权与产业发展深度融合。

[①] 央行征信中心归集借贷、融资类信息，市公共信用信息平台归集资质、监管类信息。

（二）加大企业科技创新的政策支持

一是进一步拓宽政策惠及面，力争对关键核心"卡脖子"领域的扶持政策全覆盖，如集成电路设备、材料领域企业所得税减免与相关制造企业适用同等标准，最高减免10年企业所得税。二是向英国、新加坡等国家的研发支持政策看齐，加大企业研发支持力度，提升企业研发加计扣除力度至130%～150%。三是借鉴中关村国家自主创新示范区特定区域开展技术转让所得税的优惠政策，在上海试点技术转让所得免征额由500万元提高至2 000万元，并适当放宽享受税收优惠的技术转让范围和条件。四是在依法批准设立的非营利性研究开发机构和高等学校的科研人员获得职务科技成果所有权时，可暂不纳税，递延至转化该科技成果取得现金收入时纳税。

（三）打破束缚国企创新的关键瓶颈

一是在现有国企分类①中的"市场竞争类"下，设立"科技创新类"国企，对科技创新类国企采取更加市场化的考核方式，在一定时间内不作国有资产（国有股权）的保值增值考核，同时设立科技成果转化项目容错机制，免除决策者在勤勉尽责的前提下的决策责任。二是建立完善国有科技型企业职业经理人制度，通过市场化招聘的职业经理人不纳入国企干部管理序列，推进职业经理人薪酬与市场接轨；国有科技型企业中的核心技术人员可以在其科技成果孵化的企业持股、跟投和兼职，但不领取孵化企业的日常工资薪金和奖金。

（四）促进企业科研成果产业化

一是在机制上要探索以产业竞争力考核科技创新力，用户至上考核制等创新，使科技创新成果向产业转化形成无缝链接。二是建立以企业为核心的产学研体系，支持龙头企业加强与高校院所合作，采用企业出资、高校出人的方式，共建二级学院，畅通校企对接渠道，开展人才培养和联合技术攻关，打通校企科研成果产业化通道。三是提供完善的技术成果转化服务。搭建校企合作公共服务平台，定期举办科技成果交易展示会，打造线上线下融合的科技成果展示交易集市，积极引进、培育一批具有国际影响力的科技成果转化服务机构，建立重点领域共享中试基地，面向企业、高校院所开放，打通科技成果向生产力转化的关键一环。

（五）优化科技企业投融资环境

一是解决科技成果转化的"最初一公里"资金瓶颈，关注科技成果早期（实验室）阶段，通过债权、债转股等路径，与高校院所权属改革试点相结合，发挥专业化技术转移机构作用，支持前瞻性、前沿性、原创性的成果转化。二是建立完善的科技企业信贷评价体系。打通政府部门、金融机构、商业机构等信息交互渠道，支持以市公共信用信息服务平台统筹社会商业机构的涉企信息，积极推动央行征信平台与市公共信用信息服务平台之间信息

---

① 目前，上海国有企业分为市场竞争类、金融服务类、功能保障类三类。

互通,提高企业信用信息查询的便捷性。三是优化国有创投基金考核机制,以整体投资收益为考核标的,采用周期性滚动方式,以整个创业投资企业的业绩作为考核目标,对符合容错情形和条件的,不对单个项目的亏损作负面评价。

四、典型案例

（一）盛美半导体设备（上海）股份有限公司

1. 企业基本情况

盛美半导体设备（上海）股份有限公司作为在上海本土创业成长的企业,在国家科技重大专项、上海市以及浦东新区政府支持下,经过近二十年的持续研发,建立了强大的知识产权体系,已成长为我国集成电路装备领域的龙头企业之一,连续多年被评为"中国半导体设备五强企业"。公司拥有单片兆声波清洗技术、单片槽式组合清洗技术、电镀技术、无应力抛光技术和立式炉管技术等自主创新技术,在我国半导体产业链最为薄弱的装备领域实现了重点突破,尤其是兆声波清洗技术达到国际领先水平,突破国际垄断,实现了进口替代,在国产新建集成电路产线上的清洗设备份额达到20%～30%。

2. 企业反映的问题

企业在发展中遇到如下几个问题:一是集成电路装备和材料是我国关键核心卡脖子领域,但企业难以享受与制造企业所得税减免同等待遇;二是政府设立的科技创新项目,对经费使用限制过多,如对固定资产投入要求有明确的比例;三是国外集成电路装备企业通过捆绑销售的方式,赠送刚取得国产突破的装备类产品,打击国产装备企业;四是目前国产供应商定义并不明晰,注重供应商的资本和股权结构,而不是依据其技术来源评定。

3. 企业建议

（1）税收方面。建议本地向工信部等继续呼吁,考虑到集成电路装备和材料行业在集成电路产业中的"卡脖子"关键属性,需比照国发〔2020〕8号文第（一）条对集成电路生产企业的财税政策规定,将所得税10年免征扩大到集成电路装备和材料企业。

（2）研发方面。学习国家01、02、03专项持续10余年的成功经验,继续支持企业研发。对政府科技创新项目资金安排,在遵守基本审计准则和财务管理制度的前提下,给予企业更多的自主权。例如,不建议对固定资产投资作过多要求,前期研发不可能进行大量的基建和固定资产投资。

（3）反垄断方面。积极引导集成电路产业全产业链合作,反对国外垄断企业捆绑销售等滥用市场支配地位的行为。

（4）知识产权方面。尊重"国产供应商",明晰"国产供应商"定义,更加关注其技术来源,而非企业的资本和股权结构。国产供应商的主要技术开发是在中国开展,知识产权属于中国,它的技术是中国技术,受中国法律管辖,而与公司的股权结构没有必然的联系。

(二) 上海芯物科技有限公司(国家智能传感器创新中心)

1. 企业基本情况

在工业和信息化部的指导下,国家智能传感器创新中心于2018年6月成立。创新中心依托上海芯物科技有限公司,采用"平台＋联盟"的方式,通过构建产业生态圈,面向智能传感器设计、制造、设备、封装、测试等产业链上的大中小型企业提供关键共性技术支撑平台。国家智能传感器创新中心以应用为导向,通过建立传感器新材料、新工艺、新器件结构等的研发平台、检测技术平台、设计服务平台、工程服务平台,研发新一代传感器的材料、制造工艺、封装、器件集成等方面的核心技术,推进关键共性技术的产业化。

2. 企业反映的问题

政府引导性建立了各类平台推进技术产业创新,如全国范围的国家制造业创新中心、国家技术创新中心、上海的研发与转化功能型平台等,但由于政府主导的平台要求较高且数量有限,大部分都由大院大所、各高校以及国企牵头建立,这类机构本身就享有政府较多的资源支持,且受限于体制机制问题,创新及产业化动力有限。然而作为重要创新主体的企业群体,无论是较有实力的上市企业,还是相对体量较小但具有创新活力的民营企业,或许能参与但很难主导由政府推动的平台,这主要是因为企业间的合作现阶段大部分以项目合作为主,很少有具有一定规模、多家企业联合建立的产业技术平台,同时有此类想法的企业,也缺乏政府引导及相关资源的助力。

3. 企业建议

建议政府出台鼓励企业间建立技术产业化平台的相关政策,在资金、人才、知识产权等方面予以支持,同时探索建立相关部门对口的工作组,从平台建立方式、知识产权分享模式、地方政策解读、市场引导等方面助力此类平台的建立和发展。

(三) 上海弈柯莱生物医药科技有限公司

1. 企业基本情况

上海弈柯莱生物医药科技有限公司是一家拥有领先的酶工程和合成生物学技术的高科技企业。公司专注于生物催化和合成生物学方法的研发及规模化生产,所发展的生物合成技术已成功应用于医药、农业等领域。弈柯莱已经是国内生物合成领域最领先的企业,拥有国内最大最全的酶库,超过16 000 种酶,能够催化18 类化学反应。同时利用"定向进化"和"理性设计"交叉技术对酶进行创新改造,拥有持续不断创造新酶的能力,在已有的基础上不断扩大领先优势。

2. 企业建议

(1) 让"绿色化学"深度参与国家化工行业供给侧结构性改革。众所周知,在传统的化工生产中需要用到很多重金属或毒性较高的化学催化剂,三废多,污染严重而且能耗大,安全隐患大,造成很大的环保和安全压力。而生物催化则是一种非常环保且安全的催化技术。建议继续推进新一轮的产业升级政策,用创新技术来降低能耗、降低成本,使我们国家的产品在国际上更加有竞争力。

(2)利用自主创新打破国外垄断,带动国内生物合成走向国际领先地位。自主创新研发填补全球技术空白,用新技术实现更高性价比的中国替代,帮助产业链伙伴更高效、更经济地从事产品开发与推广,是未来的重点方向。在此背景下,还要进一步注重知识产权保护。在不断发展自主创新的生产技术的同时,进一步扩大自己的知识产权保护队伍,保证知识产权保护工作有序进行,保持我国自主申报专利的数量稳定提升。

(3)借助"一带一路"走出去,让中国生物智造产品抢占国际市场份额。弈柯莱的下游客户主要集中在欧美及印度市场。弈柯莱目前的客户以国际领先的制药、植保巨头为主。例如,度鲁特韦中间体的终端客户是WHO(世界卫生组织),S-氰醇主要销售给全球第五大作物保护公司FMC,西他列汀中间体主要销售给全球第一大仿制药企业Mylan(迈兰)。建议继续大力支持企业响应国家"一带一路"倡议,将国内的先进产能和产品对外输出。

(四)优刻得科技股份有限公司

1. 企业基本情况

优刻得科技股份有限公司是国内中立的第三方云计算服务商,致力于为客户打造一个安全、可信赖的云计算服务平台,是通过可信云服务认证的首批企业之一。根据IDC发布的报告,2018年上半年优刻得在中国公有云IaaS市场中占比4.8%,位列阿里云、腾讯云、中国电信等之后,排名第六位。2018年优刻得公司营业收入为118 743.32万元,净利润为7 714.8万元。未来公司将重点为新兴科技企业、转型传统企业等国家重点发展领域的企业提供更加灵活、定制化的云计算服务,为新兴产业的发展和传统产业的优化升级赋能。

2. 企业建议

(1)进一步支持企业走出去。优刻得公司积极融入国家"一带一路"建设,沿着"一带一路"地域国家设立海外数据中心,帮助中国企业走出去,同时也帮助外国企业顺利在国内落户。随着越来越多的中国企业加快"走出去"的步伐,跨境数据流通的需求与日俱增,有数据表明,全球范围内一半的服务贸易要依靠跨境数据流通来实现。近年来,欧美等发达国家相继出台GDPR等数据保护条例,旨在通过构建"数字单一市场"提升数字经济竞争力。建议我国也推进相关领域的政策环境优化。

(2)积极推进数据跨境流通体系建设。近年来,优刻得对跨境数据流通平台基于云端的安全技术、计算技术以及数据跨境流通规则进行了深入研究,并自主研发了一套数据安全流通产品(安全屋),能够在保障数据所有权不变的情况下,实现数据使用权的可信流通共享。基于安全屋产品建立数据跨境流通体系,可实现跨国企业地区间的数据共享、企业运营和全球供应链管理,促进跨国企业跨境数据流通和国内外企业之间跨境数据合作,能够进一步吸引外资企业落地上海发展。在此领域,希望得到政府相关的政策扶持。

此外,优刻得公司在长三角一体化发展中也充分发挥自身作用。公司一直致力于建设长三角数据共享平台,将长三角的政务数据、行业数据、社会数据统一按标准汇聚,实现跨省区市、跨部门共享应用,同时也更好地发挥上海在长三角一体化发展中的龙头带动作用,以数字经济推动高质量发展。建议充分发挥市场主体的作用,助力长三角一体化高质量发展的国家战略顺利落地。

(供稿单位:上海市工商业联合会,主要完成人:徐惠明、施登定、张捍、朱秀慧、芮晔平、朱加乐)

专题五

促进民营企业发展"五型经济"服务构建新发展格局研究

为进一步落实市委市政府关于把握国内国际两个大局,站在新发展阶段,秉持新发展理念,融入新发展格局的重大战略部署,市工商联于2021年2—5月开展"促进民营企业发展'五型经济'服务构建新发展格局"重点课题调研。通过召开3场企业专题座谈会,市工商联结合重点企业走访调研,并向市发改委、市经信委、市科委征询和了解有关情况,了解掌握上海民营企业参与发展"五型经济"现状,同时坚持问题导向、需求导向、效果导向,梳理民营企业参与"五型经济"面临的问题,并提出相关建议,形成了课题报告。

一、新发展格局下上海民营企业参与"五型经济"具有独特优势

做强做优"五型经济"是推动上海经济高质量发展、更好服务新发展格局的关键所在,也是上海民营企业聚焦发展、凝聚合力的重要领域。2020年,上海民营企业经受了疫情的严峻考验,为全市经济社会发展做出了重大贡献。全市民营经济实现增加值超过1万亿元,以全市约1/4的经济体量,贡献了全市1/3以上的税收(占全市生产总值的28.7%,在减税降费大背景下,民营经济完成税收4778亿元,占全市税收的比重提升到38.6%,再创历史新高)。

(一)创新型民企"蚂蚁雄兵"的集群优势

二十年来,上海新增高新技术企业中民营企业户数占比从21世纪初的25%左右大幅提高至80%以上,构成了"蚂蚁雄兵""抱团创新"的集群优势。2020年,上海新认定高新技术企业7396家,民营企业占比八成以上;专精特新企业达到3005家,民营企业占比超过九成;科创板已上市的42家上海企业中,民营企业达26家。民营经济已成为体现上海经济活力、创新能力的骨干力量。一批业态模式新、质量品牌优、管理水平高、国际融合好的创新型民企正崭露头角。例如,上海博泰车联网致力于以"大排档"价格为用户提供"米其林"产品体验,是行业中重研发、肯投入的典范,已累计投入十多亿元的研发资金,拥有超过4000项知识产权;榕融新材料宣布完成国产氧化铝连续纤维中试,产品性能和指标接近国际水平,价格比进口价格大约降低40%,一举打破国内耐高温新材料长期被国

外巨头垄断的局面,将在临港实现量产。民营科技企业将在履行高水平科技自立自强的使命担当、加快突破关键核心技术和提升产业链现代化水平上发挥越来越大的作用。

(二)服务类民企"隐形冠军"的专业优势

2020年,全市民营服务业企业营业收入超过14 000亿元,占全市服务业比重41.4%。营业利润968.43亿元,占全市服务业比重33.1%。其中,高技术服务业引领发展,隐藏着一大批细分市场"隐形冠军"企业。比如,作为聚合支付头部公司的收钱吧,日交易笔数近3 200万笔,服务商户数超过400万家,产品覆盖了全国660多个城市。明略科技的智能营销业务占据了国内90%、亚太75%的市场份额。它们以过硬的科技研发能力、蓬勃的创新内生力、卓越的品牌建设力、全面的发展综合力,成为了各细分行业的佼佼者,为上海"五型经济"发展赋能。

(三)总部型民企"根生上海"的主场优势

在沪民营企业往往具有强烈的乡土情结、深厚的家业根基,普遍愿将上海作为国内大循环布局的中心节点。截至目前,上海共认定民企总部274家,年业务收入超3万亿元,吸纳就业超50万人,充分体现了民营企业总部在助力上海"五型经济"发展、建设现代化经济体系中的重要作用。民营企业总部在产业链、供应链、价值链中的话语地位进一步提升。2020年,上海认定爱康企业集团等共81家企业为民营企业总部,其中百亿能级企业占比达15%。另据2020上海民营企业百强榜显示,上海民营百强企业入围门槛营业收入已提高到23.1亿元,上海万科、复星国际以及上海钢联分别以营业收入2 233.2亿元、1 429.8亿元和1 225.7亿元位列百强榜前三。上海近一半民营百强企业具有对产业链供应链的掌控力,成为行业中的头部企业,为上海成为服务国内大循环中心节点城市做出巨大贡献。

(四)外贸类民企"因势而变"的柔性优势

近年来,上海民营企业充分发挥了模式优势和竞争优势,实现了跨越式发展,进出口总额占全市比重从2003年的3.4%提高到2020年的23.9%。2020年,面对新冠肺炎疫情和中美贸易摩擦叠加影响,上海外贸类民企因势而变、因时而动,灵活适应外贸拼单化、碎片化、定制化新趋势,进出口总额同比增长11.3%,对外贸易占全市比重进一步提高,较上年提高1.9个百分点,展现出了在新时代当好国内国际双循环战略链接的强大潜力。

(五)新生代民企"流量为王"的先发优势

拼多多、哔哩哔哩、叮咚买菜等一大批新兴民营企业依托"流量为王"的平台策略迅速崛起。2021年,拼多多平台交易额攀升至16 676亿元,同比增长66%;累计新增活跃买家超2亿个。叮咚买菜日订单量已经突破90万单,月营收达到10亿元。"十四五"期间,新生代民企有望凭借大数据、云计算、深度学习等新一代"黑科技",加速构建新经济形态先发优势,成为驱动上海"五型经济"发展的关键力量。

二、制约民营企业参与"五型经济"的瓶颈问题

(一)龙头企业缺乏,新经济增长点有待进一步培育

一是从民企实力来看,上海虽然集聚了很多企业,但与上海未来发展相适应,体现一定数量、体量、质量的世界一流民企总部还不够多。根据全国工商联发布的2020年中国民营企业500强榜单,上海只有16家,远低于浙江(96家)、江苏(90家)、广东(58家)和山东(32家)。

二是从新经济发展来看,独角兽企业作为新经济的先锋,是创新型科技企业的"皇冠"和"明星"。根据智库长城战略咨询发布的《中国独角兽企业研究报告2021》,上海44家,虽位列全国第二,但远低于北京(82家)。

(二)要素供给不足,政策精准性有待进一步提高

发展"五型经济"要关注人才、数据、知识产权等新型生产要素的开发利用、自由流动和高效配置,但民营企业获取这些关键要素资源还期待更多政府支持。

一是发展"五型经济"的顶尖人才和特殊人才还较缺乏。一方面,引领发展的海内外高层次创新人才数量相对不足。受访企业反映,业界普遍面临员工招聘难尤其是复合型高端人才引进难、留住难等问题。另一方面,契合"五型经济"发展的专项人才仍显不足。对于新经济、新业态专项人才的培育与引进政策起步较晚,存在较大人才缺口。与北京、深圳,甚至成都相比,相关人才集聚效应尚显不足。此外,留住优秀人才缺乏配套政策保障,人才住房补贴及公租房优惠政策受益面较窄。

二是面向数字时代的新一代信息基础设施体系尚不健全。问卷调查显示,民营企业数字化程度仍需提升。上海民营企业处于中高数字化程度占比为51.7%,高于北京、江苏、天津和广东,但低于浙江的54.2%。调研中有企业反映,现有征信系统与广大民营中小企业之间尚未联通,已成为业务倍增的一大堵点,亟需政府主导统一规划建设数字信用平台。

三是激励自主创新的知识产权保护环境有待完善。创新已成为企业发展的第一动力。但仍有27.1%的受访者反映,"知识产权保护不到位,创新为他人作嫁衣"制约了企业家创新的信心。调研中某互联网科技企业反映,产品从设计、推广到普及一般只需要3个月,但外观专利申请往往需要6个月,存在"倒挂"现象。

(三)营商环境仍需优化,适应"五型经济"发展的制度规则体系需加快构建

一是符合"五型经济"发展方向的资本市场规则制度还需创新。调研中,某互联网汽车服务企业反映,其在互联网应用、人工智能

运维等方面的科技投入巨大,是全国行业内唯一的高新技术企业,也希望留在上海本地上市,但受限于上海"3+5""硬科技"行业属性的限制,被迫前往深交所上市。

二是对新型研发组织和民营创新平台支持力度尚显不足。建设独立法人的新型研发机构尚处于探索阶段,尤其是市场化运作的企业主体研发机构,在相关注册审批、仪器设备免税等方面,政府支持及行政服务流程规范有待进一步强化。

三是适应新经济业态和新就业形态的服务保障政策有待建立。"五型经济"中新业态从业人员队伍日益庞大。据统计,约30%的新业态从业人员未签订劳动合同,由于劳务关系不明确,一旦发生劳务纠纷难以通过现有法律体系和维权渠道进行救济,某种程度上影响到"五型经济"健康发展。

(四)指标体系缺失,科学统计的"风向标"和"导航仪"作用有待进一步发挥

一是对"五型经济"的概念与内涵理解差距较大。目前有些部门和区对"五型经济"理解存在一定困惑,尚未形成共识。比如,有的部门在"对号入座"时,往往把"五型经济"看作"五种经济"或"五种产业"。

二是对"五型经济"难以进行统计。制造、开放、服务、流量之间的边界越来越模糊,"五型经济"具有交叉融合、多重复合的特点。按现有国民经济行业划分进行的国民经济和社会发展的统计,很难反映做强做优"五型经济"的发展要求。

三、促进民营企业参与"五型经济"相关意见建议

(一)指导思想

促进民营企业参与"五型经济",必须坚持创新导向,融合发展,突出优势,精准发力,从而持续提升"五型经济"规模、量级、集聚辐射力,以"五型经济"的快速发展实现"四大功能"的有力提升。

1. 创新导向

做优做强"五型经济",必须坚持以科技创新为第一推动力。民营企业天生具有改革的基因,创新的冲劲,在创新创业、就业贡献、税收收入贡献等方面,展现出巨大的活力。建议强化人才、知识产权、数据等核心生产要素支持,加快形成以创新为主要引领和支撑的民营经济体系和发展模式,把民营经济创新发展作为上海"十四五"规划的战略重点加以推进。

2. 融合发展

"五型经济"的背后,是打破与重构行业边界、经济业态融合发展的新态势。发展"五型经济",关键是把握好新经济发展的趋势和特征,促进新经济和传统经济深度融合。建议从内在发展机理融合、产业发展趋势融合、数字经济与实体经济融合等方面,促进五型经济发展。

3. 突出优势

对标先进城市,比学赶超,塑造"五型经

济"新优势。发挥民营企业创新主体作用,强化人才等政策支持,塑造创新型经济优势;进一步消除隐性壁垒,促进服务业结构优化,塑造服务型经济新优势;注重以高水平对外开放推动高质量发展,推动规则、规制、管理、标准等制度型开放,塑造开放型经济新优势;推进头部企业扎根上海,强化产业链供应链掌控力,塑造总部型经济新优势;以促进数字化转型为抓手,推动各种要素高频流动、高效配置、高速增值,塑造流量型经济新优势。

(二) 具体对策建议

1. 激发民企源头活力,着力强健创新型经济的"心脏"

一是强化创新人才保障,大力引育各类专业人才。一方面注重吸引外来专业人才。人才落户方面,显著增加区域专用特殊人才落户投放额度,便利创新人才扎根上海;将对跨国公司的优惠政策适当向民企辐射,将民企总部的研发专业人才纳入"上海科技创新职业清单",符合条件的,可直接办理落户。配套保障方面,围绕创新人才安居乐业需求,加大公租房供应力度。另一方面重视培养本地专业人才。建立高校人才培养的社会联动机制,贴近市场需求,并为上海民营企业和优质毕业生双向选择提供更为优惠的政策供给。

二是强化知识产权服务。建议借鉴浦东知识产权保护中心成功经验(该中心在全国率先推进专利快速审查机制,发明专利授权周期从3年缩短到3个月),在全市推广打造知识产权快审中心。积极推动知识产权联盟建设,支持龙头企业引领建设专利池,深化产业专利协同应用,促进知识产权与产业发展深度融合。

三是强化税收政策支持。借鉴中关村国家自主创新示范区特定区域开展技术转让所得税的优惠政策,在上海试点技术转让所得免征额由500万元提高至2 000万元,并适当放宽享受税收优惠的技术转让范围和条件。全面落实提高民营企业研发费用加计扣除比例、股权激励递延纳税等税收优惠政策,加大企业研发经费投入后补助力度(广州规定企业最高可获得2 000万元的奖励性补助,深圳最高获得1 000万元的奖励补助)。

2. 消除隐性市场壁垒,着力培育服务型经济的"鲶鱼"

一是开大"门缝"。适当允许和鼓励民营企业进入"老小旧远"等民生服务领域,适度允许民营企业参股或控股能源、文化、信息等传统垄断性服务领域,鼓励民营企业以PPP等方式参与基础设施项目建设(南京对民营资本牵头的PPP试点项目,奖补标准提高10%)。

二是削平"门槛"。在政策扶持、政府补贴、土地使用、职称晋升、人才落户等方面,积极推进民营企业与国有企业或公立机构同等对待。建立向民营企业推介重点项目的常态化机制,切实保障市场准入信息公平、机会公平。落实公平竞争审查制度,建立健全民营企业家参与重大涉企政策决策机制,及时清理和废止阻碍民营企业参与公平竞争的各项规定(如在公开招投标中,建议不得以企业所有制性质、防止国有资产流失、保护公众安全等为由,对民营企业设置特殊条款)。

三是互换"门卡"。推动民企和国企"双向混改":一方面试点实施"国有民营"机制,在国有资本继续保持对"混改"企业控制权的基础上,探索将"混改"企业的经营权委托给民间资本投资方;另一方面试点实施"反向混改"机制,积极探索国有资本战略入股民营企业(2020年8月上海国资入股民生证券,就是"反向混改"的有益探索),有利于借助民企优势实现国有资产更高水平保值增值。

3. 加强政策服务聚焦,着力厚植总部型经济的"树根"

一是着力办好民企总部服务中心。学习借鉴"特斯拉模式",变特例为惯例,将"特斯拉经验"复制推广到培育民企总部上去,将服务中心打造成为复制推广"特斯拉经验"的运营主体,推动金融服务、财税服务、审批服务等向民企总部聚焦,为民企总部提供"全方位、全天候、全领域、全媒体"的综合服务,并加大头部企业培育力度。

二是着力打造民企总部上市中心。建议重"科创实质"轻"行业外壳",积极争取放宽科创板行业限制,支持鼓励具有高成长性的"五型经济"企业优先在科创板上市。以科创板改革创新为引领,加快建立多层次的债权和股权融资市场,引导支持创业投资等机构重点投向"五型经济"民营企业。

三是着力形成长三角民企总部集聚中心。将对跨国公司总部的优惠政策适当向民企总部辐射,打好人才、土地、资金政策"组合拳",在长三角一体化发展示范区、临港新片区、虹桥商务区、G60科创走廊等重点区域打造民企总部集聚区,吸引长三角知名民营企业总部集聚发展。

4. 增加制度创新供给,着力涵养开放型经济的"大脑"

一是争取放宽服务贸易对外开放监管制度。抓住出台《上海市全面深化服务贸易创新发展试点实施方案》的有利时机,在临港新片区加快推进金融、法律、医疗等重点服务领域对外开放。在风险可控前提下,进一步拓展自由贸易账户功能等。

二是推广货物转手买卖白名单制度。将更多符合资质条件的民营企业纳入货物转手买卖白名单,同步探索在临港新片区建立与国际接轨的离岸贸易金融财税制度,为民营企业用足用好国内国外两种资源、两个市场提供更大便利。

三是试点实施主分区制度。借鉴美国成熟经验,在临港新片区洋山特殊综合保税区探索实施主分区制度,对临港新片区内、洋山特殊综合保税区外符合条件的企业以分区形式实施洋山特殊综合保税区部分政策,使之成为民营企业走出去的首发地。

5. 畅通双向赋能循环,抢占流量型经济的"入口"

一是布局数字化转型促进中心。未来发展流量型经济的关键,在于中小企业数字化转型和产业互联网发展。建议布局数字化转型促进中心,集聚一批数字化服务商,开发符合民营企业需求的数字化平台、系统解决方案,帮助中小企业提升转型能力、降低转型成本、缩短转型周期。

二是促进流量资源无差别共享。更好地统一数据共享标准,明确主体责任、格式要求、类别范围,推动上海公共数据互联互通,并做到数据同源、同步更新,更彻底地破除数据共享使用壁垒。如在信用信息方面,积极推动央行征信平台与市公共信用信息服务平台之间信息互通。

三是完善数字化制度的顶层设计。政府定位于发展流量经济的顶层设计方,应从社会公信角度,逐步建立社会公有流量开放平台,纳入各项数据、人才、资金等流量资源,并鼓励各家数字化解决方案服务商构建细分领域的企业级应用。同时,在制度规范角度,加快出台《上海市数据治理条例》。逐步完善数据采集应用、数据确权等领域的法律法规,并坚持分业经营、分业监管理念,制订反垄断的相关细则,从而构建共赢发展的流量型经济模式。

6. 深入研究发展机理,加快建立"五型经济"识别、认定和指标的"体系"

一是尽快建立"五型经济"的识别、认定和指标体系。廓清对"五型经济"认知的差异,建议从产值结构、投入产出效率、创新成效、开放质量、服务能级、流量规模等维度,构建"五型经济"企业甄别和认定标准,对符合条件的企业给予认定。

二是探索试行"五型经济"指标体系。从可测度着眼、建立框架着手,加快建立具有上海特点和标志性的"五型经济"指标体系,充分发挥科学统计在上海新发展阶段的"风向标"和"导航仪"作用。

(供稿单位:上海市工商业联合会,主要完成人:徐惠明、施登定、张捍、李慧中、朱海燕、周罕雯)

专题六

激发民企创新活力优势　促进城市数字化转型

习近平总书记在多次重要讲话中指出，要把数字化转型作为上海"十四五"经济社会发展的主攻方向之一。上海市委、市政府2020年年底公布的《关于全面推进上海城市数字化转型的意见》提出，要充分发挥市场主导作用，激发市场主体活力。近年来，民营企业在全市经济发展中日益占据重要地位。2020年民营经济实现增加值超过1万亿元，在全市生产总值中的比重为28.7%；民营经济税收收入占比达38.6%，再创历史新高；全市90%以上的科技型企业都是民营企业。民营经济已经成为全市全面推进城市数字化转型的中坚力量。

为全面激发全社会各类主体的数字化转型活力和动力，着力消除制约上海数字化转型过程中的政策性门槛，2021年9月1日，上海又出台了《上海市促进城市数字化转型的若干政策措施》。在此背景下，市工商联开展了"激发民企创新活力优势　促进城市数字化转型"课题研究，聚焦城市经济数字化领域，分析民营企业经济数字化现状，找出民营企业在经济数字化发展方面遇到的难点、痛点和堵点，为民营企业参与推进经济数字化、推动城市数字化转型以及自身企业赋能发展提出建议，供决策参考。

本专题采取了问卷调研和企业访谈的研究方法，对上海市民营企业参与全面推进城市数字化转型的情况进行研究。本次问卷调研共收集308份有效问卷。将上海市民营企业分为微型、小型、中型及大型四类，行业覆盖上海"3+6"重点产业及软件和信息技术服务、租赁及商务服务等其他行业。从企业规模和行业分类的调研结果中看，样本类型丰富，调研内容较好地覆盖了民营企业参与全面推进城市数字化转型的情况。

一、民营企业参与全面推进城市数字化转型现状

（一）民营企业参与城市数字化转型程度较高

1. 民企对推进城市数字化转型满意度高

问卷调查显示，有75.1%的被调查者对上海的城市数字化转型表示满意。

2. 民企参与城市数字化转型的程度较高

正在进行数字化转型的民营企业约占问卷样本总数的57.8%，准备进行数字化转型和没有进行数字化转型的企业分别占总数的

20.5%和21.8%。

在没有进行数字化转型的企业中,约56.7%的企业认为对数字化转型缺乏了解。对于准备进行数字化转型的企业来说,约有61.9%的企业表示还未进行数字化转型的原因是缺乏数字化转型人才,以及约有57.1%的企业认为数字化转型对企业来说成本太高。

3. 三大先导产业的引领示范作用强

调查显示,集成电路、生物医药、人工智能以及软件和信息服务、高端装备等行业的民营企业数字化转型程度较高,进行数字化转型比例达到60%~80%。

(二)大多数民营企业数字化处于探索及应用阶段

对于已经开展数字化转型的民营企业来说,约31.46%的企业处于探索阶段,开始在某些场景或业务中尝试应用数字化技术;约40.45%的企业已进入应用阶段,已经从数字化转型中获益,并计划在更多场景或业务中应用。已经进入系统阶段,大面积完成数字化转型的受调查企业比例为21.91%,而已达到全面阶段,各项业务已与数字化实现深度融合的企业仅占开展数字化转型企业的6.18%(见图6-1)。

(三)数字化转型助力民营企业实现降本增效

在数字化转型的成效方面,已经参与数字化转型的民营企业中约有88.2%的企业认为数字化转型帮助企业提高效率、提升质量,75.3%的民营企业表示通过数字化转型实现了成本和费用的降低。此外,约有29.2%的企业表示开展数字化转型助力企业拓展了客户群并增加了营收,约26.4%的企业认为数字化转型帮助企业创造了新的产品模式。

(四)初步形成了一批数字经济特色民营企业集聚区

目前,全市已经形成了四个较为具有代表性的民营企业集聚数字经济特色园区。以在线新经济为主导的张江在线、长阳秀带集聚了美团点评、哔哩哔哩、字节跳动、叮咚买菜等一批新生代互联网民企总部;以优质数字化平台企业为特色的虹桥临空数字经济产

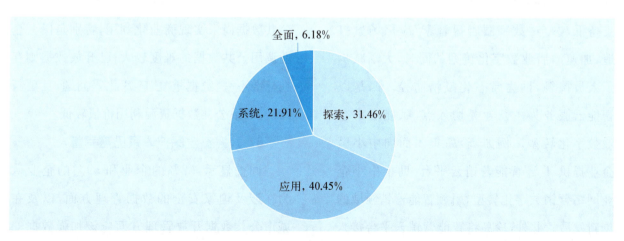

图6-1 企业数字化转型所处阶段占比

业园集聚了携程、爱奇艺、亦非云等一批行业内的民营龙头企业;市北数智生态园则集聚了博尔捷数字科技、锦砺信息科技、琛全景数字科技等民营中小信息科技服务企业。

(五)民企参与城市数字化转型的典型案例成效显著

一是有机结合电商和实体双向优势,搭建全新应用场景。例如,美团公司正积极建设"数字化小店示范街",推动大学路等多个上海地标性街区"小店经济"的线上线下融合,在实体商户数字化领域有了拓展性的尝试。二是加快自身数字化转型步伐,增强企业智能制造综合实力。如正泰电气提出了"一云两网"(即正泰云、正泰能源物联网、正泰工业物联网)发展战略,逐步实现无人化、集成化和网络化的智能制造。海宁"互联网+透明"光伏工厂和基于物联网与能效管理的数字化车间等一批项目入选工信部智能制造专项项目。三是加大与各政府部门合作,依托数字化转型手段显著提升城市治理效率。例如,华住酒店集团在公安、文旅等部门支持下,参与"数字酒店智管家"应用场景打造,加速酒店业数字化转型的同时,大幅减少了人员接触,助力常态化疫情防控。四是以智能云服务为主营业务切入点,赋能中小企业数字化转型。例如,珍岛集团面向中小微企业提供T云智能营销云平台,助推中小企业网络营销数字化转型,引领智能营销领域的创新发展。此外,珍岛将智能营销云平台接入各类园区,提供园区平台的增值服务,助力中小微企业上云、用云。

二、民营企业参与全面推进城市数字化转型的新需求

(一)数据要素市场体系培育步伐有待加快

1. 数据流通体系仍需完善

目前,相关确权法律规范滞后、数据流通边界不清、知识产权保护较弱等问题较为突出。企业反映,其收集加工后的数据资产被复制盗取,却因没有相关归属权法律依据而未被立案;涉及健康、医疗、消费等个人隐私数据的存储、管理和应用等方面,缺乏明确的法律规范和具备可操作性的行业细则,使企业在如何保护用户隐私安全的同时高效使用大数据的问题上存在障碍。

2. 公共数据开放机制仍需完善

约有48%的民营企业认为,政府应推动建立公共数据开放共享机制,以破解"数据烟囱""数据孤岛"等问题。目前,诸多有价值的公共数据尚未实现商业化利用,特别是民营企业调用公共数据的难度较大;已开放数据则存在标准不一、数据重复、碎片化等问题,且更新滞后,导致公共数据资源利用价值较低。

3. 数据安全保护体系仍需完善

调查显示,62%的企业和59%的企业认为在涉及国家安全的数据管理方面,以及在城市公共数据开放管理方面应该加强数据安全管理;近80%的民营企业认为个人隐私数

据安全保护仍需加强,且多源数据汇集后产生的隐私风险也缺乏有效的风险评估模型和应对措施。

(二)对企友好的发展环境有待不断优化

一方面,政策环境和监管环境仍需随产业数字化和数字产业化发展的需求与时俱进,在鼓励创新和严格监管之间找到相对平衡点。有企业反映,一照多址试点政策亟待在全市复制推广,以帮助连锁商业拓展经营,入驻线上平台。另一方面,问卷调查显示,中小微民营企业数字化转型的比例仅为52%。规模较小、资源有限、融资渠道较窄等因素,导致小微企业的自身力量不足以支撑其完成数字化转型,完善赋能中小微企业数字化转型有效机制的需求十分迫切。此外,目前对于民营企业数字化转型的扶持力度仍然不够。有企业反映,中小微企业在数字化转型中涉及的全新领域,缺乏更多的专项资金扶持项目和有针对性的优惠政策,仍然没有充分调动起企业参与的积极性。

(三)数字化高端人才瓶颈约束日益显现

调查问卷显示,大约有69%的民营企业认为数字化专业技术人才短缺是数字化转型过程中遇到的主要难点。一方面,数字化转型高端人才供应不足,特别是人工智能、大数据等前沿科技领域与传统行业相结合的人才更加缺乏。调查显示,超过80%的民营企业表示,应加强培养新兴学科与传统学科交叉融合的复合型人才。另一方面,超过63%的民营企业认为应持续健全数字化人才的评价激励机制和服务保障体系。部分企业希望,对新兴数字化领域的顶尖人才,以人才引进重点机构名录的方式,通过绿色通道提供快速落户、子女就学、住房优惠等服务,同时对高端人才提供相关的税收优惠。

(四)民企参与的应用场景资源有待拓展

调查问卷中,约27%的企业反映在数字化转型过程中找不到业务场景与数字技术应用的结合点。究其原因,主要有以下两方面。一是相较于国企,民营企业在信息获取、公信力、企业规模等方面处于劣势,难以在"揭榜挂帅"中独立取得项目主导权,如有企业反映,国有企业在港口行业拥有大量的应用场景,上海民营企业虽在外地有多个项目的成功经验,但本地市场则进入较少。二是应用场景资源对接中尚缺乏顶层设计,未进行分类引导。对市场竞争充分或民营经济在行业内已有良好发展基础的领域,未出台相应的倾向性引导政策,且对民营企业的招揽宣传力度也有待提升;在国有经济集中度较高的领域,又尚未建立民营企业与国有企业的常态化合作路径和商业模式。

三、民营企业参与全面推进城市数字化转型的对策建议

(一)建设高标准的数据要素市场

一是加快推动数据要素的交易流通。建立和完善数据确权定价机制,厘清数据权利主体和控制边界,推动形成数据资产目录和

资产地图；完善多层次数据交易流通体系，建立健全企业数据交易流通的激励机制和利益分配机制；加强行业自律，培育规范的数据交易市场主体，控制平台企业垄断数据要素的系统性风险；支持行业商（协）会牵头龙头企业，制定落地行业数字化转型的数据要素标准，提高产业上下游协同效率。

二是促进公共数据的高水平开放。优化公共数据开放平台，完善数据资源目录和责任清单制度，进一步统一数据标准、减少重复并及时更新；对"可用不可见"数据，利用区块链、数据脱敏等技术，形成可靠稳定的数据资源共享开放体系；允许医疗、交通、金融等特定领域公共数据授权特定机构进行开发利用，在保证数据安全前提下开放数据不设所有制门槛。

三是打造分级分类的数据安全体系。分层分域建设网络安全中枢体系，建设数字安全技术底座，完善网络安全监测、分析、追踪、评估等能力；加强底线思维，强化重点行业、重点领域网络数据安全等级保护，分类分级保障数据安全；进一步规范对生物特征、用户习惯等信息的采集和使用，特别是注重多源数据汇集后产生的数据隐私安全问题，并加快推进数据跨境流通的安全评估机制建设。

（二）营造有利于民企数字化转型的市场环境

一是鼓励创新，破解政策壁垒。推行柔性监管，在包容创新与严格监管之间取得相对的平衡。进一步取消对数字经济造成不必要干预的审批环节，由事前审批转为事中事后监管，推动"一照多址"登记改革落实落地，并在上海全域复制推广；匹配与共享经济、灵活就业等相适应的综合政策环境，解决目前在法律监管、税收征管、劳动者权益保护等方面存在的瓶颈约束。

二是助力更广泛的中小微企业参与数字化转型。建立上海数字化转型伙伴服务商和解决方案的"白名单"，搭建平台企业、转型服务供应商与中小微企业的对接机制，鼓励企业开发更适合中小微企业需求的数字化转型工具；发挥行业龙头企业的资源优势，实现从咨询规划、场景应用、方案实施到效果评价一体化发展，推动更多的中小企业参与到数字化转型中，形成良好的数字化生态体系。

三是加大对民营企业数字化的专项扶持力度。探索给予平台赋能的中小微企业数字化转型的专项补贴，减轻终端企业转型的资金压力；进一步深化落实上海促进产业高质量发展等专项扶持资金，依据企业转型所得的降本、降耗指标给予税收政策支持；建立和完善解决方案和产品名录发布机制，加大对中小民营企业的数字化产品和解决方案的招标倾斜力度和购买额度。

（三）加强数字化复合型高端人才培养

一是加强顶层设计和规划引领。通过开展数字化转型人才调查研究，加紧制定与数字经济发展规划相配套的数字人才发展规划，建立以需求为导向的数字人才引进培养机制，持续优化数字化转型人才资源结构，为城市数字化转型提供人才支撑。超前布局数字经济人才发展，优先填补数字化人才缺口。培养人工智能、大数据等新兴学科与传统学科交叉融合的复合型人才。

二是创新数字经济人才培养模式。加强校企共建，构筑人才的活水池，借鉴商汤科技和上海交通大学的成功模式，鼓励企业与高校、科研院所联合成立二级研究院（学院）培养人才，创新合作机制，突破传统体制内的薪酬结算与考核制度，调动高校科研人员参与教学的积极性。积极推动顶尖数字人才的自主培养，力争在重要理论研究、创新技术和应用方面达到国际领先水平。

三是健全数字经济人才评价和激励机制。健全人才保障机制，在住房、教育、户籍、社保等方面提供保障以吸引数字人才。提升人才服务水平，对数字化领域急需的顶尖人才，通过绿色通道提供子女就学、住房保障等服务，同时对高端人才提供相关税收优惠，加大人才吸引力。定期开展数字人才队伍建设阶段性评估，形成以评促优、动态调整机制，着力提升数字人才供应链稳定性。

（四）打造一批民营经济数字化产业集聚区

围绕数字产业化和产业数字化，在全市民营数字经济集聚区和民营企业相对集中区域，打造具有国际竞争力、国内领先的民营企业数字产业集聚区。

一是深入推进张江在线、长阳秀带、市北数智生态园和虹桥临空数字经济产业园四大市级特色园区的数字产业发展。进一步细化将数字经济民营企业认定为民营企业总部政策的相关落实措施，享有企业总部在金融、出入境、贸易便利等领域的配套政策与服务举措，着力推进技术集成创新、业态模式创新和服务管理创新，围绕企业、场景、技术、品牌，打造具有国际影响力、国内领先的在线新经济发展新高地。

二是积极鼓励南虹桥、张江、市北高新等三大民营企业总部集聚区的数字化转型。积极吸引数字经济民营企业总部落地园区，鼓励企业设立数字经济功能型总部、研发中心和开放式创新平台；组织实施数字经济高成长型企业培育工程，聚焦云计算、大数据、人工智能等重点领域培育一批高能级市场主体；着力推动企业总部产业数字化转型，打造"智慧总部"，实现生产、销售、管理、物流等各环节无障碍打通的数字化协同；进一步加强园区信息基础设施建设，提升网络综合承载能力，打造民营企业数字化转型的样板区。

（五）优化民企应用场景资源对接的顶层设计

以《推进上海经济数字化转型 赋能高质量发展行动方案（2021—2023年）》为指引，复制推广民营企业在制造新模式、在线新经济、商业新业态、赋能新平台等领域的经验做法，持续发挥民营企业创新活力优势。在安全可控的前提下开放更多应用场景，围绕产业数字化和数字产业化,制定民营企业参与经济数字化领域项目清单。

一是继续发挥民营企业在在线新经济、商业数字化、为中小企业数字化赋能等领域的优势,特别是在商业模式创新、高成长性创新行业、服务型经济和流量型经济等方向,建议继续以民营企业为主导推进城市数字化转型(见表6-1)。

表6-1 民营企业主导经济数字化重点项目清单

类型	领域	应用场景	场景内容	参与方式
数字产业化	商业新业态	商业新模式	数字商圈商街和直播电商基地、商业数字化转型示范区、智能末端配送体系、千亿级电商平台	民企主导
		数字贸易新模式、新业态	数字贸易枢纽港、数字贸易会展合作平台、交易促进平台、跨境电商公共服务平台、跨境电商示范园区	
	赋能新平台		推动形成一批高水平数字化转型综合解决方案供应商,打造一批专业的数据、平台、算法、安全的服务标杆企业和"单项冠军"	民企主导
	在线新经济	服务型经济	培育一批引领行业创新、推动效率变革的企业家群体,打造美誉度高、创新性强的在线新经济品牌	民企主导
		创新型经济	重点建设"张江在线""长阳秀带",培育掌握核心技术、拥有自主知识产权、具有国际竞争力的高成长性创新企业	
		流量型经济	在线支付新模式、智能网联汽车商业化	

二是鼓励民企参与制造新模式、金融新科技、科技新生态、农业新体验、数字化技术等领域的数字化转型,围绕企业数字化、数字金融服务、科学计算、智慧示范农场、关键数字技术等方向,在"赛马制"和"最佳实践"机制下,与国有企业建立健全能够发挥各自优势的常态化合作路径和商业模式,激发民营企业参与重点领域应用场景试点的积极性(见表6-2)

表6-2 民营企业参与经济数字化重点项目清单

类型	领域	应用场景	场景内容	参与方式
产业数字化	制造新模式	企业数字化增效	智能示范工厂、数字化转型赋能中心、5G全连接示范工厂、智能制造创新融合解决方案和服务提供商	民企参与

续表

类　型	领域	应用场景	场　景　内　容	参与方式
产业数字化	制造新模式	双链数字化增智	新型工业电商平台、供应链金融标杆示范	民企参与
		平台生态数字化增能	具有行业影响力的工业互联网平台、标识解析二级节点、工业互联网综合解决方案服务商	
	金融新科技	普惠金融试点	推进大数据普惠金融2.0专项工程，打造普惠特征显著的信贷产品和金融服务	民企参与
		数字金融服务	培育集聚一批具有国际知名度和影响力的金融科技龙头企业	
	科技新生态	科学计算	聚焦生命科学、物质材料科学、能源等领域，建设高性能计算的算法模型试验场和计算孵化中心，高质量数据集和知识图谱	民企参与
	农业新体验	数字农业标杆平台	数字农田建设	民企参与
		智慧示范农场	无人农场、智慧果蔬生产基地	
数字产业化	数字化技术	关键数字技术	高端芯片、传感器、操作系统等关键领域，量子计算、神经芯片、DNA存储等前沿技术，建设开源数字社区	民企参与
		软件和智能产品	大力发展工业级智能硬件，智能机器人、智能网联汽车、智能船舶、无人机	

（供稿单位：上海市工商业联合会，主要完成人：徐惠明、施登定、张捍、熊世伟、黄治国、朱秀慧、高世超）

专题七

"上海民营企业评营商环境"调研报告

营商环境是一个国家或地区发展的重要软实力,是一个国家或地区参与国际竞争和区域性竞争的重要经济社会背景。2020年以来,习近平总书记在多个场合就打造市场化、法治化、国际化的营商环境提出明确要求。近年来,上海市委、市政府多次就改善营商环境作出部署,持续深入"放管服"改革,出台《上海市优化营商环境条例》,一系列动作显示出上海在这方面的决心和力度。李克强总理在上海考察时进一步强调,要推进改革开放,优化营商环境,持续激发市场主体活力和社会创造力。

"鞋子合不合脚,自己穿了才知道";"水好不好,鱼最清楚"。为了解市场主体对营商环境的评价,以评促改,为下一步改革发展提供思路,全国工商联在2019年、2020年和2021年进行了三轮"万家民营企业评营商环境"调查。为了解上海民营企业的相关评价,上海市工商联委托上海社会科学院社会学研究所于2021年9—11月在上海市开展了"上海民营企业评营商环境"专题调研。调研以全国工商联的调查数据为基础,聚焦民营企业对法治环境、要素环境、市场环境、政务环境、创新环境等方面的评价,采用质性与量化相结合的研究方法,通过数据分析、座谈、访谈等形式,结合社会舆情、社科研究报告等调研材料,对上海营商环境进行了横向与纵向的综合性分析。

一、调查介绍与研究方法

(一) 问卷调查

1. 样本数量

本次调查采用线上调查方式,由民营企业的企业家/负责人或中高层管理者直接填报问卷,全国共获得有效企业样本69 120个,其中上海企业样本988个。调查着力分析上海与兄弟省市相比在营商环境上存在哪些优势与劣势,因此分析中也涵盖了苏浙粤京等地的企业样本,即江苏7 861个、浙江1 955个、广东3 213个、北京767个(见表7-1)。

表7-1 调查样本的省份分布

地 区	频 数	比例(%)
上海	988	6.68
江苏	7 861	53.17
浙江	1 955	13.22

续　表

地　区	频　数	比例（%）
广东	3 213	21.73
北京	767	5.19

2. 规模分布

从上海与兄弟省市受访企业的规模分布来看，每个省市的小微企业样本占比都在60%～70%，其中上海的小微型企业占比是最低的，约为57.89%，广东占比最高，约为68.41%；上海中型企业和大型企业的占比是较高的，中型企业样本占比为32.29%，明显高于其他省市，大型企业占比为9.82%，仅次于北京的10.95%，比江苏、浙江和广东都要高出好几个百分点（见表7-2）。

表7-2　不同省市样本的规模构成　　　　　　　　单位：%

规　模	地　区				
	上海	江苏	浙江	广东	北京
微型	13.66	15.55	19.69	22.50	19.30
小型	44.23	50.18	50.43	45.91	46.81
中型	32.29	27.72	23.97	25.02	22.95
大型	9.82	6.55	5.92	6.57	10.95

3. 行业构成

调查询问了受访企业主营业务所涉行业，对这些行业进行分类整理可以看到，各省市都有相当一部分民营企业属于传统制造业，如纺织服装、汽车零配件、食品、机械等，其中北京传统制造业的比例最低，为10.04%，江苏的比例最高，为43.68%，上海居于中间，约有23.48%的受访企业是传统制造业。与此同时，战略性新兴产业（如新材料、生物医药、软件服务、互联网）所占比重，上海仅次于北京，为16.4%，高于江苏、浙江、广东。另有相当比例的受访企业选择了"其他"项，因此无法排除有我们感兴趣的企业行业信息被隐匿在这一选项之中（见表7-3）。

表7-3　不同省市样本的行业构成　　　　　　　　单位：%

行　业	地　区				
	上海	北京	广东	江苏	浙江
能源/原材料	2.94	3.00	6.26	6.60	5.58
传统制造业	23.48	10.04	19.58	43.68	33.95

续 表

行　业	地区				
	上海	北京	广东	江苏	浙江
建筑交运	15.49	11.21	11.83	9.67	10.44
战略性新兴行业	16.4	19.56	13.04	12.94	12.49
商贸餐饮酒店	12.25	14.73	16.59	8.85	11.03
教育文化传媒	4.66	9.65	4.20	2.20	3.52
金融地产	7.69	6.52	7.03	2.46	2.96
其他	17.10	25.29	21.48	13.60	20.01

(二) 焦点访谈

1. 调查样本选择

为全面了解上海民营企业对于营商环境各方面的真实评价，了解企业在地经营过程中的痛点、难点、堵点，课题组对各类市场主体开展调研。具体的资料收集方法包括焦点小组访谈（座谈会）、个案深访、非参与式观察、政策文本分析等。与区、街镇政府部门的涉企工作人员、产业园区运营方、不同行业民营企业负责人/管理者等调研对象进行了比较深入的交流，着重考察政府层面优化营商环境的政策供给与民营企业作为市场主体的需求和评价（见表7-4）。

表7-4　受访机构类型及分布

受访机构类型	具　体　机　构
区涉企职能部门、区工商联组织	区发改委、经委、科委、投促中心、工商联、工会等组织，涉及浦东新区、嘉定、宝山、虹口、徐汇等
街镇涉企职能部门	涉及嘉定安亭、马陆、工业区北区，浦东世博局、张江管委会，宝山大场、杨行、张庙等
代表性园区	汽车创新港、长江软件园、杨行货运物流园区等
代表性企业	基于行业、规模，划分类型、选取典型，调查了新能源汽车、汽车零配件制造、生物医药、智能制造、在线新经济、物联网等多个行业的民营企业

2. 调查实施过程

在区、街镇涉企部门、工商联组织的协调下，课题组共召开或参加了数十场座谈会，其中包括针对区级职能部门组织的座谈会6场，街镇层次的座谈会 3 场,园区座谈会 3 场,企业座谈会超过 10 场。不便组织现场座谈的企业和职能部门根据访谈提纲列出的问题返回文字稿。

二、对上海营商环境的总体评价

(一)作为市场主体的民营企业对上海营商环境的总体评价较高

上海民营企业对上海营商环境的总体评价较高,在 1~5 分的计分体系中,获得 4.65 分,显著高于全国评价均值 3.86 分。由企业自行填写"印象中营商环境最好的地区",上海成为"营商环境最佳口碑地区"三强之一。在对于构成营商环境各项维度的评价上,上海民营企业对本地法治环境的评价相对最高,为 4.66 分(见图 7-1)。

与同为发达地区的江苏、广东相比,上海民营企业对于本地营商环境的评价更高。在

调查走访与座谈中,上海民营企业也向课题组表达了他们对于地区营商环境的总体认可。例如,嘉定区一家汽车零部件企业的财务总监就表示,企业在常熟也有分公司,与常熟相比,上海的营商环境明显更好,体现在基层职能部门以及各涉企机构(如银行)工作人员的服务意识较强,真心为企业着想,哪怕几千元的手续费也能主动减免,虽然金额微不足道,但让企业感到有心、温暖。相比之下,与常熟地方政府的对接过程中,企业则明显感到当地缺乏服务意识,各口子都缺乏与企业联络的专员,企业要了解政策或手续时往往只能借助电话热线。另一家从事新能源发电设备零部件生产的企业副总也表示,基层政府总体上能做到对企业遇到的问题不推诿,积极请示、协调,尽量想办法解决。"上海基层官员对于优化营商环境的理解还是比较深刻的,能够尽力做到原则性和灵活性的统一,能够换位思考,为企业日常经营解决一些

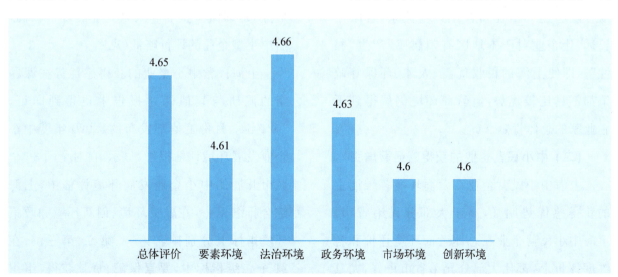

图 7-1 上海营商环境评价

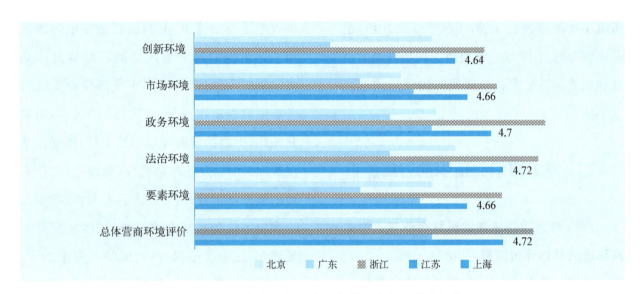

图 7-2 各地中小企业对于营商环境各方面的评价

小而急的问题,让企业实实在在地体会到政府将服务企业的理念落在实处。"

在走访基层街镇及下辖经济城/园区的涉企部门时,有不少工作人员表示,在长期从事招商和服务企业的工作中,他们的体会是土地价格和税收返还等直接经济手段是受到局限的,而且也是短视的,他们更希望在政企互动中尽力帮企业解决一些经营中的难题,双方能够建立信任和合作共生关系,着眼于长远,让企业对于本地区有归属感,产生"黏性"。即便上海的税收优惠、人才、环保等政策都不具比较优势,但营商环境仍然得到了企业家的总体肯定。

(二)中小民营企业的获得感显著增强

上海中小民营企业在营商环境各维度上的获得感优势明显,高于大部分兄弟省市。上海中小民营企业在总体营商环境评价和各维度评价上,都比大部分兄弟省市更好,尤其是在法治环境方面,上海相比广东、江苏等的优势更为显著(见图 7-2)。

比较不同规模企业对于营商环境的评价,上海中小民营企业的评价较为突出,不同规模企业的评价分呈倒 U 形分布。上海中小企业对于营商环境的评价相对其他规模企业来说更高,这种模式与其他地区显著不同。有些地区是不同规模企业对于营商环境的评价没有明显差别,有些地区则呈现明显的 U 形分布,即微型企业和大型企业的评价较高,而中小型企业的评价略低(见图 7-3)。

上海民营中小企业的获得感优势在课题组的调研与其他课题报告中也得到印证。2021 年 3 月份工信部发布的《2020 年度中小企业发展环境评估报告》显示,在对全国 36 个城市开展的中小企业发展环境评估中,上海综合排名第一,在融资环境、创新环境和政策环境指标上分别排名第一、第二、第三位;在 21 个二级指标中,要素保障、贷款获得、组织领导、服务促进、企业培育、信用担保、成果产

经 济 发 展

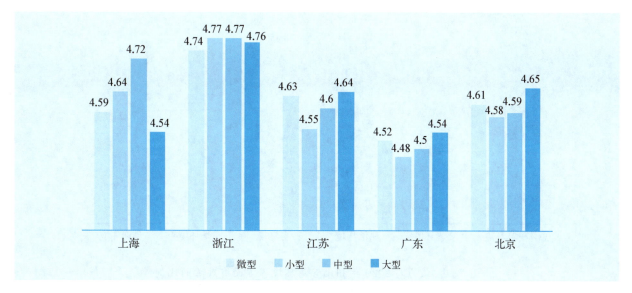

图7-3 不同规模企业对于所在城市营商环境的总体评价

出等指标都排名第一。

课题组在访谈时,民营中小企业普遍反映,即便出于成本考量将一部分环节外迁出上海,如生产、电商运营等,但还是会将母公司或总部放在上海,因为上海在人才供给、融资环境、打造企业形象等方面都有明显优势。有一位民营企业副总裁就表示,"我们是不会离开上海的,因为我们是有追求的企业,在跟客户谈判时,人家看到你是上海的企业,就会高看你一眼,觉得你能在上海这个合规成本那么高的地方存活下来,你一定是有独特优势的,你在潜在客户心中的形象就不一样"。

(三)近八成受访者认为营商环境比2020年进一步改善

上海民营企业中近八成表示,2021年营商环境比2020年有改善。从不同维度来看,上海民营企业对于本地营商环境各方面改善的感知度和获得感都比较强,认为政务环境和法治环境有改善的比例相对最高,分别为78.85%和78.44%,而认为市场环境有改善的比例相对略低,为75.4%(见图7-4)。

与2020年相比,2021年上海民营企业对于营商环境的评价进一步改善,从4.5分提高到4.65分,与全国均值相比,处于同步提升的状态(见图7-5)。

(四)上海营商环境具有"重法治、重契约、重流程"的地域性特征

调查显示,受访企业家对于上海的法治环境是总体满意的,而对于法治、契约的强调是上海市场主体和营商环境的重要特征。我们采用近年全国工商联私营企业调查数据进一步分析就可以看到,在法治环境各项指标上,大体都有七成以上的受访民营企业家给予了肯定答复,尤其在法律/法规的完备、司法机关的立案效率、法院判决书的执行等方面,上海企业家的满意度比全国平均水平都高了近10个百分点(见表7-5)。

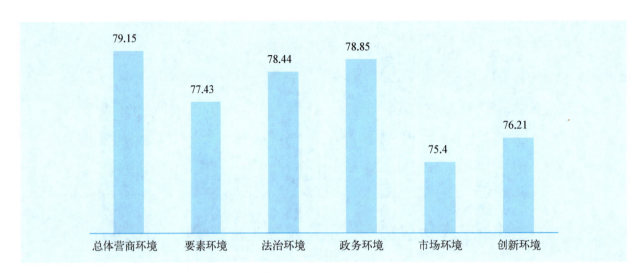

图 7-4 认为与 2020 年相比营商环境各方面有改善的比例

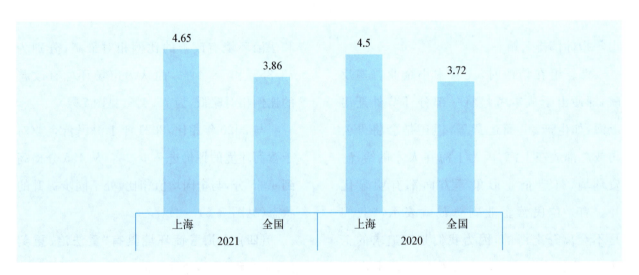

图 7-5 营商环境评价的改善度

表 7-5 法治环境评价：满意比例　　　　单位：%

	上海	浙江	江苏	广东	全国
对失信主体的惩戒	64.91	65.91	68.24	58.56	66.00
企业家及家人的人身安全保障	75.27	77.48	79.17	66.57	73.42
财产和财富的安全	75.96	75.23	78.42	66.08	73.84
企业家人格权的保护	74.91	72.73	78.99	64.88	72.52
知识产权保护	74.48	72.20	77.41	67.76	73.21

续表

	上海	浙江	江苏	广东	全国
法律、法规的完备	81.85	77.03	76.03	64.79	74.02
合作企业的法治意识	71.23	67.71	71.07	57.23	66.87
司法机关的立案效率	73.80	70.67	73.18	57.19	65.06
法院判决书的执行情况	68.54	60.00	61.40	52.01	58.43

上海的民营企业被政府部门强制摊派的比例、被要求缴纳各种规费的比例、支出公关/招待费用的比例都显著低于全国平均水平，与江浙粤等经济发达地区相比也显著更低。上海政府在行政过程中的契约履行（比如兑现招商承诺、支付相关款项等）也表现得比其他地区更好（表7-6）。

表7-6　碰到以下情况的企业占比　　　　单位：%

	上海	浙江	江苏	广东	全国
有应付摊派	12.25	14.16	22.04	21.17	16.41
有规费支出	27.48	51.77	51.84	38.16	38.43
有公关/招待费用	59.27	70.80	75.92	62.12	77.27
用地指标不兑现	2.65	2.86	0.88	3.90	4.28
政府不兑现招商承诺	1.66	4.49	1.77	4.18	4.78
政府或国企拖欠款项	4.64	7.76	1.77	6.13	10.09

三、对上海营商环境的多维评估

（一）对政务环境总体满意，期待提高政策过程参与度，加强常态化政企沟通

上海民营企业家对政务环境的总体满意度较高，以1～5分计，达到4.63分；对于政务环境各项指标的满意度都在4.5分以上。其中，对于"政策发布及时性""一站式政策服务平台建设"和"政策制定连续性"的满意度评价最高（见图7-6）。

相对得分较低的是企业参与政策制定，而且规模较大的企业，对于企业参与政策制定过程的满意度评分反而较低。在调研中，

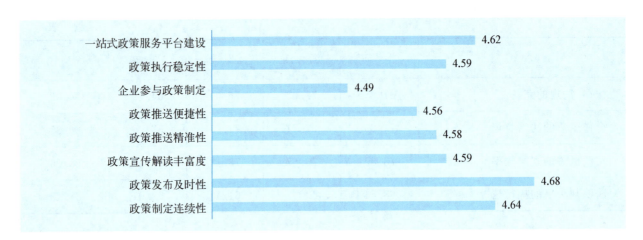

图 7-6 政商关系各维度的满意度评价

企业也表示,民营企业在政策过程中的参与度始终不高。一方面,行业监管比较严格,导致突破性质的政策创新比较难;另一方面,商协会的作用也始终难以得到充分发挥,导致民营企业要参与政策过程缺乏抓手和渠道。有一家民营医药企业的负责人就表示,外资企业有外商会来帮忙反映问题,国有企业有国资委、国资办,民营企业缺乏有力的制度化渠道来参与政策制定与试点。

上海民营企业家对于政商关系的满意度大体都在 4.6 分左右,以 1~5 分计,这是一个比较高的水平。与评价最好的浙江相比,差距较明显的维度是"政商常态化沟通",这也反映了上海多年以来政商关系"疏而不亲"的特征。据近年来全国工商联私营企业调查数据显示,上海民营企业参加政府咨询会、座谈会的比例都要远远低于兄弟省市,也低于全国平均水平;在政府响应企业投诉方面,上海的比例也要显著低于全国平均水平。这些指标都在一定程度上反映了民营企业与涉企部门的互动是较不频繁的(见图 7-7)。

(二)对金融支持的获得感提升,资金来源渠道比较多元

上海民营企业对金融支持效果的总体评

图 7-7 民营企业对于政商关系各维度的满意度评价

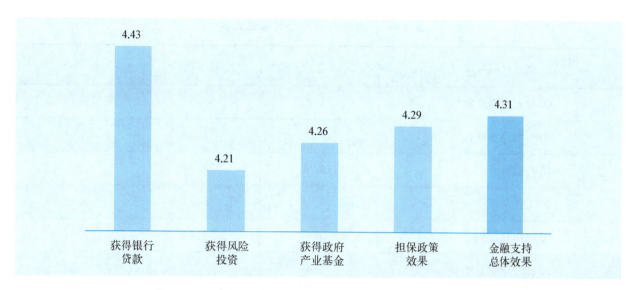

图 7-8 民营企业对于不同类型金融支持手段的满意度评价

价较高,以 1~5 分计,上海企业家的总体打分为 4.31 分。从对不同金融支持手段的评价来看,对于银行贷款政策的评价最高,为 4.43 分,对担保政策、政府产业基金和风险投资的评价次之,但都在 4.2 分以上,处于较高水平(见图 7-8)。

总体上看,企业规模越大,对于各种金融支持手段的满意度越高。规模较大的企业对于获得风险投资、政府产业基金扶持、担保政策支持等方面的满意度都高于规模较小的企业,满意度与企业规模正相关。对于银行贷款的评价是例外,中小企业对于获得银行贷款的满意度略高于大型企业。近年来,上海不断试点突破中小企业融资难问题,包括推出"千家百亿信用担保融资计划"等政策,为符合条件的中小企业提供无抵押信用担保贷款。这些政策确实得到了民营企业,尤其是中小企业的广泛支持和认同。

从资金获取的渠道来看,超过半数的上海民营企业选择从"国有大型商业银行"获得资金,比例为 51.8%,排名第二和第三位的资金来源分别为"中小型商业银行"(35.73%)、"民营银行"(13.06%)。从这三种渠道的选择比例来看,上海企业选择银行的比例都显著低于浙江和江苏。上海民企相对选择比例略高的是"其他企业战略投资""民间借贷"和"政府产业引导基金",但差异也不是很大。上海企业有 13.77% 选择了"其他"渠道获取资金,这一比例几乎是江苏和浙江的两倍(见表 7-7)。问卷并没有能够对"其他"渠道指什么提供进一步的信息和资料,但上海民营企业在给定选项之外,是否存在其他稳定广泛的资金获取渠道可以通过后续调查加以了解。由此可以作出初步判断,上海民企在借贷上的渠道相对比较多元,借贷行为也比较谨慎。这种借贷谨慎背后的逻辑是更加审慎成熟的投资策略,还是受到市场预判与政策预期的影响值得深入研究。

表7-7 企业获取资金的渠道比较					单位：%

资金获取渠道	上海	浙江	江苏
国有大型商业银行	51.8	55.5	59.49
中小型商业银行	35.73	54.89	49.41
民营银行	13.06	28.02	17.29
民间借贷	6.28	5.83	5.63
贷款担保机构	5.47	5.84	7.67
政府产业引导基金	5.47	5.43	5.88
政府纾困基金	3.95	6.23	3.68
股权投资机构	3.34	4.17	2.3
其他企业战略投资	6.98	5.94	3.27
其他	13.77	7.03	7.72

在走访与座谈过程中，有企业家表示，因为经济形势不好，企业从2020年开始就不买一台设备，不增加一个员工，不做一个新项目，"就地躺平，因为静止状态是最可控的，只要去贷款去做投资，就不可控了，所以千万不能在大环境不好的时候妄动"。从金融借贷行为中可以看出企业家的预期与行动逻辑，而民营企业家的集体预期与行动受到哪些因素影响，又会带来何种后果，值得进一步思考。

（三）纠纷处理的规范化、法治化水平提升，期待更多灵活性

调查发现，上海民营企业在遇到自身权益受损时，有半数的受访者会选择法律武器，也就是"提起仲裁"（50.81%）或"诉诸法院"（45.24%）。这一比例与江苏和北京类似，同时明显高于浙江和广东。在调查中，课题组也发现，民营企业对于法律诉讼各环节，即立案、侦查、起诉、审判的满意程度总体较高，相对来说，短板是执行环节，也说明法治化进程中需要更多改进执行层面的问题。相比之下，上海选择行政渠道的比例，即"向政府部门申诉"的比例为36.23%，低于浙江（41.98%）、广东（40.9%）和江苏（38.21%）。

上海民营企业选择"请商会或协会协助"的比例为15.28%，明显低于浙江（19.96%）和广东（20.98%）。浙江和广东历来高度重视商协会的工作，在帮助商协会创造性地开展活动方面下了很多功夫，比如帮企业搭建平台、让服务企业有抓手等等。这些努力使浙江和广东的商协会在帮助企业解决法律问题上贡献了相当程度的灵活性。上海的商协会如何将功能落地还需要做进一步的探索和实践(见表7-8)。

表7-8 遇到权益受损,优先采用的维权方式　　　　　　　单位:%

维权方式	上海	浙江	江苏	广东	北京
提起仲裁	50.81	46.38	51.66	44.1	48.5
诉诸法院	45.24	43.44	46.8	33.52	47.98
向政府部门申诉	36.23	41.98	38.21	40.9	29.2
请工商联协助	27.94	23.85	24.4	32.74	31.03
请商会或协会协助	15.28	19.96	12.84	20.98	14.08
私下调解	11.84	8.71	11	14.01	14.99
人民调解	7.59	9.25	9.57	7.78	9.52
向媒体反映	4.25	5.47	4.35	4.42	2.61
托人向领导反映	0.71	0.67	1.13	1.06	1.43

上海民营企业对于发挥工商联和商会作用有期待。上海民营企业认为,要改善法治环境最需要加强的方面是"提高政府部门诚信守法、依法行政意识""完善企业维权统一服务平台""建立政法机关涉企服务协调机制"和"提高司法机关涉企案件办理效率",在这些方面均有四到五成的受访者表示需要着重加强。与浙江和江苏相比,上海的民营企业更希望能"发挥工商联维权和商会调解作用",这也说明民营企业对于工商联组织是有期待的,上海的各级工商联组织在能力建设和组织建设方面仍有提升的空间。课题组之前与上海区级工商联合作开展问卷调研,在数千会员单位的群里,回收的问卷数量寥寥无几,这也说明有些基层工商联组织仍然缺乏推动工作、下沉落实的有效抓手(见表7-9)。

表7-9 改善法治环境最需要加强的方面　　　　　　　单位:%

需要加强的方面	上海	浙江	江苏
提高政府部门诚信守法、依法行政意识	49.9	45.41	53.04
完善企业维权统一服务平台	49.9	52.92	50.08

续表

需要加强的方面	上海	浙江	江苏
建立政法机关涉企服务协调机制	45.95	43.75	45.42
提高司法机关涉企案件办理效率	43.22	40.5	43.79
发挥工商联维权和商会调解作用	34.82	32.25	29.26
加大普法宣传	34.21	39.59	36.42
公布一批保护企业家权益的典型案例	25.4	27.27	25.06
加快法治民企建设	16.6	17.54	16.78

（四）信用环境明显改善，企业失信惩戒机制有待进一步完善

上海本地民营企业的诚信意识比其他省市更强，仅有19.1%的上海民企认为企业缺乏诚信意识，但这一比例在北京和浙江都为22.4%，广东为25.6%，在江苏甚至高达27.8%。上海民企反映最为突出的问题是守信激励不足和失信惩戒不力。其中，对于失信惩戒不力的反映比兄弟省份更为突出，而且与2020年相比并没有显著改善迹象，比例反而有所上升。当发现企业存在失信问题时，行政和法律惩戒不力，这在客观上助长了某些企业甘愿冒市场风险，铤而走险，违约失信，从而谋求不正当的经济利益（见表7-10）。

表7-10 民营企业对城市信用体系的评价　　　　单位：%

城市信用评价	上海	浙江	江苏	广东	北京
企业缺乏诚信意识	19.1	22.4	27.8	25.6	22.4
守信激励不足	49.2	49.7	52.2	44.9	48.5
失信惩戒不力	42.1	33.6	36.3	32.0	34.0
信用修复障碍多	15.9	24.5	19.1	17.6	20.5
信用监管落实慢	13.8	14.4	14.5	16.8	13.3
信用贷款政策不力	12.6	14.5	16.2	20.3	15.9
信用评价标准不统一	22.0	17.1	15.5	18.3	19.0

续 表

城市信用评价	上海	浙江	江苏	广东	北京
政府部门的信用数据共享难	24.6	21.1	17.7	22.8	24.1
其他	0.8	2.8	0.7	1.7	2.2

从图7-9可以看到，上海在企业守信激励、信用修复、信用监管效率、信用贷款政策等方面，相比于2020年都实现了较大的提升和跨越。例如，信用贷款政策不力的比例从13.7%下降到6.3%，信用监管落实慢的比例从9.7%下降到6.9%，信用修复障碍多的比例则从9.6%下降到8.0%。总体来说，上海民企的诚信意识强，信用环境也得到改善，但对于企业的守信激励与失信惩戒仍有待提高。

（五）各领域开放度有所提升，显性或隐形市场壁垒仍然存在

与2020年相比，2021年民营资本在多个民生领域，甚至部分传统垄断行业的投资门槛都有所降低，但核心能源、交通、通信等领域仍主要面向国有资本。不同的行业和领域对于民营和国有资本投资开放的公平性是衡量市场环境的一个重要维度。可以看到，在医疗、市政工程、体育、电力、电信、铁路等多个领域，上海民营企业感知到的开放度都有所上升。从总量上来看，民营资本投资门槛最低的前三个领域分别是教育、医疗和养老，这三者都是核心的民生领域。在电力、铁路、石油、天然气等关系国民经济命脉的领域，尽管民营资本投资门槛有所下降，但国有资本仍处于绝对优势地位（见图7-10）。

从地区比较来看，在养老领域，上海对民

图7-9 上海民营企业对城市信用体系的评价变化（单位：%）

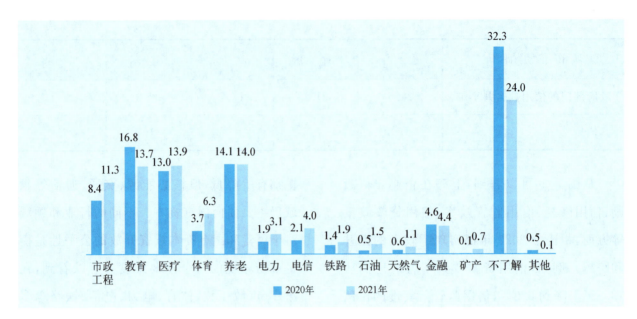

图 7-10 上海民营企业对各领域民间资本开放度评价变化(单位:%)

间资本的开放度是居于前列的;而在教育、医疗等领域,相比其他地区,上海民营企业家感知到的开放度略低,尤其是相对于广东而言,广东有34.1%的民营企业家认为教育领域正在向民营资本开放,上海的这一比例仅为26.2%(见表7-11)。

表 7-11 各领域向民间资本开放度的企业评价　　　　单位:%

领　域	上　海	浙　江	江　苏	广　东	北　京
市政工程	21.5	25.4	24.6	23.7	15.1
教育	26.2	31.0	29.5	34.1	27.9
医疗	26.4	31.2	25.7	29.3	22.8
体育	12.0	14.7	11.8	13.2	13.0
养老	26.7	29.9	26.4	23.6	27.1
电力	6.0	10.9	11.1	10.4	5.9
电信	7.7	9.4	9.9	10.2	5.6
铁路	3.5	4.6	4.0	4.2	3.1
石油	2.9	3.3	2.8	3.3	2.5
天然气	2.1	5.1	5.2	5.6	4.4

续表

领　　域	上海	浙江	江苏	广东	北京
金融	8.4	10.3	7.9	10.7	8.2
矿产	1.4	2.2	1.4	2.3	1.8
不了解	45.8	37.8	42.5	42.8	50.7
其他	0.1	1.1	0.3	0.6	0.7

（六）高度拥护反垄断相关政策，对营造公平竞争的市场环境有期待

资本是逐利的，也会无序扩张，需要市场监管部门对资本的运行进行有效监管。随着某些企业在规模和实力上的不断壮大，其资本更为雄厚，逐渐违背了行业发展的初衷。针对某些互联网巨头和平台企业扰乱市场公平竞争的行为，国家出台了一系列反垄断相关政策。民营企业家如何评价这些政策，对于反垄断相关政策是否持拥护态度？调查显示，上海民营企业高度拥护反垄断相关政策：有57%左右的民企认为这些政策有利于维护市场公平竞争秩序，减轻中小企业经营成本；有39.2%的企业认为反资本无序扩张政策能够帮助中小企业摆脱歧视待遇，保障中小企业合法利益（36.2%），激发中小企业自主创新动力（31.5%）；认为没有作用或有负面作用的比例极低，仅为2.2%（见表7-12）。

表7-12　民营企业对"双减"及反资本无序扩张政策的效果评价　　单位：%

政　　策	上海	北京	广东	江苏	浙江
帮助中小企业摆脱歧视待遇	39.2	37.2	38.3	40.9	39.3
维护市场公平竞争秩序	57.1	52.8	57.3	57.3	58.5
减轻中小企业经营成本	57.2	58.2	56.6	57.2	57.8
提高资源配置效率	28.6	27.5	32.7	27.2	33.3
保障中小企业合法利益	36.2	35.7	38.2	35.7	36.6
激发中小企业自主创新动力	31.5	35.9	35.4	30.2	34.7
有利于保障消费者权益	18.8	21.5	22.6	16.2	19.1
促进实体经济发展	25.5	27.3	31.1	26.2	25.6

续 表

政　　策	上　海	北　京	广　东	江　苏	浙　江
没有作用或有负面作用	2.2	4.2	4.1	3.1	3.5
其他	0.4	0.3	0.6	0.4	0.8

与此同时,上海民企对于营造公平竞争的市场环境仍然有所期待。其中,表达最为强烈的是对政府指定购买本地产品的关注(19.5%),要求企业必须进入当地的"企业库"(17.5%),以及对于外地产品进入设置税费门槛或特殊标准(14.8%)。尽管如此,上海相比于其他兄弟省市,仍然做得比较好(见表7-13)。

表7-13　民营企业对本地市场环境存在问题的判断　　　　　单位:%

问　　题	上　海	浙　江	江　苏	广　东	北　京
增加税费门槛或制定特殊标准,限制外地产品进入	14.8	14.7	16.9	18.1	14.0
采取硬性禁绝方式,阻挠和不准外地产品进入	13.1	12.0	11.9	13.0	9.3
定向采购或指定购买,政府机构指定购销本地产品	19.5	19.6	20.4	22.1	18.9
保假护劣,充当本地假冒伪劣产品的保护伞	9.6	9.5	9.2	12.7	7.3
特定行业如医保药品采购的本地限制	11.8	12.5	13.1	13.8	10.6
限制危废跨省转移,只接受本辖区危废	12.0	11.8	13.2	12.4	6.7
跨区域企业侵权或经济纠纷的司法保护主义	10.9	12.6	15.5	12.7	9.8
排斥或者限制外地经营者参加本地招投标活动	5.8	6.1	5.7	6.9	6.0
政府采购时,要求外地企业在本地注册经营实体	8.0	7.8	7.2	9.6	9.3
政府采购时,要求企业必须进入当地事先确定的"企业库"	17.5	10.5	14.1	15.6	20.7
其他	31.2	39.2	31.3	30.6	36.9

同时,上海民营企业也对营造良好的市场环境提出了自己的建议,最为集中的是加大产业政策支持力度,其次是完善信用体系建设、公平监管执法与降低市场准入门槛。

总体而言,上海的监管部门和工作人员的素质相对较高,但上海在降低市场准入的门槛与消除针对民企的歧视性规定方面,仍有提升空间(见表7-14)。

表7-14 民营企业对营造良好市场环境的建议　　　　　　　　　　　单位:%

建　议	上　海	浙　江	江　苏	广　东	北　京
公平监管执法	44.5	42.5	47.6	47.7	43.2
降低市场准入门槛	42.0	33.8	41.3	35.5	37.9
加大产业政策支持力度	66.4	69.7	71.5	69.4	67.8
完善信用体系建设	46.8	48.3	42.4	43.1	46.8
规范中介机构收费	28.6	31.4	28.6	25.8	23.1
消除民企歧视性规定	20.1	16.9	16.6	20.3	25.7
推行大数据等智能化监管	33.3	38.4	27.8	34.0	34.2
提升监管部门与工作人员素质	17.8	17.5	23.9	23.3	20.5
其他	0.4	1.6	0.4	0.8	0.9

(七)对上海产业创新环境总体认可,部分行业仍有改进空间

上海的产业创新环境的总体评分名列前茅。课题组计算了被访企业家对创新环境评分的均值,上海的得分是4.6分(满分5分),略低于浙江的4.68分,比其他兄弟省市都要高(见图7-11)。

上海重点产业的被访企业家对创新环境

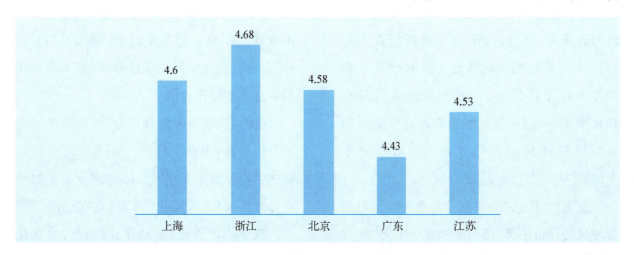

图7-11 创新环境的总体评分

的评价,与其他省市相比不具领先优势。课题组根据《上海市战略性新兴产业和先导产业发展"十四五"规划》,在样本中挑选了新材料、生物医药、信息技术(包括软件服务、互联网、IT硬件)这三个行业进行更细致的分析。数据中无法将汽车产业区分为传统燃油汽车和新能源汽车,考虑到汽车与零配件产业的重要性,一并分析。机械制造产业的企业不仅数量众多,而且与众多产业高度相关,属于支撑性产业,因此课题组也分析了机械制造产业的企业家对创新环境的评价(见表7-15)。

表7-15 不同产业的民营企业家对创新环境的评分

地 区	新材料	生物医药	软件服务	互联网	IT硬件	汽车与零配件	机械制造
上海	4.71	4.27	4.64	4.51	4.00	4.62	4.58
北京	4.53	4.60	4.53	4.50	4.67	4.90	4.41
广东	4.48	4.51	4.45	4.49	4.14	4.57	4.41
江苏	4.55	4.50	4.70	4.84	4.80	4.49	4.48
浙江	4.70	4.69	4.68	4.69	4.50	4.61	4.66

上海的"新材料"企业对创新环境的整体评价最高,而"生物医药"作为上海重点发展的战略新兴产业,被访企业对创新环境的评价比较低。本次调研共有38家上海民营企业属于新材料产业,它们对创新环境的评价均分是4.71分,高于浙江及其他重点省市。11家被访的生物医药企业对创新环境的评价均分只有4.27分,与其他重点省市相比差距明显,如浙江的生物医药企业对创新环境的评价均分是4.69分,明显高于上海。

上海的"信息技术"相关产业整体上对创新环境的评价不高,落后于浙江。上海"软件服务""互联网""IT硬件"的被访企业对创新环境整体评价的平均分是4.64分、4.51分和4分,而浙江这三个产业的平均得分是4.68分、4.69分和4.5分。其中需要对"IT硬件"的评分进行说明。数据库中共有4家"IT硬件"企业,其中3家打出5分,而有1家企业打出最低的1分。样本量过少,因此对"IT硬件"企业的评分结果要谨慎解读,但不妨碍我们将这一结果作为信号。

上海"汽车与零配件产业"对创新环境的评分比较高,但低于北京。34家上海民营企业的平均分数是4.62分,10家北京企业的平均分数是4.9分,其中9家被访企业给出了5分。汽车的智能化、电动化、网联化、共享化是未来发展的趋势,上海也将"新能源汽车"

作为大力发展的战略新兴产业。上海的汽车产业具有传统的优势,但也面临着汽车制造企业向战略性新兴产业企业转型的压力,以及培育相关的零配件企业。在新一轮的造车浪潮中,各地展开了激烈的竞争。在国内造车格局快速演变、竞争激烈的背景下,上海需要深入研究如何以创新环境的不断提升来保持汽车产业的竞争优势。

(八) 数字化转型取得阶段性成效,重点行业仍待"提质增速"

上海民营企业的数字化转型已见雏形。2020年上海被访民营企业部分或全力开展数字化转型的比例略高于三分之一,41.7%的被访企业还没有转型计划,16.28%的被访企业仅有数字化转型的计划,"部分启动"和"全力开展"的比例分别为19.84%和17.32%。而在2021年的调查中,已有45.14%的被访企业表示已经阶段性地完成了数字化转型。虽然在座谈中,也有一些企业家对于数字化转型的理解比较肤浅,比如购买并应用了某些工业系统,或采用了一些自动化的程序,企业家就认为自己一定程度上完成了数字化转型,但从纵向比较来看,还是可以看到上海的民营企业在数字化转型方面有了明显的推进。

与重点省市的横向比较可以看到,上海民营企业整体数字化转型的进展领先广东,但与苏、浙、京相比仍需提速。调查结果显示,上海被访企业表示完成阶段性数字化转型的比例是45.14%,高于广东的42.67%,略低于江苏的45.37%和北京的46.81%,与浙江的57.24%相比存在一定差距(见图7-12)。

上海传统制造业和战略性新兴产业的数字化转型均需要提速。调查结果显示,上海机械制造产业的被访企业有48%表示完成了数字化转型,汽车与零配件产业的比例是47.06%,而浙江这两个产业的比例分别是61.05%和61.45%。战略性新兴产业中的新材料和生物医药产业,上海被访企业完成数字化转型的比例是47.37%和45.45%,而浙江的比例是64.49%和68.14%。上海包含软

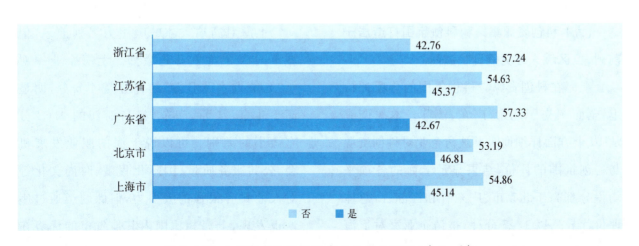

图7-12 企业完成阶段性数字化转型的比例(单位:%)

件服务、互联网、IT硬件在内的信息技术产业与浙江、江苏差距明显,其中浙江的互联网企业和IT硬件企业数字化转型的比例达到了75.82%和81.25%。江苏这两个产业的数字化转型比例也非常高,互联网企业高达84.21%,IT硬件企业是80%(见表7-16)。

表7-16 不同产业的被访企业完成数字化转型的比例　　　　单位:%

地　区	机械制造	汽车与零配件	新材料	生物医药	软件服务	互联网	IT硬件
上海	48	47.06	47.37	45.45	65.96	58.97	50
北京	50	50	60	50	55	71.05	55.56
广东	43.75	57.41	51.18	43.90	71.59	67.90	50
江苏	43.25	63.75	53.85	68.18	69.57	84.21	80
浙江	61.05	61.45	64.49	68.14	76.38	75.82	81.25

调查结果值得上海高度重视。在数字信息时代,企业的数字化转型成为大的发展趋势。纵向比较,上海民营企业数字化转型推进的速度较快、成效显著,而在长三角内部横向比较,与邻近的浙江和江苏两省相比存在差距,并且传统制造产业、重点发展的战略新兴产业、信息技术产业的数字化转型均需要提质增速。

(九)科创资源集聚和科创氛围打造居于前列,但区域人才竞争日趋激烈

上海在科创资源与科创氛围的分项评价上,全面领先于北京、广东、江苏。本次调查从10个方面详细询问了被访企业对科创资源与科创氛围的评价,结果显示上海的各项平均得分都高于北京市、广东省和江苏省,总体评价优异。以1~5分计,被访企业家对上海"高等教育资源"的评分是4.61分,居于首位,领先北京的4.55分。企业家对高等教育资源的评价,是以产业发展为导向的,并不单纯以高等院校的数量和学科排名为评价的依据。从民营企业家的角度出发,上海的高等教育资源作为核心的科创资源,得到了企业家较高的评价。高等教育资源也是上海持续不断地获得科创原动力、高质量人才供给的关键要素。

上海对高端人才的吸引力名列前茅,但城市间人才竞争日趋激烈。上海企业家对于"高端人才吸引力"的评分是4.6分,明显高于北京、江苏、广东,只与浙江的4.62分有微小的差别。可以说上海的职业发展机会、公共服务质量、国际化程度、时尚文化等对人才具有很强的吸引力,但课题组通过座谈也发现,上海相比国内其他省市的优势在缩小,甚至较高的生活成本还形成了向外的

"推力"和人才引进的障碍。在长三角内部，苏浙的杭州、南京、苏州、无锡、宁波等城市，在人才政策、职业发展前景、生活成本（尤其是住房成本）、公共服务等方面对人才的吸引力不断提升，一定程度上削弱了上海对高端人才的磁吸效应，形成了人才竞争的态势（见表7-17）。

表7-17 民营企业家对科创资源和科创氛围的分项评分

项 目	上海	北京	广东	江苏	浙江
高等教育资源	4.61	4.55	4.34	4.43	4.59
高端人才吸引力	4.60	4.50	4.29	4.41	4.62
科技成果的产业转化	4.56	4.52	4.35	4.46	4.58
创新平台与服务体系	4.58	4.52	4.39	4.50	4.68
新兴产业的创新生态	4.57	4.53	4.37	4.48	4.63
创新创业政策力度	4.58	4.54	4.40	4.51	4.70
科技项目立项审批	4.58	4.52	4.40	4.52	4.69
科技型中小企业帮扶	4.56	4.49	4.41	4.51	4.69
宽容创新失败的氛围	4.51	4.47	4.36	4.47	4.63
第三方数字化专业服务	4.54	4.50	4.36	4.47	4.61

无论战略新兴产业还是传统制造产业，上海被访企业家对"宽容创新失败的氛围"评分相对较低。例如，生物医药的被访企业家对"宽容创新失败的氛围"的评分是3.64分，IT硬件的企业家给出的分数是3.75分，比较低；机械制造的企业家评分是4.46分，低于其他9个方面的评分。课题组通过对企业的走访调研，推测可能的原因有两个：一是市场格局瞬息万变，上海的同业竞争非常激烈，企业创新承受的压力较大；二是企业融资结构带来短期市场表现的压力，通过风险投资来融资的新兴行业往往面临投资者对回报的期待，这也使企业承受比较大的压力，必须与时间赛跑，通过持续不断的、阶段性的创新成果来给予投资者和市场以信心。在一定程度上，创新的成败关乎企业的生死存亡（见表7-18）。

表 7-18 重点产业的民营企业家对科创资源和科创氛围的分项评分

项　目	新材料	生物制药	软件服务	互联网	IT硬件	汽车与零配件	机械制造
高等教育资源	4.68	4.45	4.51	4.59	4.00	4.62	4.50
高端人才吸引力	4.76	4.36	4.55	4.54	5.00	4.71	4.50
科技成果的产业转化	4.74	4.36	4.51	4.51	4.50	4.56	4.56
创新平台与服务体系	4.71	4.27	4.57	4.51	4.50	4.53	4.56
新兴产业的创新生态	4.68	4.27	4.53	4.59	4.00	4.50	4.54
创新创业政策力度	4.79	4.00	4.55	4.44	4.25	4.56	4.54
科技项目立项审批	4.76	4.09	4.51	4.46	4.00	4.47	4.54
科技型中小企业帮扶	4.68	4.09	4.51	4.46	4.25	4.53	4.56
宽容创新失败的氛围	4.74	3.64	4.43	4.41	3.75	4.32	4.46
第三方数字化专业服务	4.74	4.00	4.53	4.44	4.25	4.41	4.48

四、上海营商环境的突出问题

（一）涉企惠企政策的全面落实仍然存在挑战

近年来，党和政府高度关心民营企业发展问题，尤其是新冠肺炎疫情暴发以来，各层级、各条线行政部门都出台了多种惠企政策。但在走访和调研过程中，课题组发现，一些惠企政策在落实过程中仍然存在一些难点、痛点和堵点。

首先，政策信息传递的管道数量上很多，但并不畅通。企业家指出，很多惠企的项目资金分散在各个委办局、区县职能部门的端口，缺少一个统一平台以供企业查询和对接。有些政策从公布到申请截止的周期非常短，对信息传递的速度和精准度都要求很高。企业家表示，"经济城招商部门的同志把消息往微信群里一转，但微信群里消息那么多，人那么多，我们也不可能一直盯着微信群，导致一不留神就错过了"。

其次，政策过程中存在"重开发、轻推广""重制定、轻宣传"的情况。企业家反映，行政部门设计惠企政策和相关产品时，重视前端开发，而较为忽视"市场营销"，导致"中梗阻"，政策的目标群体往往难以及时获知，效果大打折扣。例如，某家民营企业和某区政府合作开发了一个有助于改善营商环境的线上功能性产品，但做好后并没有投入人力物力做宣传,导致上线后第一季度的浏览量极少,"政府花了很多钱来做产品,但对于用户体验和推广环节不太重视,或者说他们也不清楚该怎么做,导致'投入产出比'不高"。有些精心设计的惠企项目成为"僵尸"项目,花了很大功夫制定细则,却没有人申请。

最后,由于信息不畅、管道不通,导致不少政策的落地成本比较高。很多企业反映,要申请政府的补贴和资助,往往必须借助中介机构,他们依靠程序的不透明与不便捷来抽取比例不低的佣金,并与握有审批权的部门一起创租寻租。这种选择性扶持的政策最终产生了逆向淘汰效应,即真正埋头研发的企业无人力投入,因此极难拿到资金,而许多疲于申请政府补贴的企业,其最终的主营业务就变成了申请补贴、接待来访和项目验收,不再投入真正的创新。

(二)对短期惠企政策的效果评估不够系统,常态化制度建设仍需加强

近年来出台的各种扶持中小企业的政策,民营企业感知度很强,但获得感却不一定强。首先,短期扶持资金如果不加评估,容易形成某些行业的短时泡沫集聚,难以制度化、常态化的短期政策反而扰乱了企业家的预期。企业家反映,这两年因为疫情而出台了许多普惠金融的方案,确实有一些企业因为普惠金融政策而加了杠杆,但这种追加投资导致的短期繁荣,可能会在不久的将来造成再一次的产能过剩,届时再收紧银根抽贷的话,"很多企业会死得更惨,一两亿的市场主体,99%都是小微企业,如果都被抖落下马,整个消费市场就别想再起来"。

其次,短期政策执行过程会产生学习成本,但政策效果却不一定好。企业家表示,这些短期惠企政策或项目的申请对于相关行政部门和企业来说都是新课题,双方都要组织人力去学习文件、了解规定、填写材料、组织申报评审等,将宝贵的人力资源放在这些琐碎的事项上,最终拿到的资金终究也是杯水车薪。"民营企业那么多,靠撒钱来救企业,撒再多的钱分到每个企业也只是几粒胡椒面,不如给制度、搭平台来得更有效。"

最后,缺乏常态化惠企助企机制也影响了民营企业的中长期预期。调查显示,上海民营企业中超过七成表示,最希望保持稳定的政策就是"税收减免"(71.96%),其次是"产业扶持"(60.63%),呼声高过苏浙,说明这两方面上海做得并不够好。调查中也有一家制造业企业表示,曾在某年的第四季度被突击征收了18万元的税,只因税务局认为他们利润状况较好,便提前征收。企业表示,目前税收减免的落实还有很多可以进行制度创新之处,而基层税务部门在征税过程中也存在一些不按规矩办事的情况,增加了企业财务金融方面的不确定性。

(三)仍需进一步提高政策与行政过程的公开、公平和法治化水平

近年来,各级政府在打造营商环境、提升企业家获得感方面制定了一系列政策,取得了较好的效果,也存在着若干有待改善的地方。首先，企业参与政策过程始终缺乏抓手和渠道，参与度不高。不少企业家反映，当前制定了各项产业政策或实施方案，很少会倾听企业家的声音，导致出现部分涉企政策前期调研不够、听取意见不充分、政策之间相互不协调等情况，对企业的正常生产经营和预期产生了影响。以往地方和部门在制定涉企政策时也通过多种方式听取企业和企业家意见建议，但是由于缺乏制度性要求，一些地方和部门在落实上执行不一。如果企业家对部分政策条文有具体的建议或意见，也难以通过正规渠道向上提出。

其次，违法成本亟待提高，堵住"窟窿"需要铁腕。从调研情况来看，民企集中反映在信用数据和平台建设上存在的突出问题，一是信用评价标准不一，二是政府部门的信用数据难以共享。多数失信企业之所以胆大妄为，有恃无恐，往往是利用各地政府以及相关市场监管部门信息不对称的漏洞。企业在一地失信，却可以在另一地作为诚信企业堂而皇之地招摇撞骗，这就反映出各地在信用评价体系建设上，可能存在指标不统一、失信数据不能在区域间共享等问题，这两者在上海民企反映的问题中分别占22.0%和24.6%，在省际比较中是较为突出的。

最后，民企易遭不公平待遇，监管执法有待完善。一些轻资产的科创性企业表示，本来从银行获得贷款就很艰难、成本很高，还往往会在年终遭遇银行提前抽贷。一位受访企业家表示，贷款合同上写明的期限在实际操作中经常被无视，使"过桥资金根本过不了桥"。目前国家严控金融风险的方针，在实际操作中也变成了"一刀切"地去杠杆，而且在执行中往往是"谁的杠杆容易去，就去谁的杠杆"。除了国有金融机构之外，国有企业、政府部门与民营企业的商业合作也往往因其地位不对等而出现履约回款表现不佳的情况，这些情况都加剧了下游中小企业的艰难处境。调查也显示，国有部门诚信履约是上海民营企业的普遍期待。

（四）各级行政部门"重放权、轻服务"的现象仍待改善

持续推进的"放管服"改革收到了较好的成效，但行政监管流程的简化多大程度上能够落到实处，取决于能不能在"放管"之后，真正优化"服务"。课题组对企业的访谈发现，"重放权、轻服务"的情况仍然常见。某企业家谈到，他们拿地后需要修建厂房，竣工验收要准备多达110份文件，需要对接的部门和事项数不胜数，一旦无法按时竣工，不仅每天收到相关催促信息，还要日日缴纳高达土地出让金千分之零点五的"违约金"。企业家表示，修建厂房和验收竣工对于绝大部分企业家来说，一生也碰不到两次，因此都是新手，难免有个学习的过程，相关部门派专人来对接和指导对提高行政效率、增强企业获得感十分重要行政部门应学习"如何做好'店小二'，就是规土局专门安排工作人员全流程指导我们办理，而不是让我们兜兜转转自己摸爬滚打"。

涉企部门工作人员缺乏服务意识和能力

也是很多惠企政策在传递过程中面临"中梗阻"的原因之一。某初创企业孵化园区的运营方表示,他们在园区搞政策推介会时会请政府工作人员来做宣讲,但经常碰到这些工作人员照本宣科、拖沓时间,而且不考虑受众的情况,"我们园区都是小微企业,你人社局过来的干部讲的人才政策都是国企央企员工怎么落户,这不是浪费时间吗,和我们的企业有什么关系呢"。某区组织部门的干部也反映,他们曾制定了一个支持企业吸引高端人才的金融计划,但这个计划由于推广不力和目标群体不明确,导致推出后一年都没有收到一份合格的申请,花了很大功夫来制定细则,最终成为"僵尸项目"。

根据课题组对相关行政监管部门的走访,有些部门的行政审批事项仍然多达几十甚至上百项,在"放管服"改革的压力下,大量的行政成本都被用到了指标评估上,比如针对每一项行政审批事项要制定目标,详细考察有没有简政放权,有没有放管结合,可以用于优化服务的资源必然就很有限。在改革过程中,局部出现了"放小权、留大权;放旧权、设新权"的情况。

五、进一步改善上海营商环境的工作建议

(一)进一步提高政策的直达性,营造沟通顺畅的政策环境

首先,在研究、制定和实施涉企政策过程中充分听取企业家意见建议,是增强涉企政策科学性规范性协同性、营造稳定透明可预期政策环境、推动政策落地落细落实的重要举措。建议政策制定过程要进行充分调研,精准掌握企业政策需求。对于经济社会发展重大战略、重大规划、重大改革、重大政策、重大项目,明确除依法需要保密的重要敏感事项外,应通过适当形式、在一定范围内听取企业家的意见建议。涉企政策制定过程中,起草部门要深入调查研究,精准掌握企业政策需求,广泛听取企业家和有关方面的意见建议。对关系企业切身利益、专业性较强的涉企专项政策,可吸收相关领域专家、企业家代表等共同参与起草,拓宽听取意见渠道。依托工商业联合会、企业联合会、行业协会商会等,科学合理选取参与涉企政策制定的企业家代表,做到覆盖面广、代表性强。

其次,对于在当前涉企政策中难以回应的意见建议,明确要进行专题研究并在后续涉企政策制定中予以回应。对于确属难以采纳的,要列明理由并以适当方式与企业家做好沟通。完善企业投诉受理机制,构建市、区、街道、行业协会和各类公共服务平台在内的一体化多层次服务协同机制,尤其是像发改、工信、科创、金融这些涉企的职能部门,要设立相应的服务窗口,并向社会公布,强化"首问责任制"。充分运用网上政务平台、微信微博及客户端、电子邮箱、电话、手机短信等方式,将意见采纳情况向社会公布或向企业家反馈。

最后，完善涉企政策宣传解读和执行监督，建立涉企政策信息集中公开和推送制度，构建全方位、多层次的政策宣传解读体系。涉企政策出台后，除依法需要保密的外，要根据政府信息公开条例及时主动通过政府门户网站、网上政务平台等予以公开。政策实施后，要及时主动了解企业家及有关方面对政策落实情况的意见建议，适时开展由工商业联合会、企业联合会、商协会、咨询机构等第三方机构主导、企业家代表参与的政策落实情况评估。

（二）进一步创新与转变财政金融支持方式，探索长效发展激励制度

首先，综合运用多元化财政支持方式，发挥财政资金的引导撬动功能，对财政支持方式的效果进行及时评估总结。通过财政补贴为市场投资机构作出引导，对政府补贴的效果进行阶段性考核，增加适时退出机制。对于重点发展的行业，可以用资本金投入来替代贷款模式，形成长期利益共享与风险共担机制来激励企业作长期的规划与研发投入。

其次，要切实降低企业融资成本，在直接融资和间接融资上双向发力，发挥市场在金融资源配置中的决定性作用，有效调动各类金融机构支持民营企业发展。鼓励银行为中小企业发放贷款，适度扩大贷款风险补偿比例，为银行提供贷款坏账损失补偿。引导金融机构产品和服务方式创新，完善现有纾困基金运营模式，以合理的利率价格向中小企业提供贷款，促进小微金融服务扩面增量、提质降本，加大再贷款再贴现支持普惠金融力度，推动实际贷款利率进一步降低。科学筛选科技含量高、成长性好、发展前景佳的企业，政府通过设立科技风险基金等，投入专项资金给予补贴或者提供担保，支持其发展壮大，发挥示范带动作用。

（三）进一步提升监管体系效能和基层服务质量，落实高水平制度供给

首先，完善基层安商稳商的激励机制。提高当地司法部门人员的执行效率和办事效率，充分发挥当地政府的功能，提高政府工作人员的主动服务意识，加强对法治环境的了解与监督，推进法治环境的优化，把"店小二"服务品牌落到实际行动之中。加强基层工作人员的激励机制建设，不断提高做好安商稳商工作的积极性。真正建立完善"无事不扰，有求必应"的服务机制。以高效办成一件事为目标，推进跨部门、跨层级、跨地区的业务流程再造与系统重构，加快"一网通办、一窗通办、一事联办、跨省通办"。深化工程项目审批改革，压缩财产登记办理时间，优化用水用电用气服务，促进行业协会、商会等社会组织健康发展。

其次，创新新型业态的监管和服务模式，允许"政策留白"。市场模式的创新远远快于政府监管体系的改革，要给新生事物进行"政策留白"，为新型业态设置风险控制的红线，在红线内部可以让市场主体去尝试、去试点。政府与法院要建立工作协调机制，实现市场监管、人力资源、银行金融、公安、法院等部门的信息充分有效共享,提高破产办理的效率。此外,加强信用指标的地区间互通互认,共享发布,从而对失信行为形成合力打击,塑造诚实守信的市场环境。

最后,打造依法办事的法治环境,推动"找关系"向"讲法治"转变。依法平等保护产权和合法权益,法无授权不可为、法定职责必须为,最大限度减少执法司法活动对企业正常生产经营的影响;善于运用法治思维和法治方式,抓好地方性法规、规章和规范性文件立改废释工作,严格区分经济纠纷与经济犯罪的界限。此外,可定期举行法院与企业面对面座谈会,听取企业代表"心声",共同探讨企业发展司法服务保障,共商法治化营商环境建设,用法治之手为各类市场主体架起一张"防护网",让营商环境更温暖,企业经营更有安全感。

(四)进一步优化创新创业环境,搭建适应民营企业的人才引进与人才培养平台

首先,让民营企业平等享受政府在人才引进、培养、评价等方面的相关政策,平等地享受利用在人才创新创业方面的资金、信息和项目等公共资源,企业人才作为平等主体参与人才表彰奖励活动。优化市场环境,破除人才流动的体制性障碍,促进人才合理流动。营造开放的用人环境,鼓励和引导民营企业充分利用高等院校、科研院所的师资力量、教学设施等优势,联合开发培养人才,通过工学结合、校企结合等方式,开展专业培训和职业技能培训,同时优化生活环境,在工作生活条件上积极为民营企业人才提供便利。根据城市产业布局和可持续发展的需要,不断优化"居转户"(居住证转户籍)的条件,科学设定优秀人才直接落户的标准。对于暂时无法落户的人才,探索采用有区别、分阶段地在教育、医疗、购房等方面享受市民待遇等措施。

其次,提供快捷准确的人才政策服务,搭建规范统一的人才业务经办平台。目前政府制定了许多人才政策,在宣传力度上有所欠缺,使一些民营企业在获取信息方面存在一定盲区,无法或者不能及时获取,部分信息在到达企业后已经过时。建议政府所属人才网站及时汇总发布相关人才政策,集中免费发布非公企业急需的紧缺人才信息,促进民营企业公平、公开地获取信息,相关人才也可以及时利用相关政策优化自身规划、提高自身能力,争取权益保障。此外,还可在适当的条件下,将人才邀请权下放给企业,企业自主邀请"中意"人才,受邀人才参加活动的费用由政府"买单",以真正发挥企业引才用才主体的作用。

最后,借鉴大湾区引进设立中科院分院的模式,上海的人才引进模式要从"单兵引进"向"单兵引进和集团引进并重"转变。建议重点构建由顶尖人才、高端人才、工业设计人才和一般技能人才组成的全人才链,打造"企业做主体,政府造环境"的创新生态圈,以全人才链对接全产业链、全创新链。尤其是要积极引进能补全产业链缺失环节、提升薄弱环节的关键技术和核心人才,形成以"补链""强链"为主的招才引智工作格局。对企业整建制引进的团队,在平台建设、科研项目等方面优先支持,依据成果产业化程度给予企业奖励资助。

(供稿单位:上海市工商联合会,主要完成人:徐惠明、施登定、张捍、王倩、彭飞、朱妍、孙明、项军)

专题八

中小企业垄断协议豁免制度研究

为提高中小企业经营效率,增强中小企业竞争力,保障中小企业合法权益,进一步优化营商环境,本课题组开展中小企业垄断协议豁免制度调查研究,全面了解上海中小企业对垄断协议豁免情形、适用条件等方面的认知情况以及对相关规定的意见与建议,探析中小企业在适用垄断协议豁免制度上存在的问题及诉求。结合市场监管局临港新片区强化竞争政策实施工作,提出具有针对性的解决措施,包括提高垄断协议豁免制度可操作性、完善垄断协议豁免相关配套制度、尽快出台并试行相关的指导意见等政策建议,同时为市场监管总局相关指南的出台提供参考。

一、中小企业垄断协议豁免制度研究概况

(一)研究原则

1. 客观性原则

课题组根据《中华人民共和国反垄断法》(以下简称《反垄断法》),参照《禁止垄断协议暂行规定》《关于垄断协议豁免一般性条件和程序的指南(征求意见稿)》《关于应对疫情影响进一步加强企业服务促进中小企业平稳健康发展的若干措施》等相关规定开展课题研究工作。采用比较研究、实地调研与网络调查相结合等方法,对全市中小企业及相关部门进行走访,了解中小企业发展现状、竞争状况、竞争合规中存在问题以及中小企业对垄断协议豁免范围、认定标准的认知情况,客观收集汇总相关信息,在综合各项信息基础上,总结分析中小企业垄断协议豁免制度适用存在的问题,提出有针对性的意见与建议,最终形成研究报告。

2. 推广性原则

本次研究不仅限于单次成果,可将成熟和成功经验复制推广至其他地区,在更大范围内试行中小企业合作豁免制度。本次研究工作以"总结问题、反思问题、激励改革、实现推广"为出发点,以进一步完善中小企业垄断协议豁免制度为目标,推动中小企业发展,优化营商环境。课题组一方面通过走访企业形式,详细了解中小企业对垄断协议豁免制度的了解情况;另一方面,通过发放调查问卷等形式,广泛了解制度实施情况。在较为充分了解上海市各区中小企业垄断协议豁免制度实施情况基础上,课题组以总结经验的方式,

分析中小企业垄断协议豁免制度实施中存在的难点和问题，提出具有推广性、可借鉴、可复制的解决措施。

（二）调研方法与总体情况

1. 调研方法

课题组采用比较研究、实地调研与网络调查相结合的方法，通过走访企业、行业协会、上海市中小企业发展服务中心，发放问卷、收集文献、召开专家论证会等形式，全面了解中小企业对垄断协议豁免范围、认定标准的认知情况，广泛听取中小企业对制度实施的意见与建议，并吸收借鉴优秀的国际经验，总结相关信息，进行深入分析研究。

2. 调研情况

课题组实地走访了相关部门及企业，并在上海市市场监管局官微上向社会公众发布题为"@中小企业　您对垄断协议豁免制度了解吗？这里有一份与您息息相关的调查问卷待填写"的网络问卷，参与问卷调研的企业注册地在上海的占95.74%。在收集的问卷数据中，中型企业占比23.4%，小型企业占比36.17%，微型企业占比27.66%，共占比87.23%。

（三）调研分析

根据对问卷结果进行汇总分类，将从中小企业对中小企业垄断协议豁免制度相关认知情况与其提出的相关意见与建议两方面进行分析。

1. 相关认知情况

首先，从总体认知情况上看，大部分中小企业对于中小企业垄断协议制度有一个大概的认知，但对于垄断协议豁免制度了解不深。根据问卷结果，中小企业知道《反垄断法》的占比65.96%，知道垄断协议的占比50%，了解垄断协议豁免制度的占19.15%。

对于垄断协议豁免制度的具体规定，中小企业亦未充分了解。一方面，在对于垄断协议豁免条件的认识上，12.77%的中小企业认为企业性质属于国企为豁免条件之一，同比例的中小企业认为由行业协会主导的行为属于垄断协议豁免条件，实则这两项都不是法定的豁免条件。此外，有近70%的中小企业不了解《反垄断法》第二十条第二款的规定[①]。另一方面，在垄断协议豁免申请问题上，虽然中小企业对于垄断协议豁免制度了解不够深入，但是当其需要进行相关申请，在进行垄断协议豁免过程中遇到困难时，只有3.19%的中小企业会选择什么都不做，96.81%希望向专业人士、反垄断执法机构、相关行业协会咨询，或自行查阅相关资料，可见绝大部分中小企业有进一步了解垄断协议豁免制度的需求。

从了解途径上来看，以通过网络平台（包括微博、微信等）了解为主，占比35.11%，相关部门组织的主题政策宣传占比为20.21%，居第二位。此外有68.09%的中小企业希望通过网络方式获取相关信息，因此可拓宽豁

---

① 《反垄断法》第二十条第二款规定，部分满足垄断协议豁免条件的情况，经营者还应当证明所达成的协议不会严重限制相关市场的竞争，并且能够使消费者分享由此产生的利益。

免制度宣传途径,更多通过网络形式进行相关宣传。

从法律后果影响上看,反垄断法对达成并实施垄断协议的经营者按上一年度销售额1%～10%处以罚款,将会对大多数的中小企业产生影响。其中35.11%的中小企业认为该处罚对其产生严重影响,影响其日常经营,48.94%的中小企业认为虽未影响其日常经营,但也对其造成一定的影响,只有15.96%的中小企业认为基本无影响。

其次,中小企业采取联合采购、联合生产、联合研发、联合营销、联合销售、联合仓储、联合物流、联合售后维修、供货商规定转售价格或供货商限定转售最低价等行为较为普遍,且企业对自身行为也存在一定的认识。根据问卷结果,超过三分之一的企业认为其所属行业存在联合采购、联合生产、联合研发、联合营销、联合销售、联合仓储、联合物流、联合售后维修、供货商规定转售价格或供货商限定转售最低价等行为,其中46.89%的企业认为上述行为比较常见,且61.7%的企业表示在其所属行业存在着上述行为。

同时,绝大多数的中小企业表示希望了解更多关于垄断协议豁免制度的信息,且相信中小企业的市场竞争将越来越公平,市场环境将越来越好。

2. 相关意见与建议

绝大多数中小企业均愿意加深对垄断协议豁免制度的了解,也提出了相应的意见与建议。

一方面,绝大多数的中小企业都希望在垄断协议豁免制度实施过程中能够有更为细化的解释,对有关规定出台相关指南,对拟出台的有关规定在上海开展试点,对相关规定作宣传指导,并加强对中小企业的保护。另一方面,在经营过程当中,在以下三个方面需要市场监管部门给予帮助与支持:(1)组织相关专业培训;(2)组织企业座谈会;(3)印发相关学习宣传手册。

在当前垄断协议豁免制度实施过程当中,中小企业对于相关制度的理解和掌握不深入,可采取细化解释或出台相关指南等方法,使中小企业能够更好地理解有关事项。此外,加强政企之间的沟通,开展多途径的宣传、教育以及培训,维护中小企业多渠道、多样化地了解相关信息。

二、中小企业垄断协议豁免制度逻辑基础

(一)中小企业合作豁免制度的必要性

1. 完善反垄断实施法律体系

世界经济发展的实践证明,中小企业的存在与发展是维护市场竞争活力,确保经济运行稳定,保障劳动力充分就业,保证合理价格形成的前提和条件。中小企业是国民经济的重要支柱。我国的数据也证明了此点。据2018年国家统计局统计,中小企业创造了全国60%的国内生产总值,贡献了全国50%以上的税收,提供了80%的城镇就业岗位,为社会提供了大量的产品和服务。就上海而言,

根据第四次经济普查数据,截至2018年年底:上海中小企业数量占全市法人企业总数的99.47%,从业人员占总数的69.58%,营业收入占比63.95%,实收资本占比75.38%。上海中小企业营商环境不断改善,总量规模不断扩大,产业结构不断调整,行业分布日趋合理,在上海经济和社会发展中的作用日益显著。为促进中小企业发展,我国先后颁布了《中小企业促进法》《政府采购法》《国务院关于进一步促进中小企业发展的若干意见》《上海市促进中小企业发展条例》等规定。这些法律法规与政策为中小企业的创业扶持、资金支持、创新推动、市场开拓以及服务保障等各个方面提供了重要的法律保障。

在这些法律法规之中,《反垄断法》对于促进中小企业的发展更是起着基础性的作用。《反垄断法》的立法目的正是禁止垄断企业排除限制竞争者(尤其是中小企业)的行为,从而保证中小企业健康有序地发展。

但是,从违法性质的角度来看,中小企业也有可能触犯《反垄断法》的相关规定。虽然我国《反垄断法》第二十条指出中小企业如果能证明其实施的行为是为了"提高中小经营者经营效率,增强中小经营者竞争力的"可以被豁免,可一旦中小企业不慎违反相关规定,《反垄断法》则又有可能对于中小企业处以"上一年度销售额百分之一以上百分之十以下的罚款"。鉴于中小企业的抗风险能力比较弱,反垄断罚款极可能导致其破产。因此,明确并细化中小企业合作反垄断法豁免制度,从法律上对部分符合条件的中小企业之间的合作行为予以豁免,不仅是借鉴成熟市场经济国家反垄断法立法经验的要求,也是完善我国反垄断法法律实施体系的重要步骤,这是必要且现实意义重大的。

2. 增强中小企业的群体活力

中小企业之间的部分合作虽然在形式上可能属于垄断协议,但在经济实践中却能促进就业,推动技术提升,通过对其适用豁免,不但促进了中小企业成长,更给经济发展增添了个体活力和规模效应。

德国在《反限制竞争法》1973年第二次修改中第5b条引入中小企业卡特尔豁免制度后,也一度有人认为该条款并不具有太大的实践意义。然而,根据德国联邦卡特尔局统计报告,1973—1980年,有涉及800多家企业共计96个中小企业卡特尔适用该豁免条款,相同案件的数量在1998年底上升到将近200起,在2004年也达到了190起。德国手工业总会2002年的调查报告显示,11 300家手工业者中的19%参加了一个或者多个中小企业合作,该数据中65%涉及短期的共同研发任务。在雇员达50人以上的企业中,参与合作的达到27.9%,5.6%未参与合作的也表示未来将参与合作,58%的合作是同样的手工业者之间进行的。我国《反垄断法》关于中小企业豁免条款与德国一样具有抽象性,而且与前述支持性法律法规相比,一旦中小企业之间的合作形式与内容偏离该条款,便有可能招致行政处罚、民事赔偿等反垄断法意义上的法律后果。因此,建立中小企业合作豁免制度的适用机制,能够降低中小企业开展合作的法律风险,对于促进中小企业创新,增强经济活力具有十分重要的意义。

3. 促进中小企业的发展

既然世界大多数国家反垄断法对于垄断协议,特别是横向垄断协议(即卡特尔)是严格禁止的,那么对于中小企业之间的垄断协议予以豁免又是出于什么原因呢?其中最重要的原因就是中小企业豁免制度在促进中小企业发展方面具有不可忽视的作用。

市场竞争的多样性,往往来自产品的同质性或非同质性、生产者的数量及其规模结构、价格制定的方式、交易的方式、市场信息传递的特征和手段、生产者和消费者的地理分布、产出控制的时间特征、工厂或企业规模的差异导致的成本变动等多方面因素。中小企业具有高度创造力和承担市场风险的冒险精神,往往能够促进竞争的多样性,供应更多种类的产品和服务,向客户和消费者提供更广泛的选择;同时,中小企业也敢于尝试新的商业模式,普及新经济知识。市场经济运行的动态调整和优胜劣汰,大部分都来源于中小企业的经济活动。在这种情形下,中小企业之间的合作,将促使企业更接近市场,更迅速而及时地对市场做出反应并做出调整,这将有效地促进竞争和市场经济的发展,与客户的直接接触和紧密联系也让中小企业能更好地满足特定客户的需求。此外,中小企业之间的合作,也被认为是保障中小企业生存和克服结构性不足的关键方式。

客观上,反垄断法保护竞争,其本身并不保护中小企业,对中小企业的保护仅仅是反垄断法实施的理想效果之一。中小企业合作豁免根本目的是通过强化中小企业的竞争力以及其本身固有的优势而提高经济效率。通过合作协议的许可,中小企业无需扩大生产规模就可从事特定的行为,在研发、生产、销售与广告上获得规模优势,进而能加强对大型企业的对抗力量,优化市场的竞争结构,促进市场的竞争。因此,有必要建立中小企业合作豁免制度,明确对中小企业豁免的形态,如联合广告、联合采购、联合研发、专业合作和联合营销等。

(二)中小企业合作豁免制度核心因素

1. 中小企业合作豁免的可行性

第一,基于主体因素的评估。客观而言,中小企业的认定存在难度,并没有绝对量化的标准,其原因在于不同行业市场结构的评估压力和市场数据的现实不确定性,而中小企业却几乎遍布所有的市场行业。我们必须认识到这点,在界定中小企业确实存在困难,或者由于个别协议主体确定不能满足中小企业标准但该垄断协议确实有豁免需求时,我们可以考虑适用其他垄断协议豁免的情形,同样实现对中小企业合作豁免的积极经济效果。

第二,基于效率因素的评估。中小企业开展的合作行为,其目标并不会仅限于提高中小经营者经营效率,增强中小经营者竞争力。在效率和竞争力提升之外,我们还需要考虑其他目标,这些目标同样可以通过垄断协议的其他豁免情形得到体现。此时,中小企业的合作行为,可以无需界定其主体的规模大小,而根据垄断协议的直接豁免和有条件豁免情形进行认定,以得到执法的认可和宽容。

2. 中小企业合作豁免的具体内容和认定标准

根据我国《反垄断法》第二十条的规定,以中小企业为直接指向的垄断协议豁免,强调以提升效率为导向,该情形表达为"为提高中小经营者经营效率,增强中小经营者竞争力的"。

对于以效率为目标的垄断协议而言,如果参与的企业都符合中小企业标准,它们可以选择以第二十条第一款(三)之情形申请豁免;如果个别经营者有不符合中小企业标准的,它们可以选择以第二十条第一款(二)之情形申请豁免,即"为提高产品质量、降低成本、增进效率,统一产品规格、标准或者实行专业化分工的"。

对于追求效率以外目标的垄断协议,反垄断执法机构需要审查协议是否属于其他五项豁免情形,具体包括:为改进技术、研究开发新产品的;为实现节约能源、保护环境、救灾救助等社会公共利益;因经济不景气,为缓解销售量严重下降或者生产明显过剩的;为保障对外贸易和对外经济合作中的正当利益的;法律和国务院规定的其他情形。

核心的关键是,中小企业的合作行为,是否进入执法机构的执法视野,是否需要执法机构在他们所在的较小市场中分配行政资源。达成协议的经营者不仅要实施影响竞争的行为,而且也要拥有实质性削弱竞争的充分市场力量,如果没有市场力量,任何企图影响竞争的行为,都会被市场本身所纠正和规训。当该行为需要执法机构予以评估时,执法机构应主要考虑以下几方面因素。

(1) 协议实现《反垄断法》第二十条第一款第(一)项至第(六)项所列豁免情形的具体形式和效果。

(2) 协议与实现该情形之间的因果关系。

(3) 协议对实现该情形的重要性,是否具有不可或缺性。

(4) 其他可以证明协议属于相关豁免情形的因素。

为证明协议符合《反垄断法》第二十条第一款第(七)项所规定的豁免情形,豁免申请人还需提交相关法律和国务院规定,并证明协议属于其所规定的情形。

其中,如协议的参与者是相关市场中的前二或前三的经营者,或者协议超出既定目标的范围而拓展到其他内容或环节,并且这些经营者的销售额超过法定门槛的,不宜作为豁免的对象。例如,豁免协议所涉经营者被行政执法机构认定存在滥用市场支配地位行为等其他垄断行为的,该豁免需要被改变或撤销。

3. 中小企业合作豁免行为规范的具体表述

如参与垄断协议的所有经营者可界定为

中小企业,且申请人能证明协议提高经营效率、增强竞争力的,可适用《反垄断法》第二十条第一款(三)之情形,提交豁免申请。

如参与垄断协议的个别经营者,无法界定为中小企业或存在争议的,该协议的各方经营者能证明协议提高经营效率、增强竞争力的,可适用《反垄断法》第二十条第一款(二)之情形,提交豁免申请。

如参与垄断协议的所有经营者可界定为中小企业,但申请人未能证明协议是提高经营效率、增强竞争力的,或者,参与协议的个别经营者不能界定为中小企业,且协议并非追求效率目标的,该协议的各方经营者能证明存在第二十条第一款(一)(四)(五)或(六)之情形,可提交豁免申请。执法机构对以上符合条件的豁免申请予以批准,可以附有适当的条件或义务,并且明确适当的有效期限。

(三)垄断协议豁免制度存在的问题

1. 垄断协议豁免制度在整体上缺乏可操作性

我国垄断协议豁免制度主要包括《反垄断法》第二十条以及《禁止垄断协议暂行规定》第二十六、二十七条,从内容上来看显得过于概括,仅原则性规定了适用情形、对象和基础条件等内容,缺乏具体操作实施细则,也缺乏个案审批应具有的具体标准。

2. 垄断协议豁免制度缺乏相应审批程序规定

我国反垄断法豁免制度缺乏相应审批程序规定。为了限制垄断行为固有的负面影响,尤其是防止其可能对消费者利益的危害,应建立必要的垄断协议豁免的审批制度,就申请垄断协议豁免的企业所在相关市场、市场准入条件、产品或服务的价格及其他交易条件,依法严格评估。《反垄断法》第二十条只是对豁免程序进行原则性的指导,并没有明确具体操作流程、配套保障程序以及司法救济手段等。理论上,该反垄断行政执法程序应包含关于垄断协议豁免的申请、审查、批准、听证或复议等程序性的具体规定,并应确定申报材料、审批机关、审批条件等事项。

3. 缺乏防止垄断协议豁免制度滥用监督制度

我国反垄断法规缺乏防止豁免制度滥用的监督制度。从一定程度上来说,任何一种权力缺乏有效的监督,就会出现滥用的可能。由于我国垄断协议豁免制度只是以框架性、原则性的条款加以总体概括,细节上,尚缺乏细致具体的个案审批标准,存在以兜底条款等形式把众多的个案审批权交由执法部门自由裁量的情形,也存在执法机构审批程序不明确、专业人员缺乏、审批经验不足等问题。在现阶段,我们对于垄断协议豁免制度也应予考量其被过度使用的后果。相关条款的高度原则性以及兜底条款的存在,有可能使适用的范围无限扩大。鉴于以上原因,必须建立健全垄断协议豁免审批监督制度,防止打着维护"社会利益"的幌子滥用垄断协议豁免制度。

(四) 世界各国和地区可借鉴的优秀经验

1. 美国

在反垄断豁免方面,美国采取"直接适用制"模式,遵循《谢尔曼法》和《克莱顿法》设定的反垄断执行基本方式,即相关垄断协议不需要通过事先申报,而是采取自动获得豁免或事后审查的方式。例如,当某个垄断协议被起诉到法院,经过法院认定有利于竞争后,该协议即获得了豁免。

2. 德国

根据2019年新修订的《反对限制竞争法》,对于市场竞争不会受重大影响以及协议或决定有助于提高中小型企业竞争力的中小企业卡特尔予以豁免。企业、经济联合会或企业联合会可以通过申请,要求卡特尔局做出豁免决定。德国卡特尔当局给予当事人以及与程序有关的经济各界的代表发表意见的机会,并可以依职权或依申请举行公开的听证。

德国的中小企业可以组建合法的中等程度的卡特尔。其原因在于,中小企业在与大型企业竞争过程中,很难通过自身力量与大型企业抗衡,所以为了确保中小企业在与大型企业的竞争中得以生存与发展,从而确保市场竞争机制的有序运行,德国立法机关设定了关于中小企业订立垄断协议可以获得有条件豁免的规定。依据德国关于中等程度的卡特尔的法律规定,在满足相关前提条件的情形下,相互之间具有竞争关系的德国中小企业可以合法创设中等程度的卡特尔,也就是说,这类中小企业制定与实施横向垄断协议的行为可以获得有条件豁免。此处所述的前提条件包括:(1) 有助于提高参与协议的中小企业的竞争力;(2) 在相关行业不会产生严重限制竞争的影响;(3) 有助于促进参与协议的中小企业之间的经营合作合理化。需要注意的是,德国合法的中小企业卡特尔只能由经济层级相同的中小企业创设,大型企业不得参与其中。如果大型企业与中小企业联合订立垄断协议,那么这类协议不得依据中小企业垄断协议豁免规定得到豁免。

基于域外借鉴的视角,德国公权力机关对于中小企业的厘定标准具有鲜明特征。一般而言,德国公权力机关在确定一家企业是否具有中小企业属性时,并不将这家企业的员工人数与年度营业额作为主要参考因素,而是将"在相关行业中这家企业与大型企业的关系"与"相关行业的总体行业结构"作为主要参考因素。举例而言,在一个巨型企业林立的相关行业中,一家年度营业额达到6亿欧元的企业依然可被定性为中小企业,而在一个由众多小企业展开竞争的相关行业中,一家年度营业额达到6 000万欧元的企业却可被定位为大型企业。德国中小企业垄断协议得以豁免的基本前提是:相关垄断协议不会僵化市场的竞争机制。一般而言,如果德国具有竞争关系的中小企业之间订立价格垄断协议或分配生产数量的垄断协议,那么这类协议被视为"硬性卡特尔协议"与"恶性卡特尔协议",由于这类协议基本会导致排除、限制竞争的后果,并且有损社会公共利益,因而这类协议基本不应获得反垄断豁免。他山之石,可以攻玉。我国现行《反垄断法》第二十条是关于垄断协议的豁免条款。该条第一款第(三)项是直接规定中小企业横向与纵向垄断协议得以反垄断豁免的条目。依据该项规定,经营者能够证明所达成的垄断协议属于"为提高中小经营者经营效率,增强中小经营者竞争力的"情形,那么该项协议可以在同时满足《反垄断法》第二十条第二款厘定的前提条件下获得反垄断豁免。

3. 欧盟

欧盟在垄断协议的豁免制度上采取了集体豁免和个案豁免相结合的制度结构。实践中,欧盟委员会执行集体豁免极为严格,获得豁免的案例数量并不多。欧盟对已经授予的集体豁免采用一般的审查程序,如果条件不具备,欧盟委员会可以行使"安全阀"的权力,撤回豁免。同时,为了保证对集体豁免的行政审批得到有效执行,欧盟竞争法还对执行程序做出了详细规定,如豁免的条件限制、期限、申请、向社会公开等。此外,个案豁免的授予也不是绝对的,在很多方面有附加条件,这些条件可能会涉及豁免期限,或要求当事人定期向欧盟委员会报告等。

4. 疫情期间采取的政策措施

疫情背景之下,不仅相关医疗产品和服务的需求激增,各个行业也都急需复工复产。合作行为在克服危机影响方面发挥重要作用,如研发合作、共享技术秘密、联合采购安排以及临时合并生产、分销或服务网络等。这类合作行为虽具有限制竞争的较大风险,但在疫情防控的背景下,各国反垄断法对这类行为基本持宽松态度,从颁布临时文件与创新实际操作层面应对疫情危机的影响,并据此对企业间合作行为进行反垄断法审查。

(1)颁布临时文件层面,如表8-1所示。

表8-1 临时文件

时 间	颁布主体	文 件 名 称
2020年3月	美国DOJ和FTC	Antitrust Statement regarding COVID-19
2020年3月	英国CMA	Guidance: CMA approach to business cooperation in response to COVID-19
2020年3月	欧洲竞争网络ECN	Joint statement by the European Competition Network (ECN) on application of competition law during the Corona crisis
2020年4月	国际竞争网络(ICN)	Competition during and after the COVID-19 Pandemic

续　表

时　　间	颁布主体	文　件　名　称
2020年4月	欧盟委员会	COMMUNICATION FROM THE COMMISSION Temporary Framework for assessing antitrust issues related to business cooperation in response to situations of urgency stemming from the current COVID-19 outbreak
2020年4月	中国国家市场监督管理总局	市场监管总局关于支持疫情防控和复工复产反垄断执法的公告（2020年第13号）

（2）创新实际操作层面。美国加快审查程序和提供协作指南。美国开通了反垄断快速审查程序，并为经营者（包括竞争者）促进竞争的协作提供指引，鼓励经营者在不违反反垄断法的情况下，通过多种方式进行竞争性协作，保护公众生命安全和身体健康。反垄断快速审查程序，仅适用于COVID-19相关反垄断审查事项。FTC和DOJ在收到此类反垄断审查请求所需全部信息后，致力于7日内解决符合公共卫生与安全的相关请求。FTC和DOJ认可经营者协作应对COVID-19的必要性，并列举说明经营者可以采取的竞争性协作方式，如共同合作研发、分享科学技术（而非价格、工资、产量或成本相关数据）和医疗服务提供者联合采购安排等。

澳大利亚有限豁免银行业和超市业。澳大利亚竞争和消费者委员会（ACCC）日前批准了两项反垄断紧急豁免申请：其一，临时授权允许澳大利亚银行业协会和银行共同努力，实施小企业救济方案；其二，临时授权允许某些连锁超市在与生产商、供应商、运输和物流提供商合作时共同协作，以保障消费者生活必需品安全。但是，该项豁免不包括连锁超市达成商品零售价格的垄断协议。

挪威有限豁免交通运输业。挪威政府于2020年3月18日宣布，未来三个月内，在极少数情形下，允许因疫情遭受重大损失的运输公司实施必要的反竞争的协议和行为。具体要求为：运输公司不得超出维持公众所需商品和服务有关客货运输的必要限度；运输公司必须事先向竞争主管机构提出豁免申请。

英国放松对超市业反垄断监管。英国政府于2020年3月19日宣布放松对超市业的反垄断监管，允许超市零售商共享库存数据，共享配送站和运输车辆，保障超市正常经营。德国也讨论过此类允许超市零售商合作的议题，以避免食物短缺。

南非有限豁免医疗业。南非政府日前宣布对医疗行业部分协议和行为实施反垄断豁免。豁免范围限于与卫生部合作抗疫的相关协议，但是共享价格信息和协同定价的协议不在豁免之列。

俄罗斯暂停除涉及公众生命健康安全领

域外的反垄断调查。俄罗斯总理发布临时命令,要求俄罗斯联邦反垄断局暂停除涉及公众生命健康案件以外的反垄断调查。反垄断调查,应当尽量通过远程视频会议进行,或者暂时予以推迟。

此外,我国《市场监管总局关于支持疫情防控和复工复产反垄断执法的公告》第二条,依法豁免涉疫情防控和复工复产的经营者合作协议规定:"鼓励经营者积极参与疫情防控,加快复工复产。经营者为疫情防控和复工复产达成的有利于技术进步、增进效率、实现社会公共利益和保护消费者利益的协议,如为在药品疫苗、检测技术、医疗器械、防护设备等领域改进技术、研究开发新产品;为提高防控物资产品质量、降低成本、增进效率而统一产品规格、标准或者实行专业化分工;为实现救灾救助等社会公共利益;为提高中小经营者经营效率、增强中小经营者竞争力等,符合《反垄断法》规定的,市场监管总局将依法给予豁免。"

三、中小企业垄断协议豁免制度具体实施

(一)中小企业垄断协议豁免制度的基本原则

1. 坚持以我国基本国情为前提

我国经济正处在转变发展方式、优化经济结构、转换增长动力的攻关期,经济发展前景向好,但也面临着结构性、体制性、周期性问题相互交织所带来的困难和挑战。疫情之下中小企业的复产复工困难重重,违背市场竞争规则的现象时有发生,考虑到我国当前的经济形势,对于中小企业豁免程序既不能完全放开,也不能过于复杂烦琐。应该坚持以我国基本国情为前提,扶持中小企业的发展,激励自主创新,结合我国经济发展特性应对当前我国特殊的经济不利局面。

2. 坚持以维护整体利益为目标

维护社会公共利益是现代经济法承载的重要历史使命,亦是我国反垄断法的宗旨之一。实践证明,垄断不仅是经济效率问题,更关系到社会全局发展。对中小企业豁免制度的实施,不仅需要经济目标,更需要社会目标。中小企业在竞争过程中,涉及效率因素、消费者利益、环境保护、劳工权益等问题,这些问题可能和经济发展没有直接关系,但是对于实现中小企业长远发展以及经济社会进步而言,必须考虑全方位的问题。此外,在对中小企业垄断协议进行豁免时,不能仅着眼于当事企业,应将此垄断协议放置于市场竞争当中,判断该垄断协议对于其他经营者、消费者以及市场竞争等综合影响情况。

3. 坚持以程序正当效率为思路

程序正当效率包含程序正当性与程序效率性两方面内容。其一,程序正当性体现在程序执行者的独立性以及程序公正性。程序执行者的独立性,要求科学确定垄断豁免的决定机关,其在行使垄断豁免决定权时,不受其他行政机关、社会团体和个人的干涉,依法

独立做出是否豁免的决定；程序的公正性体现在程序的平等与公开，即对各个经营者平等适用垄断协议豁免制度，且适用的过程公开接受社会公众的监督，实现豁免程序在"阳光下运行"。此外，程序的公正性更需要建立豁免程序中经营者正当权利的保护和救济机制。其二，程序效率性即垄断豁免程序的设计必须综合考虑行政成本，合理配置人力、物力和财力，力求豁免程序效率最大化。简化不必要环节，并合理适用简易程序，提高整个豁免程序的效率。

（二）中小企业垄断协议豁免制度的完善方向

（1）针对垄断协议豁免制度可操作性不强的问题，建议国家层面制定配套司法解释、法规等完善制度实施规则。垄断协议豁免制度没能在一部法规中就实体和程序问题作出具有可执行性的操作规定，这是可以理解的，因此就需要在反垄断执法实践中加以不断完善。增加垄断协议豁免制度可操作性的重要途径就是出台相关司法解释和相关配套法律法规或其他规范性文件。例如，对豁免对象判断标准的认定需要更加明确，从而提高豁免制度的确定性。基于此，建议国家市场监管总局尽快出台垄断协议豁免相关配套法律法规或指南，以弥补垄断协议豁免具体操作上的空白与不足。另外，在我国垄断协议豁免制度完善的过程中应当结合当前国家的发展战略、行业政策、经济发展阶段、市场竞争状况、国际经济环境等因素，适时进行调整，从而保证垄断协议豁免制度真正发挥其积极作用，促进社会公共利益的增加，维护市场公平合理竞争。

（2）针对垄断协议豁免制度缺乏程序规定的问题，建立申报、审批制度，促进豁免规范化。① 建立垄断协议豁免的申报制度。对属于法律规定的可以豁免的垄断协议，向反垄断主管机构进行申报，最早施行于日本，在20世纪70—80年代先后被美国、德国、法国等国家采用。尽管各国在反垄断法中规定的申报范围不一样，但是，需豁免的垄断协议在各国均需申报。我国可以参考国际上的通行做法，建立垄断协议豁免申报制度。从《反垄断法》第二十条的规定看，经营者对可以豁免的垄断协议要承担相应的证明责任。如果不建立垄断协议豁免申报制度，只是在反垄断执法机构发现有关证据，将对涉嫌垄断的企业进行处罚时，经营者才开始进行相关的证明，这样对经营者和反垄断执法机构都是不利的。豁免的申请，作为垄断协议豁免制度的启动程序，是整个垄断协议豁免程序的前提和基础。立法要明确何时申请、向谁申请以及申请需要提交的材料等相关信息。在申请主体方面，在现阶段我国宜明确申请主体为签订垄断协议的经营者，以与法的被动性相适应。在申请期限方面，我国应明确经营者应当在垄断协议签订后的法定期限内向相关主体提出垄断协议豁免的申请，以免垄断协议的效力长期处于不确定状态。认为可以获得垄断协议豁免的经营者，应当在达成垄断协议但尚未实施前及时向反垄断执法机构申报。申报的材料包括申报申请、协议书、该协议的性质是否符合法定的可以予以豁免的范围以及该协议对市场竞争状况的影响的说明等。同时，经营者还应当提供有关的证据，完成自己的证明责任。

②规范垄断豁免审批程序。由于我国《反垄断法》实施时间尚短，还没有公布针对适用除外情形的审批程序规定。《反垄断法》第二十条原则性规定，列明了经营者有举证义务，并没有相应的程序规定，仍缺乏完整性和系统性。从执法规范化角度考虑，建议国家市场监管总局出台相关的审批程序规定，细化"协议不会严重限制相关市场的竞争"与"使消费者分享由此产生的利益"的评价指标体系。此外，在反垄断适用除外审批程序设计上要有一套完整的申请、审查、批准、监督、争议解决的程序制度，在相关配套法规中明确行政相对人的权利，如听证权、诉讼权等，让利害关系人能参与到适用除外审批程序中来，提高反垄断适用除外制度的可操作性，增强适用除外程序的透明度和能见度。

(3) 针对垄断协议豁免制度可能被滥用的问题，完善制度适用的监督机制。当前，我国存在的严重问题并不全是经济性垄断妨碍市场竞争和效率提高，而是在一些行业中，其主管部门运用行政手段，阻挠市场竞争者进入，市场进出不自由，实际上就是行政垄断。为防止行政部门利用垄断协议豁免制度牟取部门利益，扶持一定的经营者形成垄断，从而限制竞争，破坏社会公共利益，国家有必要专门建立垄断协议豁免审批监督制度，逐步引入第三方评估机制，就垄断协议豁免审批情况实行全过程法制监督，确保垄断协议豁免制度的公正实施，保护消费者合法权益，维护经营者之间的公平竞争秩序，真正发挥适用除外制度的效果，促进社会公共利益的实现。

四、推进中小企业垄断协议豁免制度实施的方案设想

(一) 建议国家层面尽快出台并试行相关的指导意见，为中小企业垄断协议豁免制度的实施提供规则支持

中小企业合作豁免制度是国际通行规则，并且日本、欧盟、德国、美国等在反垄断法体系中都有完备的垄断协议豁免制度和执行指南。如德国早在1973年《反限制竞争法》修改中，就引入中小企业垄断协议豁免制度，并制定了若干豁免指南。瑞士竞争委员会也于2005年颁布了《中小企业合作豁免通告》。我国也应尽快出台中小企业合作豁免指导意见或豁免指南。

具体试行中小企业合作豁免制度时，可采取企业申请反垄断执法机关审查制，即执法机构根据企业提交的申请材料，依职权进行审查，认定能够适用《反垄断法》第二十条规定的，终止调查。终止调查后，有关中小企业应当按照执法机构的要求，定期提交关于

其垄断协议实施情况的书面报告。若前述决定所依据的事实发生重大变化的,执法机构应当重新开展调查。

(二)在上海层面对临港新片区进行试点,经效果评估后可复制推广至全国

结合上海市市场监督管理局《关于在中国(上海)自由贸易试验区临港新片区开展强化竞争政策实施试点的通知》(沪市监垄价〔2020〕344号)对探索实施垄断协议豁免制度的工作部署,为充分发挥中国(上海)自由贸易试验区临港新片区(以下简称"临港新片区")先行先试作用,以制度创新为核心,提升事中事后监管能力和水平,可选择在临港新片区率先出台并试行中小企业合作豁免制度。选取临港新片区中小企业垄断协议为适用对象,对新技术、新产业、新业态、新模式等新兴企业实施包容审慎监管,主要是考虑把临港新片区作为接入口和防火墙,对涉临港新片区中小企业垄断协议豁免率先试验一些做法,有利于中小企业合作豁免制度实施效果的评判和总体风险的控制。

待条件成熟,在总局支持下,出台临港新片区对中小企业适用垄断协议豁免制度的相关指导意见。在制定临港新片区中小企业合作豁免制度时,应围绕促进中小企业合作发展、创新事中事后监管方式、提高行政行为透明度,按照法治与创新并重的原则,不仅要始终坚持严格《反垄断法》第二十条的规定,坚持在《反垄断法》豁免规定的框架内,提出切实可行的操作办法,规范行政行为,还要坚持服务企业,针对中小企业特点,着力解决企业的迫切需求,力求实现对企业行为的指引。在不增设企业义务,不增设前置审批的基础上,主动靠前,为企业提供服务,保护企业合法权益,为经营者营造更加宽松的营商环境。

在选择部分地区出台并试行中小企业豁免制度的同时,不仅需要关注中小企业合作豁免制度对于中小企业垄断协议实际豁免的数量,更要加以重点关注的是豁免制度对于中小企业在开展合作上能否发挥重要的引导作用。有效的中小企业合作豁免制度,不仅能够促进中小企业之间开展合作,有利于提高中小企业经营效率和增强中小企业竞争力,还能够促进整体市场竞争,促进中小企业创新创业,促进中小企业联合与大企业开展公平竞争。在部分试点地区取得积极成效的基础上,应着力开展中小企业合作豁免制度政策效果评估,依据从"中小企业之间依法合作总体状况"倒推"中小企业合作豁免制度政策实施绩效"的逻辑推导模式,形成外循环反馈校正范式的中小企业合作豁免制度实施绩效考核机制。评估完成后,可将成熟和成功经验复制推广至其他地区,在长三角地区乃至全国更大范围内试行中小企业合作豁免制度。在取得试点和试行中小企业合作豁免制度的基础上,可考虑建立全国统一的中小企业合作豁免制度,以出台中小企业合作豁免指南的形式建立我国中小企业合作豁免制度。

（三）建立垄断协议豁免制度清单，细化制度实施规则

在主要依据《反垄断法》第二十条设定中小企业垄断协议豁免制度时，我国公权力机关应当设定中小企业垄断协议豁免制度的正面清单、负面清单与存疑清单，以提高反垄断豁免机制的运行效率，为中小企业依法依规实施合作提供清晰的指南。所谓中小企业垄断协议豁免制度的负面清单是指不可被豁免的中小企业垄断协议类型名单。基于借鉴德国模式的视角，我国相关公权力机关在设定中小企业垄断协议豁免制度的负面清单时，可以考虑将具有竞争关系的中小企业之间订立价格垄断协议或分配生产数量的垄断协议列入负面清单。

我国中小企业在证明自身所订立的垄断协议可以获得反垄断豁免时，不仅需要证明垄断协议存在"为提高中小经营者经营效率，增强中小经营者竞争力的"情形，而且需要依据现行《反垄断法》第二十条第二款证明垄断协议"不会严重限制相关市场的竞争，并且能够使消费者分享由此产生的利益"。借鉴德国模式，我国相关公权力机关可以厘定"不会严重限制相关市场的竞争"与"使消费者分享由此产生的利益"的细化评判标准，将"有助于提高参与协议的中小企业的竞争力"与"有助于促进参与协议的中小企业之间的经营合作合理化"作为垄断协议得以反垄断豁免的主要参考指标之一。

1. 正面清单

（1）完全契合产业政策、法律或中央产业政策要求的中小企业垄断协议。需要注意的是，地方性产业政策在具有明确上位法依据或中央产业政策依据的前提下，也可作为中小企业垄断协议被列入"正面清单"的直接依据。

（2）为保障对外贸易和对外经济合作中的正当利益而订立的中小企业垄断协议。需要注意的是，此处所指的正当利益应当属于由国家公权力机关认定的外贸领域的整体利益与长远利益。

（3）为实现节约能源、保护环境、救灾救助等社会公共利益，并且符合比例原则的中小企业垄断协议。需要注意的是，此处所指的社会公共利益应当属于社会公众的整体利益与长远利益，并且应当具有显著属性。

2. 存疑清单

（1）兼具促进竞争影响与限制竞争影响的中小企业垄断协议。参与垄断协议的中小企业可以通过举证"中小企业垄断协议促进竞争影响大于限制竞争影响"的方式获得豁免待遇；参与垄断协议的中小企业亦可以通过举证"中小企业垄断协议显著有利于社会公共利益"的方式获得豁免待遇。

（2）有利于消费者短期利益但可能不利于消费者长期利益的中小企业垄断协议；有利于消费者局部利益但可能不利于消费者整体利益的中小企业垄断协议。参与垄断协议的中小企业可以通过举证"中小企业垄断协议不会不利于消费者长期利益与整体利益"方式获得豁免待遇。

（3）契合地方产业政策要求但缺乏上位

法依据以及中央产业政策依据的中小企业垄断协议。参与垄断协议的中小企业可以通过举证"中小企业垄断协议显著有利于社会公共利益"方式获得豁免待遇。

3. 负面清单

（1）参与订立中小企业垄断协议的一家或多家企业的实际控制人为大型企业，并且大型企业主导或组织了中小企业垄断协议的订立或实施。如果参与垄断协议的中小企业希望证明自身所签署的协议不属于负面清单禁止协议范畴，就必须举证证明自身系独立与自主签署中小企业垄断协议，而没有受到实际控制人相关影响。关于中小企业与大型企业的划分标准，需要依据各个相关行业特征动态界定。

（2）中小企业垄断协议的内容为垄断价格，实施配额生产，划分销售市场，其目的就是为了排除竞争而攫取暴利，也就是说，中小企业垄断协议构成硬性卡特尔协议。它们分为垄断价格型、配额生产型、划分市场型三种子类型。如果中小企业垄断协议既包含硬性卡特尔内容，又包含非硬性卡特尔内容，那么反垄断执法机关需要统合分析中小企业垄断协议的整体内容，确定硬性卡特尔内容是否属于相关中小企业垄断协议内容的核心构成，然后再确定相关中小企业垄断协议是否应当被列入负面清单。

（四）建立完善配套制度，落实垄断协议豁免程序性规定

1. 落实豁免听证制度

行政听证制度是行政机关在做出影响行政相对人合法权益的规定之前，由行政机关告知其决定的理由和听证的权利，行政相对人及社会公众可陈述意见、提供证据，行政机关在听取意见后做出相应决定的一种制度。在中小企业垄断协议豁免制度中落实听证制度，可以提高社会参与度，充分听取经营者、竞争者、消费者等相关主体的意见与建议，有利于提高决策的透明度与科学合理性。此外，当涉及国家安全或重大商业秘密之时，可以依职权或依申请全部排除或部分排除听证的公开性。具体而言，可在以下几种情况下设置听证程序：（1）接受社会举报的直接适用制下的垄断协议；（2）实行事先审查制的垄断豁免；（3）取消垄断豁免决定；（4）其他涉及相对人应有的知情权和表达权的情况。

2. 完善豁免信息公告

垄断协议豁免制度不仅关系到相关经营者的权益，亦会对其他经营者、消费者以及社会公共利益产生直接或间接影响。建立豁免信息公开制度，有利于利益相关主体及时了解信息，维护自身权利，促进决策的科学合理性。依法可公开的垄断协议豁免信息可通过反垄断执法机构主办的刊物、网站、微信公众号或公告栏等形式进行公告，接受社会公众监督，推动整个垄断豁免程序的完善与发展。

3. 建立简易程序制度

为了提高程序效率，减少不必要的程序，可以借鉴我国其他法律制度中的简易程序。

反垄断执法机关对于那些涉案金额较小、影响面较窄、事实清楚、依据充分的,可以引入简易程序,在法律、法规、部门规章上设定简易程序的审查与决定期限、审查方式(如采用书面审、电子审)等内容。这样既可以保证经营者正常生产经营活动的开展,体现经济效率原则;又可以提高反垄断执法机构的办事效率,体现行政效率原则。

(五)加强宣传指导,帮助中小企业更好地理解和适用垄断协议豁免制度

在调研过程中,绝大多数的中小企业都反映了它们对于垄断协议豁免制度不完全理解,对于垄断协议豁免制度的实施方式不够熟悉的问题。在规则制定层面,可以通过制定法规、指南等方式细化对于制度的解释。在宣传指导层面,则可以通过多途径的宣传、教育以及培训,帮助中小企业更好地理解和适用垄断协议豁免制度。具体而言,可以通过以下三种方式给予中小企业帮助与支持:一是组织相关专业培训。邀请执法人员、学者专家等进行反垄断专题授课,帮助中小企业更好地理解包括垄断协议豁免制度在内的反垄断制度,规范自身行为,维护自身利益。二是组织企业座谈会。通过面对面交流,更好地了解行业动态和企业诉求,收集企业对市场运行、政府执法的有益意见。三是印发相关学习宣传手册。通过简单、直观的方式向企业介绍《反垄断法》及相关配套法规、指南以及执法机关查办案件的重点、要点,帮助中小企业更好地学习、理解相关规范。

(供稿单位:上海市市场监管局,主要完成人:上海市市场监管局反垄断和价格监督检查办公室)

专题九

打造宝山区万亿级钢铁金融产业的意见与建议

一、宝山区钢铁产业金融赋能的背景

(一) 大宗商品的金融化发展是大趋势

大宗商品作为重要的生产和生活资料,在国民经济的运行中非常重要,具有生产标准化程度较高、体量巨大、便于运输和存储、产业链较长以及价格波动频繁等特点。但由于其价格剧烈波动会对社会经济的各个方面产生巨大影响,因此天然对引入规避价格风险的金融工具有强烈需求。

金融衍生品工具的出现,契合了大宗商品产业链规避价格波动风险的需求,同时大宗商品不同于一般商品的属性,便于金融衍生品市场的做大做强,进一步形成市场认可的权威价格,二者最终紧密结合发展。

纵观全球能源、有色、农产品等主要大宗商品的金融衍生品市场,发展成熟度均较高。如国际石油市场主要以英国伦敦交易所的布伦特远期合约和美国纽约商品交易所的西得克萨斯中间基原油期货合约作为定价体系。其他大宗商品方面,如全球铝、铜等有色金属的价格主要以伦敦期货交易所期货市场价格为定价基准,全球大豆、玉米、豆油、豆粕等农产品的国际贸易价格基本以芝加哥交易所的期货价格为定价基准。

(二) 钢材作为重要的大宗商品,正在向金融化发展

钢材作为国民经济的筋骨,是一国的工业粮食,在国民经济运行中影响重大,与原油、有色金属、农产品等类似,具备大宗商品金融化所具有的一般属性。中国幅员辽阔,钢铁企业众多,且产能分布不均衡,同时钢铁产业链流程长,价格波动频繁,从钢厂到中间贸易商,再到下游需求企业,涉及钢铁交易的企业较多,对平抑钢价波动风险,促使企业稳定发展的诉求较为突出。

我国钢材市场的金融化发展已有一定规模,尤其是2009年钢材期货上市交易以来,钢铁金融化进程有所加快,如铁矿石期货、焦炭期货等与钢材产业链相关的衍生品开始上市交易。与此同时,钢材期货交易量也增长迅速。以螺纹钢期货为例,2019年期货成交3.97亿手,较2009年增长194%,按一手10吨计算,2019年螺纹钢期货成交39.7亿吨,接近现货产量的20倍。

但与原油、有色金属及农产品等大宗商

品比,钢材金融化程度仍有待进一步提升。除钢材期货市场价格尚不具备市场主导权外,与原油、有色金属及农产品等其他大宗商品比,钢铁衍生品种类的丰富度也略显不足,期权等交易品种仍未引入。

值得一提的是,当前钢铁衍生品交易的新品种正在不断推出,如2022年上市的冷轧期货、废钢期货等。同时在衍生品种类上,除钢材期货以外,未来钢材期权也将推出,当前正在交易的大量场外期权的交易或转至场内,极大提升钢材金融化的程度。

可预见的是,随着衍生品交易品种和种类的不断丰富,未来钢材衍生品交易方式也将从单一的博行情,向套利、套保、基差、点价等不同的交易方式逐步发展,这将导致钢厂、钢铁贸易商、投资公司等产业链参与者不断向金融衍生品交易靠拢。

二、宝山区钢铁产业金融赋能的目的

(一)打造宝山区万亿级钢铁金融产业,助力上海全球贸易中心的建设

2019年中国钢铁产量10亿吨,其中钢铁流通贸易量约20亿吨(钢厂直接发往终端企业的钢材除外,且按照5亿吨钢材流通5次计算),钢铁贸易产值10万亿元左右(以4 000元/吨计算)。当前钢铁行业正朝金融化方向发展,未来随着钢铁与金融衍生品结合程度的进一步加深,钢铁现货市场庞大贸易流通量的价格波动风险,将通过钢材期货、期权等金融衍生品工具来转移,这将造就庞大的钢铁金融交易市场。

从未来5~10年钢铁行业发展来看,若能成立钢铁金融产业园,吸引钢铁现货、衍生品投资者入驻园区,即便园区钢铁贸易量仅占据全国钢铁贸易流通量的10%,钢铁贸易产值仍将超过1万亿元,而与之相关的金融衍生品交易也有望达到万亿级的规模,让宝山成为上海面向全球的一张名片。

毫无疑问,随着宝山区钢铁现货贸易与衍生品交易向万亿级规模不断发展,上海将逐步成为全球钢铁现货贸易与衍生品交易的中心,这将有力推动上海全球贸易中心的建设。

(二)成为全国总部经济与平台经济发展壮大的典范

宝山区钢铁加工企业众多,尤其是体量较大的钢铁加工企业已经走出宝山,将宝山的加工经营模式在全国各地复制。对上述企业而言,最重要的是企业资金安全与经营风险控制,这也是企业总部最为核心的职能。宝山钢铁金融产业园区的众多信息交互,专业人才的聚集,将能够为企业的经营风险控制带来较大便利,可吸引企业将总部留在宝山。此外,对部分服务于钢铁产业链的金融企业、数据研发企业,也有望吸引其将总部落在宝山,这将为宝山带来可观的财政收入。

未来随着宝山区钢铁现货贸易与金融市场交易的高度繁荣,欧冶云商、上海钢银等平

台将进一步壮大,也有望吸引更多的平台入驻宝山,如与钢铁物流运输相关的互联网运输平台、与钢结构建筑相关的互联网建筑平台等。

宝山区总部经济与平台经济的不断发展,既增强了自身经济发展的动力,且部分良好的运作经验又能为国内其他区域的总部经济和平台经济发展提供经验借鉴,助力国内经济的升级发展。

(三)成为全球人才的聚集地,推动宝山经济发展焕发新的活力

人才的多寡是一个地区能否快速发展的关键,尤其是全球高端人才,而当前宝山区高校以及高端科研机构较为匮乏,对全球高端人才吸引力相对不足。未来随着宝山区万亿级钢铁金融产业园的成型、总部经济和平台经济规模的不断壮大,区内相关的软硬件配套设施也将逐步完善,对全球金融、互联网及相关技术领域的高素质人才吸引力将会明显增强,有望成为上海乃至全国的人才高地,进而推动宝山区经济发展焕发新的活力。

三、宝山区钢铁产业金融赋能的优势与不足

(一)宝山区在钢铁行业有四个"第一"

一是有全球第一大钢铁企业的生产基地——宝武集团宝山生产基地。位于宝山区东北部的宝武集团宝山生产基地建成于1978年,具备约1 600万吨粗钢的年生产能力,产品以高端板材为主,为宝武集团的前身。当前宝武集团是国内钢铁行业领军者,也是世界上最先进和最大的钢铁生产企业,宝山生产基地在技术水平、生产能力、产品结构、盈利情况以及管理理念等方面均具备强大的行业竞争优势。

二是有全球第一大钢铁资讯机构。位于宝山城市工业园区的上海钢联是全国性大型综合IT服务企业,提供专业的钢铁资讯、一站式钢铁电子商务服务,其资讯覆盖钢铁、有色、石化、建材、农产品五大板块,每日资讯发布量超过40万条。就钢铁行业而言,不仅是国内最大的钢铁资讯信息平台,也是全球最大的钢铁资讯机构。值得一提的是,上海钢联每周发布的钢材产量、库存等数据已成为市场分析的重要参考数据,一定程度上能够影响金融和现货市场的走向,对钢铁行业的影响巨大。

三是有全球第一大钢铁电商交易平台。全球钢铁电商交易业务的90%以上在中国,而宝山区是国内最大的钢铁电子商务聚集地,钢铁电商交易发展迅猛。据估算,2019年全国钢铁电商平台的年成交量约1.2亿吨,而宝山辖区内的上海钢银及欧冶云商成交量接近7 300万吨,占全国市场份额60%左右。

四是有全国第一个钢铁金融产业园区试点。上海钢铁金融产业园是上海市经济和信息化委员会于2010年7月批准成立的生产性服务业功能区,位于宝山区东至双庆路、南至双城路、西至同济路、北至海江路范围。园区地

处宝山区政治、文化、经济中心,地理位置独特,周边轨道交通便利,总占地300亩,绿化景观超过50%。宝山区内的钢铁金融产业园定位于钢铁服务及衍生业、金融服务业和衍生业,是国内第一个钢铁金融产业园试点。

(二)宝山区具备地域优势与钢铁贸易的"三多"优势

一是宝山区有地域上的便利,更容易与钢材期货合约的制定者互动。国内钢材衍生品交易主要以上海期货交易所为主,就宝山区钢材金融衍生品交易者而言,可以较方便地与上期所相关合约制定者沟通,尤其是当衍生品价格异常波动或者合约风险较大时,对交易中的风险可以及时向上期所反馈,维护自身利益。此外,在新的衍生品交易合约推出或者已有合约进一步完善过程中,也可以更多地参与到相关标准的制定中去,做充足的准备,这对钢铁衍生品交易者而言,是其他省市难以企及的优势。

二是宝山区是上海市除虹口区、松江区之外最重要的钢铁贸易集聚区,具有"三多"优势。依托全球知名钢铁企业宝钢的资源优势、上海的"水路门户"的区位优势,外加市场经济下宝山钢铁贸易踏准了国内钢铁贸易的三波浪潮,宝山一度成为全国钢材贸易市场的风向标。

钢贸企业数量多。据上海市工商联钢铁贸易商会会员单位信息显示,全市318家会员单位主要办公点或注册地多数分布在宝山区,达到174家,占比54.72%(见图9-1)。

钢铁贸易大户多。宝山区贸易大户集中,传统贸易企业与互联网电商"新钢贸"协同发展。除钢银电商、欧冶云商两家在线平台外,传统钢贸企业大户聚集效应明显,其中福然德股份、上海舜业、上海钢宇、上海兴晟等企业是华东区域板材贸易典型大户。在贸易规模、品牌实力、业界认可度综合排名前20

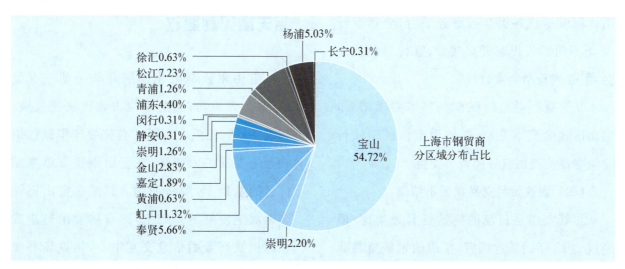

图9-1 钢铁贸易商会会员单位分布

数据来源:上海钢联调研整理。

家上海钢材贸易企业中,宝山区共占14席。

板材加工中心多。目前全上海正常流通使用的钢铁板材仓库约90个,其中有85个分布在宝山或周边。全上海库存规模水平前10的仓库均位于宝山区,且均具有开平、剪切的加工能力。宝山区具备一定的卷料开平、横切、纵剪等加工能力的仓库约70家,约占全市板材加工仓库数量的88%。

(三)宝山区金融服务业发达,社会资本充裕

一是金融机构众多。宝山区统计局数据显示,截至2019年末,全区共有银行26家,小额贷款公司5家,融资担保公司1家;贷款余额2130亿元,银行存款余额4012亿元,全区金融业实现增加值93亿元。

二是融资渠道较为完善。2019年宝山区推进企业直接融资取得新突破,年内新增上市、挂牌企业23家,并且为中小微企业完成325家次共计1.31亿元贷款服务。此外,宝山区积极搭建各类金融服务平台,全年召开23场不同形式投融资对接会、宣传会和推介会,服务成长型企业数百家。

从钢铁行业金融赋能的基本要素来看,宝山区社会资本充裕,能够为宝山区钢铁行业金融赋能提供良好的资金支持。

(四)钢铁贸易交易氛围不浓厚

尽管宝山是传统的钢铁贸易聚集地,但经过2012年钢贸危机后,宝山的钢铁贸易商较以往有所减少,贸易氛围也不浓厚。一是部分钢铁贸易商出于成本控制等因素,将加工基地搬迁至太仓等上海周边地区,使大型钢铁贸易商有一定程度减少;二是与钢铁金融相关的产业基金、投资公司、期现货公司等大多聚集在陆家嘴等市中心,宝山区相对而言吸引力不强;三是相关的硬件配套服务设施较为匮乏,如高规格的会议厅、餐厅等,难以举办大型论坛或者峰会,进而不能将国内大量钢铁行业企业聚集到宝山,形成信息交流中心。

(五)高素质专业人才吸引力不足

高素质专业人才不仅意味着高收入,同时其对生活品质要求也较高,如对优美的居住环境、更好的生活便利性、良好的教育医疗条件等也非常关注。当前大量的外来高素质人才受制于户口的限制,难以在宝山安家置业,稳定发展,导致宝山较多的期现货公司因人才匮乏而搬迁至杭州等城市。

四、宝山区钢铁产业金融赋能的相关意见和建议

宝山钢铁金融化发展并非一朝一夕能成,要久久为功,当前需抢占先机快速发展,建议"一抓、三造、二引"。首先要牢牢抓住钢铁金融发展的大趋势,在宝山钢铁资源禀赋优良的基础上,顺势而为。其次在宝山钢铁金融赋能发展的基础上,逐步将宝山打造成全球钢铁行业的信息交互中心、钢铁场外交易的结算中心、全球最大钢铁电商交易中心。最后在功能为先的前提下,引进相关企业,聚

集发展。

（一）牢抓趋势，顺势而为

未来钢铁企业的发展将与钢铁金融工具紧密结合。钢材作为重要的大宗商品原材料，金融化发展却依然不足，表现在金融市场不具备价格主导权，金融衍生品交易种类不够丰富。未来很长一段时间，钢铁贸易的金融化发展将与原油、有色金属等大宗商品类似，逐步走向成熟，具有较大发展空间。

从国内钢铁企业的发展来看，不能利用金融工具控制风险的贸易企业愈加难以生存。如2008年国际金融危机导致我国钢铁产业的发展受到严重冲击，而2012年开始国内钢材供应过剩，钢价连续5年下跌，大量缺乏风险控制能力的钢材贸易商在钢材价格下跌过程中被淘汰出局，引发"钢贸危机"。但对部分能够充分利用金融工具规避风险的贸易企业而言，不仅未出现倒闭、破产风险，反而经营规模继续扩大，成为适应市场的大型钢铁贸易企业，如厦门国贸、厦门象屿、杭州热联、浙江物产等。自2016年钢铁行业供给侧结构性改革完成之后，国内钢材供需基本平衡，同时钢铁信息资讯透明，钢铁价格波动更为频繁，更是催生出对金融衍生品工具利用的强烈诉求。宝山区在自身钢铁资源禀赋强大的基础上，应抓住钢铁金融化的大趋势，顺势而为。

（二）在已有钢铁金融产业园区的基础上，打造三大"中心"功能，协同发展

一是打造全球性的钢铁行业会议品牌，成为全球钢铁行业信息交互中心。信息数据是金融衍生品市场不断发展的重要基础，而宝山区有全国最大的钢铁资讯企业——上海钢联，其公布的大量钢铁信息数据，如价格、库存、产量、成交量等是钢铁金融衍生品交易市场的重要参考。此外，全国头部的钢铁电商平台——上海钢银与欧冶云商也在宝山，有较多的现货市场价格、成交等数据信息。宝山的信息优势，是国内其他地区所不具备的。

就钢铁行业而言，可以在丰富的钢铁信息的基础上，以钢铁金融产业园作为主体，举办相关的钢铁金融产业会议，精准地服务于钢铁产业链客户，吸引全国各地的钢铁产业链从业者聚集宝山，一方面可以提升宝山钢铁贸易的氛围，另一方面可将宝山打造成全国甚至全球的钢铁信息交互中心。

在会议质量上，以长远品牌为导向，出席的嘉宾必须要具有全国甚至全球的影响以提高会议的影响力；在会议数量上，考虑到上海钢联每年在全国各地召开数百场钢铁会议，可以将一部分会议地点置于宝山。

二是打造全国的钢材场外交易结算中心。场内的钢材贸易主要指在贸易的过程中，通过上海期货交易所的钢材标准期货合约来进行交易。场外钢材贸易则方式较多，每一笔钢材贸易的时间、贸易数量、交货期等没有严格限定，属于非标准化交易。由于场外交易较为灵活，也迎合了大部分贸易客户的诉求,近年在期货公司、期现贸易公司的推动下发展迅速。从全国钢材贸易的情况来看,2019年场外钢材贸易量超过1亿吨,贸易产值超过4 000亿元。值得注意的是,当前国内钢材的场外交易仍没有结算中心,由交易的双方自行结算,一旦行业发生大的波动,易发生交易违约等风险。

因此,宝山钢铁金融产业园若能打造成为场外交易的结算中心,不仅有利于国内钢铁行业的稳健发展,同时可吸引大量的期货公司、期现公司、现货贸易商以及银行等金融机构入驻,这将会极大促进宝山钢铁金融产业的发展。

三是打造全球最大钢铁电商交易平台,成为全球钢铁贸易中心。近年来宝山区平台经济持续快速发展,2015—2018年宝山区电子商务交易额从986亿元增长至3 180亿元(年均复合增长率达48%),其中钢铁电商已成为宝山平台经济发展的最大特色,主要平台上海钢银与欧冶云商,其钢铁成交量占国内钢铁电商成交量的60%,未来有望进一步扩大。

以上海钢银为例,其业务范围囊括钢铁供应链各环节,包括委托采购、委托销售、仓储监管、物流配套、在线金融、仓单质押登记、资讯数据等综合服务。该平台近四年的钢材成交量复合增长率达到30%,每日挂牌量、交易卖家数等指标均呈现出爆发式增长。

在宝山钢铁电商平台不断发展过程中,平台上进行钢铁贸易的大量企业存在风险对冲的需求,而宝山钢铁金融产业园的大量信息交互、期现公司等可满足上述需求,二者在一定程度上可协同快速发展。预计未来10年内,宝山钢铁电商平台的钢材成交量有望突破10亿吨,占到国内钢材流通贸易的40%,成为全国乃至全球的钢铁贸易中心。

(三) 功能为先,筑巢引凤,聚集发展

一是建立遴选机制,大力吸引三类企业入驻园区。钢铁金融产业园最重要的功能在于为进行钢铁金融衍生品交易的企业创造良好的环境,包括政策优势、信息优势等,但首先要建立遴选机制引进部分企业,才能筑巢引凤。在引进企业过程中,对不同性质的企业必须要有严格的准入条件,不能对所有企业一概而论,良莠不分。严格遴选的程序包括对企业的注册资金、员工人数、历年的贸易额及投资业绩等进行审核,只有在园区管委会企业引入评审委员会通过之后,企业才有资格入驻。

从钢铁金融产业园发展的角度来看,对三类企业必须要大力引进。一类是期现货贸易体量较大的企业,这类企业为平抑市场价格的波动风险,在进行现货贸易的同时,也会有大量的钢铁期货交易,同时对相关的交易策略、市场信息交流等较为积极;二类是证券期货类投资企业,包括对冲基金、量化投资基金等,这类企业主要以金融衍生品交易作为盈利手段,且不局限于钢铁期货等金融衍生品,可为园区带来较大的金融衍生

品交易量,同时也可以便利地与钢铁现货贸易等企业交流;三类是金融中介服务组织,包括银行、证券、期货公司等机构,主要为第一类与第二类企业做配套服务,如资金周转、开立账户等,形成较为完整的钢铁金融产业链。

二是加强对企业总部的引入。在筑巢引凤过程中,要特别注意加强对企业总部的迁入,大力发展园区总部经济。以钢铁加工行业为例,宝山区体量较大的钢铁加工企业引进后会将自身加工经营模式在全国各地复制,其总部的功能主要在于资金及风控,而钢铁金融产业园因为有大量从事或者服务于钢铁金融衍生品的企业,不论是资金流转,还是风控人才、市场信息等均有较强便利性。此外,对于金融机构或者大数据研发机构而言,若能将投资或者研发总部迁入园区,不仅能够更好地获取相关信息,也能够及时听取市场的反馈而快速迭代发展。因此要大力鼓励相关企业将总部迁入钢铁产业园,协同共赢,壮大发展。以杭州基金小镇为例,不到1平方公里的核心区域内,聚集了大量企业的投资与研发部门的总部。

(四)加强软硬件建设,承接其他消费需求,加强政策扶持力度

虽然宝山的工业化发展与城镇化建设完成得较早,但宝山的交通条件与上海市中心区域仍有较大差距。此外,宝山与消费行业相关的高端餐饮和住宿等硬件配套建设不足。以酒店为例,当前宝山五星级宾馆仅有一家(德尔塔酒店),三星及以上也仅有六家,整体来看高级的宾馆数较少。

未来随着宝山钢铁金融产业的不断发展壮大,园区高净值人群也将不断增多,同时作为全国钢铁信息的交互中心,各种高质量的会议会直接带来庞大的人流,这将给宝山的餐饮和酒店住宿带来较为明显的发展增量。因此,在钢铁金融产业园发展的同时,有必要加强宝山软硬件条件的建设,如进一步完善宝山与上海市中心以及其他城市的交通资源对接与建设,增加高级宾馆数量等。

此外,政策的支持对钢铁金融产业园区的发展至关重要,主要在于以下两方面。

一是对入驻钢铁金融产业园区的企业提供政策优惠举措。建议专门设立宝山钢铁金融产业发展基金,支持入驻机构发展,对入驻机构给予奖励、扶持。如对入驻机构的相关行政审批设立绿色通道,对企业前期调研、注册和存续阶段采取"一对一"的服务方式,为企业在各个环节提供专业、高效、优质的服务;对入驻机构依据区域贡献给予最高80%的奖励;此外,协助企业融资上市等,通过优惠的招商条件,降低企业运营成本,吸引企业入驻。

二是加大对高级人才的吸引力度。对于符合条件的入驻机构,依照区域贡献给予5%~30%的人才奖励;对入驻机构符合条件的董事、监事、高级管理人员、技术人员,协助办理上海市人才引进相关手续;对符合条件的入驻机构及其高级管理人员购买、租赁产业园区内的办公用房或住房，给予优惠补贴；协助符合条件的入驻机构工作人员申请人才公寓；为园区内高层次人才的子女教育等方面提供更多便利条件。

五、未来宝山区钢铁产业金融赋能对区内经济的推动

宝山区钢铁产业金融赋能对经济的推动，首先对比国内其他金融小镇的管理资金及税收发展情况，如杭州玉皇山南基金小镇；其次通过估算辖区内资金体量的增长情况来测算未来可能的经济拉动。

从杭州玉皇山南基金小镇的基本情况来看，其占地面积5平方公里，产业核心区3平方公里，办公面积70万平方米，目前已投入使用面积25万平方米。截至2019年小镇累计入驻金融机构2 449家，总资产管理规模达11 655亿元，全年实现税收23亿元。

在多维度人才引进政策支持下，杭州玉皇山南基金小镇目前共吸纳金融专业人才5 000余人，其中硕士研究生学历高素质人才超过1 700人，占比超过34%；海归高素质人才600余人，占比超过12%。对高素质人才的吸纳，极大程度上起到了为玉皇山南基金小镇实现整体规划注入"血液"的功能。

宝山区钢铁产业金融赋能，旨在抓住钢铁金融化发展大趋势，凭借宝山在钢铁行业的优良资源禀赋，以钢铁金融产业园区为载体，打造全球的钢铁信息交互中心、场外交易结算中心和钢铁电商交易中心。从三大"中心"功能的角度出发，钢铁信息交互中心带来更多是人流的提升，对应着服务业的发展，而钢铁场外结算中心以及钢铁电商交易中心，对应着资金体量规模的增长。

以钢铁交易平台来看，当前宝山区钢铁年交易量超过1亿吨，钢铁原料铁矿石交易量亦接近2亿吨。考虑到目前全国钢材金融衍生品交易量与现货供给量比例约10∶1，铁矿石金融衍生品交易量与现货供给量比例约20∶1，全国期货保证金与成交额平均水平之比约1∶484，按照衍生品与现货相匹配的全国平均比例计算，宝山区钢材与钢铁原料金融衍生品及现货交易总规模可达4.1万亿吨，资金存量规模将达到约330亿元，预计税收规模可达约1亿元。未来随着宝山区钢铁及铁矿石交易量增加至20亿吨，资金存量规模或达到2 000亿元，钢铁交易税收规模可达约7亿元。

以场外钢材交易来看，随着场外交易结算中心的建立，将吸引3 000亿场外钢材交易资金至宝山（按10亿吨钢材场外交易流通估算），同时配套的其他风险对冲资金、投资资金等也将达到1 000亿元以上，4 000亿元资金存量规模带来的税收或达15亿元。

综合来看，宝山钢铁金融化发展的同时，既保障了区内产业升级发展需要，亦聚集了高净值人群及高消费群体，将拉动对高端会

展、信息产业、高端消费的新需求。预计吸纳专业金融人才、创造配套服务就业岗位总量超 10 万个,钢铁产业金融赋能对宝山区的年税收贡献预计将达到 30 亿～50 亿元。从典型的基金小镇成功案例来看,从粗具雏形到发展成型预计需要 5～8 年时间。

(供稿单位:宝山区工商业联合会,主要完成人:宝山区工商业联合会、宝山区社会主义学院)

专题十

2020 年浦东新区重点民营企业融资需求分析和研究

融资难融资贵是一直以来困扰中小微企业特别是民营中小微科技型企业的难题。银行信用贷款是中小微科技型企业重要的融资手段,但由于轻资产、发展的不确定性等原因,一些企业从银行贷不到款或难以足额贷款。突如其来的疫情加剧了企业融资的难度:一方面企业存在资金链断裂、恢复经营难等问题,更难从银行获得信贷;另一方面金融机构面临资金回笼困难、坏账风险增加的问题,对于企业的放贷变得更加谨慎。

针对民营企业融资难融资贵问题,近年浦东新区工商联通过搭建金融服务合作社,集聚资源、多策并举开展融资对接服务,成功缓解了一批企业的融资难题。疫情发生后,政策性融资担保政策作为提高企业信用、降低银行风险的重要措施更加受到关注。上海发布的《上海市全力防控疫情支持服务企业平稳健康发展的若干政策措施》《上海市促进中小企业发展条例》,浦东新区发布的《浦东新区全力防控疫情支持服务企业平稳健康发展的实施办法》等政策文件、法律法规中均提及加强政策性融资担保支持。浦东新区工商联积极响应,与区财政局建立民营中小微企业政策性融资担保推荐机制(白名单制度),对白名单企业实施长期跟踪服务。同时,浦东新区工商联携手政府、银行、其他行业协会推动建立了"政会银企"四方合作机制①。在该机制下,区工商联继续发挥渠道优势、平台优势,以标准化服务与个性化服务相结合,助力政策性融资担保政策覆盖更多企业,满足民营中小微企业的融资需求。

为了掌握疫情后区内民营中小微企业的融资需求及获得政策性融资担保情况,分析探索区工商联在政会银企机制下可以发挥的作用以及服务创新,课题组对一部分重点民营企业展开线上调研,并对区政策性融资担保合作银行进行了座谈调研。首先,对区工商联近年金融服务的主要做法进行总结。其次,通过两组调研数据展示疫情后区内民营企业的融资需求,对重点民营中小微企业获得政策性融资担保的情况进行整理,并对一

---

① 2020 年 3 月 26 日"政会银企"四方合作机制正式落地。时任市委常委、统战部部长郑钢淼指出,该机制要发挥政府在企业融资中的政策性支持作用、行业协会商会等中介组织提供信息服务的作用,帮助企业增信,降低银行在企业融资中的风险。

些企业未取得政策性融资担保的原因进行分析。最后，主要围绕区工商联在缓解民营中小微企业融资问题上的工作方向提出建议。

一、浦东新区工商联金融服务的主要做法

（一）建立资源枢纽

区工商联作为党和政府联系非公有制经济人士的桥梁纽带、政府管理和服务非公有制经济的助手，从政策、服务、渠道三方分别引入政策资源、金融机构服务资源、商会渠道企业资源，建立一个资源枢纽，缓解民营企业融资时的"资源匮乏"问题。

在政策资源方面，加强与区财政局合作，签订《关于服务民营经济健康发展的协作备忘录》，从"政策融资担保""代理记账政策"等方面，提高无抵押物的民营企业政策融资担保比重，提高首贷企业财会信息质量等。

在服务资源上，与16家市、区银行分行签约，形成银团服务，并向央企、国企级券商、保险机构拓展服务外延。疫情后，区工商联推动16家合作银行与企业展开银企对接，助力民营中小微企业获得政策性融资担保。

在渠道资源上，在街道镇商会建立布点，通过发挥渠道优势，引导优质信贷资源向基层倾斜，同时引导辖区内金融服务资源因地制宜开展银企对接服务。

（二）打造线上线下平台

一方面将银行金融服务搬到网上，区工商联"云商会"开辟"金融服务"专栏，上线服务72项，构架起"服务超市"，供企业挑选。通过互联网架起银企供需对接渠道，企业融资效率提高了。另一方面，浦东工商联建立金融服务合作社服务基地，设置服务专窗，安排专人、专线为浦东新区所有中小微企业提供融资咨询、协调等服务。

（三）形成"政会银企"合作机制标准化服务流程

为了帮助民营企业顺利、迅速地对接各类金融资源，压缩融资周期，区工商联形成了一套"政会银企"合作机制下的标准化服务流程，并将服务相关信息（区工商联云商会平台、合作机构服务专员、区工商联服务基地专线、线上融资问需表等）制作成小册子，同时配上服务流程图，方便企业理解服务内容和流程，实现快速的银企对接。

（四）推动"信用赋能"

2020年6月，区发改委、区金融局、区工商联主办了浦东新区"信用赋能企业发展大会"，引导10家银行向新区企业提供1 600亿元额度的专项信贷支持，服务企业数超过1.2万户，其中中小微企业超过1万户。截至2020年8月，区工商联已为企业提供融资对接25.86亿元。

二、疫情发生后民营企业的融资需求

(一) 样本民营企业的融资需求

疫情发生后,春节期间区工商联即通过线上调研方式了解了一批民营企业经营受损状况以及融资需求(见表10-1)。截至2020年5月19日,调研样本企业49家,样本企业数据显示:小微企业受疫情冲击的程度大于大中型企业,84%的小微企业自评损失严重或非常严重;企业规模无论大小,大多数企业希望接受银行的融资对接服务,77%的小微企业希望了解政策性融资担保政策;关于融资额度,小微企业较之大中型企业,相对小额的融资需求较多。

表10-1 疫情后民营企业融资需求情况

	受损情况严重	需要银行融资对接服务	希望融资额小于300万元	希望了解政策性融资担保政策
小微企业	84%	84%	38%	77%
大中型企业	56%	72%	8%	72%

资料来源:浦东新区工商联调研数据。
注:样本企业数共49家。

(二) 政策性融资担保白名单企业的融资需求

为了缓解部分受疫情影响的中小微民营企业融资难融资贵问题,区工商联与区财政局联合建立了区级民营中小微企业政策性融资担保白名单制度。白名单制度重点聚焦浦东新区六大硬核产业和高成长性中小微民营企业,进入白名单的企业能够获得合作银行的对接服务。通过银行、上海市中小微企业政策性融资担保基金管理中心(下文简称"市担保中心")审批后,企业将获得上海市中小微企业政策性融资担保基金(下文简称"市担保基金")的融资担保,并获保费补贴支持。

截至2020年4月20日,共确定76家白名单企业。相关数据汇总后发现:白名单企业中31家(41%)为拥有一种或多种资质认定的科技型企业(如上海市高新技术企业等认定),另外有14家国家重点支持的七大战略新兴行业或科技创新板挂牌企业;企业规模偏小,小微企业占总量的近90%;约50%的微型企业和40%的小型企业希望融资额为300万元以下;截至2020年4月20日,89%的白名单微型企业和81%的小型企业未获得外部融资,体现出企业对于政策性融资担保政策有较强的期待,详细数据见表10-2。

表 10-2　白名单企业融资需求

	尚未获得外部融资	希望融资额小于 300 万元	希望融资额 300 万～1 000 万元
微型企业	89%	50%	29%
小型企业	81%	40%	54%
中型企业	75%	10%	40%

资料来源：浦东新区工商联调研数据。

注：截至 2020 年 4 月 20 日，白名单企业共 76 家。

三、政策性融资担保政策的实施

（一）浦东新区政策性融资担保政策的成果

2016 年市担保基金成立时，初始规模为 50 亿元，现在规模已扩大到 100 亿元。在市政府的重视下，目前已基本完成本年 300 亿元的担保任务。

2017 年，市担保中心与区财政局签订战略合作协议并出台了《浦东新区小微企业增信基金管理办法》，对担保贷款 2 000 万元以下（含）的重点中小微企业全额补贴担保费用。该增信基金激发了企业通过政策性融资担保融资的动力，降低了企业融资成本。2017 年 1 月 1 日—2019 年 11 月底，区小微企业在市担保中心的支持下从合作银行累计获得 51.87 亿元贷款，排名全市各区第一。2020 年上半年各合作银行通过市担保基金累计向新区中小企业发放 893 笔贷款，金额 25.90 亿元，较 2019 年同期增长 63.5%。

（二）白名单企业获得政策性融资担保情况

区工商联于 2020 年 8 月通过电话对白名单企业进行了回访，回访目的是了解企业与银行的对接情况、获得政策性融资担保情况、是否符合政策性融资担保优先推荐条件（面向未获担保企业）、是否愿意来浦东工商联金融服务合作社服务基地接受其他融资相关服务等。截至 2020 年 8 月底获得 67 家企业反馈，除去回答目前无融资需求的 6 家企业，61 家企业中获得市担保基金担保的企业为 43 家，占比为 70%，实现融资额为 1.14 亿元。期望借助政策性融资担保基金解决融资问题的企业往往是融资能力较弱的企业，获得担保的企业占比数一定程度上令人满意。但仍有 30% 的企业未能从政策性融资担保基金的途径获得融资，这反映政策性融资担保政策仍有调整改善的空间。

（三）未获得政策性融资担保的企业的原因分析

1. 政策性融资担保的"门槛"较高

区工商联白名单企业电话回访中，未获得政策性融资担保的企业一致认为政策门槛过高是未获得担保的原因。银行对于政策性融资担保优先推荐的主要条件是：① 上年度企业营收在500万元以上；② 净利润为正（专精特新、高新技术企业等科创企业除外）；③ 负债率小于80%；④ 销贷比为30%以下（含）；⑤ 法人及股东连带责任担保。根据电话回访结果，课题组发现只要有一项条件未达标，便无法获批通过。第五个条件是企业感觉最难达到的标准，一些企业表示法人代表或股东不愿意承担连带责任，一些企业表示法人代表由于种种原因不具备承担连带担保责任的资格。不具备承担连带担保责任资格的原因有：法人为外籍人士，个人名下无上海市房产等。课题组在对4家合作银行的座谈调研①中发现，合作银行也反映政策性融资担保门槛较高，其中一家专注于服务小微企业的合作银行表示总体感觉市担保基金的门槛高于银行自身，报送市担保中心审批的企业基本上是该行的优质企业。

2. 非批量化审批机制仍显欠缺

在"批量担保"的审批模式下②，一些企业由于不符合担保优先推荐要求被合作银行"一刀切"，这导致一些"优质企业"失去融资机会③。电话回访结果显示：有的企业负债率不达标是因为上年度研发投入较大所致，有的企业尽管法人不具备承担连带担保责任的资格，但业绩稳定，合作银行的批量担保处理方式尽管加快了融资担保手续的进程，但同时导致一些有特殊原因的企业失去融资机会。在现行审批机制下，对于一些特殊案例的个性化审批仍显欠缺④。

3. 银行进行企业评估时缺乏专业信息的支撑

银行进行企业评估时较依赖于财务报表，对于轻资产、成立时间不长的企业，由于缺乏专业知识，难以判断其发展前景，以至于难以满足企业融资需求。座谈会上有的合作银行谈到银行在行业研究方面比起外部机构较弱，主要基于过去的经营情况判断企业将来的发展前景，根据现在的情况判断将来的能力较弱；有的合作银行表示客户经理对于高科技企业讲解的行业前景往往难以做出判断，这影响到银行对于企业的合理评估。电话调研中，一些未实现融资担保的企业表示希望审批方能更多地关注自身商业模式、后期发展潜力，希望银行能更懂行业，而这种评估能力恰恰是许多合作银行欠缺的。

4. 企业财务报表等不规范

中小微企业，尤其是小微企业在自身财务管理上还有短板，出现财务不规范导致的信息不对称的情况。一些合作银行指出有些小微企业记账体系不规范，难以判断其准确

---

① 课题组于2020年8月在浦东工商联金融服务合作社服务基地举行了合作银行座谈调研。

② 市担保中心将300万元以下融资的担保审批权实际上交给了合作银行，银行的这种批量化担保审批业务被称为批量担保。

③ 未获担保的企业中一半以上企业的希望融资额是300万元以下。

④ 银行可以进行个案担保的推荐。但根据合作银行座谈会的内容等信息，课题组认为以目前市担保中心的人力，难以进行迅速、充分的个案审查。

的营收,这影响其获得全额希望融资额;有些成立时间不长的企业在财务上不规范,由于避税等原因将盈利企业做成了亏损企业,当其申请融资时这种财务报表成了绊脚石。

四、政策建议

结合上述分析,课题组就市级层面可以采取的对策作出提议,并围绕区工商联在政会银企合作机制下的工作方向提出建议。

(一)市级层面可以采取的对策

第一,完善贷款风险分担机制,降低政策门槛。政策门槛高归根结底来源于对风险控制的忧虑,要求法人及股东连带责任担保正是为了抵消代偿风险。在目前政策模式下,市担保中心承担70%～85%的风险,合作银行根据类别承担15%～30%的风险,减轻审批方特别是市担保中心的风险是降低政策门槛的有效途径。安徽省的"4321政银担"模式可以借鉴:对于小微企业发生的担保贷款风险代偿,由承办的市县政策性融资担保机构、省再担保机构、合作银行和当地政府各承担40%、30%、20%、10%。课题组认为风险分担机制的优化,能够鼓励市担保中心更加大胆地放款,其结果是促使其降低政策门槛。

第二,加快培育市场化的政策性融资担保机构①。加快培育市场化担保机构,一方面可以分担市担保中心的风险压力,另一方面可以发挥市场化担保机构的专业性和积极性,使更多合格企业通过融资担保解决融资难题。市场化政策性融资担保机构的培育方法可以是由市担保中心从各区筛选一批业绩优良的融资担保企业,通过再担保的方式分担其代偿风险,鼓励其为中小微民营企业担保。市担保中心要对市场性担保机构实施动态监控,对于代偿率较高的机构,及时采取相应的措施。

第三,建立全市综合性金融信息服务平台,应用政府大数据精准识别风险,控制风险。上海大数据中心、金融局、上海银保监局等部门已联合18家银行推出上海大数据普惠金融应用,未来还需要扩大数据的覆盖面,建立覆盖全市的综合性金融信息服务平台。有效使用金融服务平台的政府大数据将缓解贷前企业与审批方的信息不对称问题,有助于贷后审批方的动态监管。

(二)政会银企合作机制下工商联的工作方向

政会银企合作机制下,工商联要发挥提供信息服务、专业服务的作用。

第一,面向合作银行提供专业信息支撑。通过其他行业协会掌握一批行业专家的信息,经过筛选建立专家库,为有需要的银行提供免费或价格低廉的专家评审服务、银行基层客户经理培训服务。上文中提及有些银行基层客户经理对某些高科技行业不了解,难以对企业做出合理的评估,专业信息支撑将有效缓解信息不对称问题,提高银行的评估

---

① 据上海市财政局数据,截至2019年底,与市担保中心合作的上海担保机构为9家。

准确性。

第二，探索制定商会企业融资评估标准。通过购买服务方式，委托第三方专业社会组织，会同行业协会、有资质的评级公司、专业资讯公司，结合政府大数据制定分行业、分类别的民营企业的融资评估标准，并推动银行采纳该标准（如有关企业发展情况、企业所处行业地位、行业前景等的评估标准），丰富增信手段。

第三，工商联及基层商会需要继续做好会员企业融资需求发掘工作。无论何时融资难的中小微民营企业总有一定数量存在，发现并及时提供帮助是扩大政策性融资担保受益面的重要方式。

第四，重点做好首贷企业的推荐工作。据业内调研研究，我国90%以上的小微企业从来没有和银行发生借贷关系。而商会是这些企业的重要组织，是众多小微企业的联合体，是信贷资源精准滴灌的重要渠道之一。做好小微企业首贷推荐工作是金融服务实体、服务小微的重要抓手。

第五，加大对工商联及基层组织的政府购买服务力度，支持开展较为专业的融资服务。现有财政政策对于银行、企业、担保机构都有相应的奖励或补贴，而对于发挥纽带桥梁作用的商会组织却鲜有资金支持。中共中央办公厅印发的《关于加强新时代民营经济统战工作的意见》提出切实发挥工商联和商会作用，明确商会发展会员不得设立资产规模门槛，同时也明确了将适宜由商会提供的公共服务职能转移或委托给商会承担，通过购买服务的方式，支持帮助商会更好承接公共服务、参与社会服务。从服务对象上看，商会是贴近市场主体的第一扇窗，资金又是企业生存发展的第一需要，市场主体的服务中，政策性融资服务是极为重要的一环，面向融资困难企业、首贷企业提供专业融资服务，更是民营经济统战工作落地实践、增强企业获得感的重要环节，是商会凝聚力量的能力体现。因此，需要财政部门加大支持力度，更好地发挥政会银企中"会"的作用。

（供稿单位：浦东新区工商业联合会，主要完成人：浦东新区工商业联合会）

专题十一

嘉定民营科技企业培育发展研究

民营科技企业是发展新兴产业、推动产业转型升级的重要力量,同时民营科技企业也是高新技术企业的蓄水池。高新技术企业作为推动高质量发展的重要载体,是深入实施创新驱动发展战略、加快上海建设具有全球影响力科创中心的重要力量。嘉定区作为上海科创中心建设的重要承载区之一,在面对复杂的外部环境条件下,2019年度经济保持平稳健康高质量发展,经济总量规模继续保持全市前列;截至2019年末,全区民营企业数量接近18万户,民营企业完成税收额占到全区税收总量的48%。

为更好贯彻落实《关于营造更好发展环境支持民营企业改革发展的意见》精神,立足嘉定打造上海科创中心重要承载区和高端制造业重要阵地的定位目标,推动民营科技企业提升创新实力高质量发展,嘉定区工商业联合会就嘉定民营科技企业培育发展问题开展专题调研工作,通过对区民营高新技术企业基础数据进行分析、重点园区座谈、百家企业问卷调查等方式开展深入调研,分析区民营科技企业的基本情况、发展特点需求和面临的问题等,并提出进一步加快民营科技企业培育发展的对策建议。

一、背景情况

(一)我国大力扶持民营企业发展

民营经济是国民经济的重要组成部分,民营经济贡献了中国经济50%以上的税收、60%以上的GDP、70%以上的技术创新成果、80%以上的城镇劳动就业,还有90%以上的企业数量。近阶段"民营经济"已成为高频词,习近平总书记多次就民营经济发展作出重要指示,强调要毫不动摇地支持民营经济和中小企业发展。2019年底,中共中央、国务院发布《关于营造更好发展环境支持民营企业改革发展的意见》,围绕"营造市场化、法治化、制度化的长期稳定发展环境,推动民营企业改革创新、转型升级、健康发展"提出一系列有分量的政策措施。

本次疫情期间,我国经济受挫,为了扶持民营企业尽快复工复产,我国各级政府陆续在减税降费、资金补贴、金融扶持、工人返工等多方面给予精准扶持,缓解民营企业压力,有效帮助民营企业渡过难关。

(二)上海民营科技企业活力不断提升

上海加快落实三项新的重大任务,大力

推进"五个中心""四大品牌"建设和放管服改革,全面贯彻落实实体经济"50条"、民营经济"27条"、深化科改"25条"、鼓励设立民企总部若干意见、金融服务民企"19条"等政策,为民营经济创造了良好的发展环境。2019年,上海民营经济运行总体平稳、稳中有进,全年经济增加值突破1万亿元,在全市生产总值中的比重为26.4%,经济总量实现了新的跨越。特别是在全市落实减税降费的大背景下,2019年全市民营经济完成税收收入4868.78亿元,占全市税收收入的比重为37.1%,再创历史新高。

2019年,在上海注册登记的新设民营市场主体41.37万户,占全市比重高达95.9%;全市共有高新技术企业1.28万家,民营企业数量占比高达80%,为全市经济发展注入了更多新动能。2019年5月,市商务委、市发改委、市经信委、市工商联联合印发《上海市鼓励设立民营企业总部的若干意见》,大幅降低在沪民营企业总部的认定标准,截至年底149家单位被认定为2019年度上海市民营企业总部。

2019年,上海民营企业持续坚持自主研发和科技创新,积极参与国家重大科技任务,通过加大研发投入进一步提升创新能力和经济效益,已经成为上海自主创新和协同创新的重要力量。更有一批创新成果在"卡脖子"技术领域取得了重大进展,打破了相关行业国外企业的垄断局面。如上海联影的全景动态PET-CTuEXPLORER是世界首台全景动态PET-CT,2019年通过中国国家药监局创新医疗器械特别审查,在复旦大学附属中山医院投入使用,并一举斩获第21届"中国国际工业博览会"大奖。图漾科技的双目结构光3D工业相机、展湾科技的展湾智慧通、辰竹仪表的工业设备通用功能安全控制模块及自动化安全产品、非夕机器人的自适应机器人拂晓、一郎合金的高强度高耐腐蚀镍钼合金、金发科技的汽车发动机舱用高耐热低翘曲改性尼龙材料,分别在工业自动化、机器人和新材料领域取得突破,荣获第21届"中国国际工业博览会"专业奖项。

(三)民营科技企业对嘉定区发展作出重大贡献

截至2019年末,全区民营企业数量接近18万户,民营企业完成税收额占到全区税收总额的48%。无论是高端制造业发展、科创中心重要承载区建设,还是重要产业集群的打造,民营经济都功不可没。如上海凯泉泵业(集团)有限公司,其产品应用于国核、广核、中核、巴基斯坦恰西玛等十几个国内外核电站的核级泵;2017年企业签下英国欣克利角三代核电站设备包项目,标志着中国第一家民营企业成功进入欧洲核电市场。上海星地通通信科技有限公司拥有多项自主研发的通信专利技术,企业围绕由传统无线宽带通信设备到自主可信可控的通信安全保密产品的产业升级,打造以量子保密通信为主的产品研发、生产、销售和技术服务。上海三友医疗器械股份有限公司推出的百余种脊柱微创内植入物产品已广泛使用于全国440多家三甲医院,逐步实现进口替代,并出口欧美发达国家,在国内高端骨科医疗器械领域处于领军地位,2020年4月成为嘉定区首家登录科创板企业。上海司南卫星导航技术股份有限公司推出的Quantum-Ⅲ芯片能够全面支持北斗三号系统。上海道之科技有限公司拥有完全自主知识产权的IGBT芯片和FRD芯片关键核心技术,并成功实现在新能源汽车领域大批量应用。同时,民营经济在推动嘉定区城市转型、引领产业发展、完善城市功能、改善市民生活等方面也作出了积极贡献。

(四)民营科技企业培育的重要性和紧迫性

在面对新冠肺炎疫情加速世界格局演进,单边主义和保护主义抬头、经济全球化遭遇逆流的当下,习近平总书记提出要以辩证思维看待新发展阶段的新机遇新挑战,以畅通国民经济循环为主构建新发展格局,以科技创新催生新发展动能,以深化改革激发新发展活力。中美贸易摩擦让我们更加清醒地认识到,我们在科技创新、高端制造等领域的巨大差距。我们需要持续深化改革,强化企业自主创新能力建设,提升企业核心技术的研发能力,加快推进民营科技企业的培育发展研究,助力民营科技企业的发展壮大。

嘉定区作为上海市的产业重镇和制造业大区,实现打造上海科创中心重要承载区和高端制造业重要阵地这个目标,需进一步加强工作研究谋划,扶持民营科技企业做大做强,推动民营科技企业提升创新实力和核心竞争力,为加快打造世界级汽车产业中心,大力发展汽车"新四化"、智能传感器及物联网、高性能医疗设备及精准医疗产业提供持续动力。

二、调研方法

本次调研工作时间为2020年4—6月,调研对象为嘉定区民营高新技术企业、民营科技企业、区重点扶持产业、代表园区等,调研目的是梳理嘉定区民营科技企业的基本情况、发展现状以及面临的问题和挑战。调研方法主要包括企业数据搜集和分析、园区座谈和问卷调查。

(一)民营高新技术企业基础数据搜集和分析

嘉定区每年第一季度末组织全区高新技术企业报送上年度企业运营情况,报送信息涉及100多项指标数据,主要内容包括企业基本信息、经营情况、创新研发投入、人员配备、专利申报等。课题组搜集了近三年区民营高新技术企业报送数据,通过对数据的分类汇总,分析区民营高新技术企业的经营发展状况。

(二)重点园区座谈

课题组于2020年6月分别赴嘉定区南翔精准医学产业园区、上海国际汽车城零部件配套工业园区、汽车新能港(上海新能源汽车及关键零部件产业基地)、上海菊园物联网孵化器(国家级)4家重点园区开展调研座谈,调研内容主要涉及疫情影响、创新活力、市场竞争、降本减负、资源配置、政府服务、园区发展等方面。座谈对象主要是各园区职能管理部门及园区内民营科技企业代表(21家),行业领域涉及高性能医疗设备及精准医疗、汽车零部件、新能源汽车、集成电路及物联网等,均是近几年嘉定区重点扶持的主导产业。

(三)百家企业问卷调查

课题组结合2017—2019年度民营高新技术企业基础数据分析初步成果,以及座谈会上各民营科技企业家反馈的意见和建议,设计了《嘉定区民营科技企业培育发展情况调查问卷》。问卷主要分成两大板块:第一板块主要选项为企业成立年限、研发占比等6项指标,了解企业基本情况;第二板块主要分为疫情影响、技术创新和成果转化、市场公平和降本减负、资源配置、政府和园区服务等5个分项25道问题,了解企业在发展过程中面临的痛点难点,为全面分析嘉定区民营科技企业培育发展情况提供基本信息和素材。本次调查问卷通过问卷星专业平台下发,召集嘉定区100家民营科技企业参与网上填报,实发调查问卷100份,回收100份有效问卷。

三、嘉定区民营高新技术企业发展的现状

嘉定区积极落实国家和上海相关科技创新、产业发展、人才集聚、就业保障等各类扶持资助政策,积极为企业创新发展加码加力。据统计,2019年,全区累计401家民营高新技术企业享受到研发费用减免,减免额累计达7.26亿元;民营高新技术企业从政府部门获取的科技活动经费达5.22亿元,扶持经费较2018年增长了106.54%。总体来看,嘉定区民营高新技术企业发展主要呈现以下四个特点。

(一)创新主体呈现量质齐增态势

1. 民营高新技术企业总量大幅增加

近年来,嘉定区高度重视民营高新技术企业发展,将培育民营高新技术企业作为推动经济转型升级工作的重中之重。截至2019年底,嘉定区民营高新技术企业共有1 239家,占全区高新技术企业数量的80%以上。2017—2019年,嘉定区民营高新技术企业数量增速明显,2019年达到47.85%(见图11-1)。

2. 民营高新技术企业工业产值规模不断提升

2019年,全区民营高新技术企业工业总产值达835.94亿元(见图11-2),同比增长0.33%,占全区高新技术企业工业总产值的比重为37.22%。

3. 民营高新技术企业主营业务收入逐步提高

2019年,全区民营高新技术企业实现主营业务收入1 424.77亿元,同比增长13.57%,增速较上年回落1.49个百分点,占全区高新技术企业主营业务收入的比重为47.65%。

图 11-1　嘉定区 2017—2019 年度民营高新技术企业家数及增长速度

图 11-2　嘉定区 2017—2019 年度民营高新技术企业工业总产值

4. 民营高新技术企业技术收入持续增长

2019年，全区民营高新技术收入292.74亿元，同比增长72.32%，较2018年提高11.04个百分点。其中技术转让收入4.25亿元，同比增长306.23%，占技术收入的比重为1.45%；技术承包收入4.48亿元，同比增长8.22%，占技术收入的比重为1.53%；技术咨询与服务收入达276.52亿元，同比增长70.41%，占技术收入的比重为94.46%；接受委托研究开发收入6.10亿元，同比增长185.51%，占技术收入比重为2.08%（见图11-3）。

（二）产业集群效应进一步显现

从地理分布情况看，嘉定区民营高新技术企业主要集中在南翔镇、嘉定工业区、安亭镇、嘉定新城（马陆镇）和外冈镇等经济相对发达的街镇，此5个街镇民营高新技术企业数占到全区的78.61%（见图11-4）。

从行业分类情况看，2019年，嘉定区民营高新技术企业主要集中于制造业，信息传输、软件和信息技术服务业以及科学研究和技术服务业，排名最靠前的制造业企业数量占到了全区46.89%（见图11-5）。由此可见制造业是全区经济支柱产业，也是全区民营高新

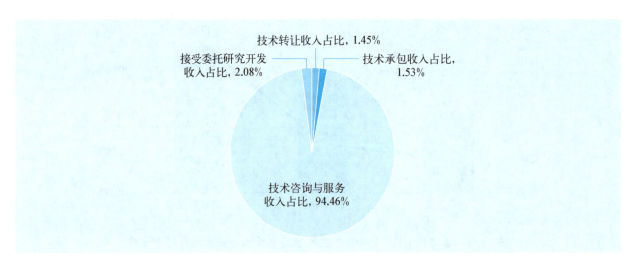

图 11-3 嘉定区 2019 年度民营高新技术企业技术收入占比情况

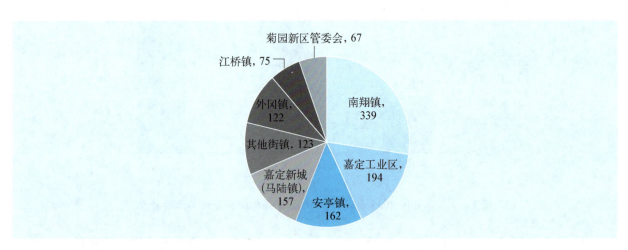

图 11-4 2019 年度嘉定区民营高新技术企业所在街镇

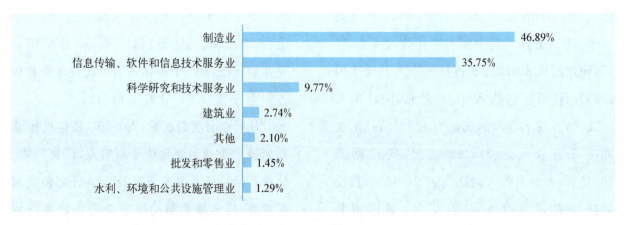

图 11-5 2019 年嘉定区国民经济行业领域民营高新技术企业占比

技术企业的核心产业。

（三）企业自主创新活力不断迸发

1. 民营高新技术企业自主创新收入、出口额齐升

嘉定区政府高度重视企业自主创新。企业创新产品生产能力和创新绩效不断提升，根据近三年区民营高新技术企业数据统计分析显示：2019年，全区民营高新技术企业高新技术产品收入达932.80亿元，同比增长2.50%，占全区民营高新技术企业主营业务收入的比重为65.47%；高新技术产品出口额42.63亿元，同比增长9.78%，占全区出口总额的比重为50.16%。高新技术产品收入、出口额稳步提升。

2. 民营高新技术企业研发投入力度持续增强

嘉定区民营高新技术企业研究与试验发展投入力度呈逐年递增趋势。2019年区民营高新技术企业研发费用投入125.53亿元，同比增长42.42%，占企业当年产品销售收入的11.33%，较2018年增加了3.01个百分点。问卷调查数据显示，百家民营科技企业中有22%的企业表示近三年研发费用投资额占企业销售收入的25%以上。

3. 民营高新技术企业创新产出有所增长

2019年，嘉定区民营高新技术企业申请专利总数7 426件，同比增长15.24%；其中拥有发明专利5 717件，同比增长59.03%；已被实施的发明专利有2 934件，同比增长35.02%；截至2019年末拥有有效专利数24 488件，同比增长36.90%，较2018年上涨9.16个百分点。2019年末发表科技论文119篇，同比增长17.82%；拥有软件著作权15 817件，同比增长59.28%；拥有集成电路布图79件，同比大幅增长139.39%，实现创新投入和产出双增长。

> **案例1　上海智臻智能网络科技股份有限公司创新成果**
>
> 上海智臻智能网络科技股份有限公司（小i机器人）是一家深耕智能芯片设计和制造的智能制造初创企业，企业研发人员占比近60%，常年研发成本占公司营收的30%～50%以上；自2004年推出全球第一个大规模发布的聊天机器人、启动人工智能商业落地以来，"小i机器人"已为全球上千家单位客户提供人工智能战略产品，拥有150余项发明专利授权，1 000多种应用场景。在2020世界人工智能大会以"赋能新基建，AI^2新动力"为主题的发布会上，"小i机器人"发布了AI服务基础平台、iBot融合版和智能陪练系统3款AI新产品，全面支持新基建AI能力提升，加速政企数字化、智能化。

（四）企业创新人才聚集效应凸显

科技创新人才无疑是科技创新中不可或缺的要素，是科技创新活力之源。据统计数据显示，近年来嘉定区民营高新技术企业从业人员总数和科技人员总数逐年递增，科技研发人员占比基本保持在25%左右。问卷调查结果显示有27%参与调研的企业科技研发人员的占比高达40%以上；有25%的企业科技研发人员占比20%～40%。截至2019年末，嘉定区民营科技企业科技研发人员数28 953人，占从业总人数的23.95%。其中博士生735人，同比增长42.44%，较2018年提升了35.83个百分点；硕士生7 395人，同比增长41.02%，较2018年提升31.49个百分点；本科生42 738人，同比增长16.60%，较2018年提升3.82个百分点；外籍专家140人，同比大幅增长91.78%，较2018年大幅提升72.11个百分点；2019年末嘉定区民营高新技术企业从业人员期末人数为120 872人，其中博士生、硕士生、本科生等高学历人才占从业人员期末人数的42.08%，人才聚集效应凸显。

> **案例2 上海重塑能源科技有限公司高学历人才占比较高**
>
> 上海重塑能源科技有限公司是一家重视技术研发的民营高新技术企业，企业主营业务包括燃料电池系统的研发、制造和相关工程服务，旗下的燃料电池发动机被广泛应用于轻、中、重型商用车领域。企业凭借团队的核心研发实力和自主创新能力，相继获得"上海市高新技术企业""上海市专精特新企业""上海市科技小巨人企业""上海市企业技术中心""嘉定区政府质量金奖""中国科创百强企业"等殊荣。
>
> 企业现有员工500名左右，其中研发团队中硕士及博士占比近40%。企业自成立以来非常注重与高校合作培养人才，截至目前已吸引近20名同济大学的优秀毕业生加入燃料电池相关开发工作，并为16名学生提供了实习岗位。同时，合作高校为企业员工提供继续深造的机会，企业已有3名员工攻读博士学位，1名员工攻读工程硕士学位。企业不定期到高校组织宣讲会，通过科普燃料电池相关知识、介绍公司相关情况等方式，吸引更多的毕业生加入到燃料电池汽车事业中。截至2020年第二季度，企业已申请专利超过91件，授权专利超过47件。

四、嘉定区民营科技企业发展面临的问题和困境

（一）民营科技企业的人才瓶颈亟待突破

民营科技企业作为创新主体需要大量的高新技术人才，通过本次问卷调查发现，人才落户问题、住房问题、孩子的入学问题是嘉定区在引才留才方面面临的主要难点（见表11-1）。嘉定区需进一步加强人才队伍建设，下大力气破解人才难题。

1. 引才育才留才的环境条件有待改善

嘉定区地处上海西北部郊区，由于受地理位置、交通、教育、住房资源配比等因素影响，企业对人才的吸引力较中心城区偏弱，招进来的人才也会受上述因素影响选择离开，客

表 11-1 企业在引才留才方面的主要难题

序号	内　　容	比例
1	人才落户问题	79%
2	住房问题	65%
3	孩子的入学问题	56%
4	针对青年、高校毕业生等人才扶持问题	45%
5	交通问题	33%
6	其他	1%

观上制约了嘉定区民营科技企业的创新发展。座谈会中有企业反映,仅靠提高薪资很难留住人才,需要从交通和住房配套条件等区软环境方面着手解决。此外,落户难也是阻碍人才引进,尤其是引进中高端人才的重要问题。在调研座谈会上,企业代表普遍反映,企业意向引进的海外、其他省市、本地高校高端稀缺人才最关心的两大问题就是落户和子女入学问题。

2. 一线蓝领短缺问题亟待找到解决方法

上海和嘉定区现有的人才政策倾向于高端管理和技术人才,支持重点放在人才引进和培育方面,座谈会上多家企业反映高端类人才企业需求相对数量较少,但企业急需的一线蓝领、中层管理人员,需求量较大(2019年末区民营高新技术企业专业技术人员达40 020人,中层管理人员13 998人)。座谈会上有企业反映,该企业一位负责核心技术的创始合伙人,作为一线技能岗位人员,由于学历相对较低难以争抢落户资源而被迫离沪创业。如何平衡好经济发展需要和人口导入压力两者的关系,亟需嘉定区另辟蹊径,精准施策,寻找应对方法。

3. 针对青年人才的扶持力度有待提升

据统计数据显示,嘉定区民营高新技术企业2019年共吸纳高校应届毕业生3 658人,同比增长1.89%,增速较2018年回落9.98%。受此次疫情影响,企业许多外地研究人员无法正常返沪,直接影响了研发进程,招用本地高校人才的优势就更加凸显。虽然本区已有大学生实践基地、回嘉行动等引才平台,但目前上海和嘉定区针对高校毕业生等青年人才的扶持资金不够,企业对青年人才的吸引力不大。座谈会上,多家企业代表提出希望出台相关配套扶持政策的诉求,帮助企业提高对本地高校毕业生的吸引力。

(二) 民营科技企业融资难问题有待解决

通过本次问卷调查发现,民营科技企业融资难主要受以下几个方面的困扰,如缺乏提供担保的信用体系、缺少投融资信息获取途径、政策扶持力度不够(见表11-2)。嘉定区对民营科技企业的融资支持力度仍有待加强。

表 11-2 民营科技企业融资难的主要原因

序号	内　　容	比例
1	缺乏提供担保的信用体系	48%
2	缺少投融资信息获取途径	40%

续 表

序号	内　　容	比例
3	政策扶持力度不够	39%
4	缺少可供担保抵押的资产	37%
5	非标设备估值低	26%
6	其他	11%

长期以来，融资难、融资贵是民营科技企业经营发展的难题，尤其是处于创新创业初期的企业起步更加艰难。

1. 财政扶持力度相对不足

企业进行技术创新离不开资金的支持。虽然嘉定区近年来出台了一批针对科技创新项目的扶持政策，如嘉定区产学研合作项目、嘉定区重点技术改造专项资金、嘉定区小巨人奖励办法、嘉定区产业园区平台公司认定项目等，但相对于国企、大型民营企业来讲，对中小民营企业的扶持力度有限。座谈会上多家企业反映希望政府加大对创业研发类企业早期的资金扶持，虽然此类扶持政策很多，但与实际需求相比仍存在差距，如各类扶持政策都对企业营收有一定的要求，但对于初创期的企业来说这道门槛就很高。也有企业反映各类专项扶持太繁杂，达到门槛的项目往往可以对应两个甚至多个专项，企业需要耗时对各类专项详细研究，对比申请哪个更加实惠。

2. 企业缺少可供抵押的固定资产

银行和担保机构基于对资金安全性的考虑，发放贷款的时候对有形抵押物非常重视，可是大多数民营科技企业都是"轻资产"企业，并没有具备抵押资格的有形抵押物。目前民营科技企业可用作抵押的大部分是知识产权等无形资产，一方面与银行的要求不符，另一方面知识产权的估值更需要专业的第三方评估机构评估，存在增加评估成本或评估价值与市场价值差距过大等问题。座谈会有企业反映，当前急需一笔周转资金，想通过商业银行授信（信用贷款）融资。因企业没有不动资产，企业选择以知识产权专利作为抵押物，该专利市场潜力可观，但银行评估价值与市场价值相比差距过大，所以运用知识产权抵押就面临贷款额度远远低于预期的难题。企业认为主要原因是银行选择的知识产权第三方评估机构专业领域不匹配，导致专利评估价值过低。

3. 企业缺乏主动获取融资服务的意识及渠道

嘉定区为缓解民营企业发展过程中融资难、融资贵等问题，搭建了产融合作服务大数据平台、技改融资平台、"知更鸟"知识产权银行服务等专业服务平台。但从座谈会上多家企业反映情况来看，目前企业融资难主要难在"信息不对称"上，企业缺乏主动寻求帮扶的意识，未能充分利用政府为企业和投资方搭建的融资服务平台；同时政府部门也需进一步加强融资服务平台方面的宣传和引导工作，帮助企业进一步拓宽融资渠道。

（三）民营科技企业培育与成果转化服务有待进一步优化

嘉定产业发展环境中一个重要优势就是

科研院所集中集聚,目前通过公共研发平台的构建,进一步降低企业自身开发成本,已经形成了一定规模的产业集聚和人才效应。虽然孵化培育工作建设成效显著,服务体系也得到了进一步完善,但受到体制机制等约束,培育载体与服务体系的发展依然存在诸多难点。

1. 区重点产业民营科技企业培育仍需加强

嘉定区在六届区委九次全会上明确提出要重点打造汽车"新四化"、智能传感器及物联网、高性能医疗设备及精准医疗3个千亿级产业集群。但从民营高新技术企业统计数据来看,2019年生物医药类民营高新技术企业数量仅45家,占全区民营高新技术企业的3.6%,产值57亿元,占全区民营高新技术企业总产值的5.69%,离区委提出的千亿级目标还有很大差距。因此,亟需加快重点产业规划布局与企业储备,加速推动生物医药等高新技术产业的高质量发展。

2. 各类创新服务平台量质有待提升

嘉定区建设培育载体数量较多,但培育能力水平良莠不齐,且缺乏考核评价机制。本次问卷调研发现:78%的企业在技术创新过程中急需经认证的专业技术研发平台支持;46%的企业需要产业联盟等技术创新组织的支持;37%的企业需要公共服务平台支持;27%的企业需要科技成果交易平台支持(见表11-3)。可见,民营科技企业在发展过程中对公共平台借力需求较大,但目前市场上各类第三方服务平台"鱼龙混杂",企业靠自身无法辨识其专业程度。座谈会上上海蔚来汽车有限公司表示,企业与高校如交大、同济开启长期合作模式,与国内外第三方机构如中汽检、上检等都有密切合作,对公共研发中心、小型展馆常年都有需求,希望能有大型的数据服务中心与企业合作推进企业创新业务的发展。举康(上海)生物科技有限公司反映,企业主要从事生物科技、纳米科技、医疗科技、化学技术领域内的技术开发研究工作,经常需要用到千万、百万级的高精尖测试设备,因购置成本过高,企业选择采用第三方合作方式开展测试。目前,企业一般将测试产品送到离企业较远的第三方公共平台做研究测试,时间和费用成本相对偏高,希望园区或园区内的实验室能对外提供第三方平台检测服务,实现资源共享。

表11-3 企业技术创新中迫切需要专业平台支持

序号	内容	比例
1	专业技术研发平台	78%
2	产业联盟等技术创新组织	46%
3	公共服务平台	37%
4	科技成果交易平台	27%
5	其他	6%

3. 科技成果转化服务仍需进一步加强

嘉定区通过完善科技成果转化制度体系、布局研发与转化功能型平台、发放嘉定科技双创券用于科技成果转化等多项举措,不断提高科技成果转化率,但与发达国家相比,科技成果转化率仍有较大的提升空间。通过本次调研发现,有五成企业认为制约企业科技成果转化的主要原因是科技成果转化风险大、资金投入没有保障,其次是企业获得成果转化相关信息的渠道不通畅、企业创新能力缺乏、技术市场发育不成熟等方面。在需要获得政府、中介机构提供专业服务方面,有近八成企业需要得到相关扶持政策的研究和解读,有半数以上企业希望获得科技成果金融、法律、知识产权咨询等帮扶服务和人才引进、培育、对接服务。

(四)扶持民营科技企业自主创新的精准度和效率有待提升

创新是引领发展的第一动力,嘉定区正全面深化科技创新中心重要承载区建设,进一步提升企业自主创新产业化能力,精准施策着力提升企业创新"高度",加快企业创新"速度",提高企业创新"浓度",需要关注以下三方面问题。

1. 经营范围核准、研发扶持认定模式有待完善

高新技术新业态与传统产业分类依据不匹配。企业技术、业态模式不断创新,较目前的《国民经济行业分类》《新兴行业分类指导目录》《工商登记前置、后置审批事项目录》等传统企业经营范围审核依据已明显超前。为了让企业能尽快注册核准,需要及时更新核准经营范围的依据。上海菊园物联网科技服务有限公司反映,菊园新区有一家专业从事人工晶体研发的企业,在办理工商注册登记时由于经营范围超出了常规而造成注册困难。科技开发新模式与各类认证、认定标准不匹配。现有研发类专项扶持政策侧重固定资产、设备的投入,但民营科技企业研发投入更侧重于软件、数据、平台类开发设计,如开发APP下订单软件类产品。目前的扶持认定标准无法涵盖创新模式的发展。座谈会上有企业反映,企业主要从事新能源汽车整车及相关零部件的技术研发等,在进行新能源汽车的研发创新过程中,各类繁杂的认证工作用去企业大量的研发经费,企业希望能加大这个领域的专项支持。

2. 专利审查和授权周期过长

企业专利规划申请对评定高新技术企业具有重要影响,但一个专利申请审批周期通常要一至两年时间,过长的专利审查周期可能会影响企业的竞争预期和获利周期。尤其是在高性能医疗设备及精准医疗、集成电路及物联网等高新技术领域,专利时效性非常重要,是企业占据竞争高位的有力手段,过长的专利审查周期很可能造成企业丧失竞争优势,被竞争对手超越。在本次调研问卷中,有近七成企业表示急需政府缩短专利审查和授权周期。

3. 国产高新技术产品应用仍需政府支持

受中美贸易战和疫情影响,支持产品国产化的呼声越来越高。但在实际操作中,市场对国产高新技术产品和零件的稳定性仍存

在较大的疑虑。高新技术企业难以找到长期、可靠的合作对象，无法将产品投入实际使用来进行验证反馈，对产品的改良和后续规模化生产造成较大阻碍。目前，这类情况单靠市场难以有效解决，政府对于产品研发—成果转化—规模化生产这一过程中的衔接环节的服务支持仍存在空缺。上海海能汽车电子有限公司表示，企业主要从事新能源汽车电子控制类产品及其相关设备研发工作，目前产品的应用市场大部分在农用市场，关键原因是很多客户对国产产品的性能稳定性存在疑虑，导致国产的创新产品缺少实际的应用场景来进行测试和改良，难以进一步提高产品性能。

五、加快民营科技企业培育发展的对策思考

嘉定区不仅是宜居之城，更在努力成为长三角城市群中重要的"创新技术策源地、创新要素集散地、创新成果转化地"。建议嘉定区进一步加大民营科技企业培育力度，持续优化营商环境，助力民营科技企业不断发展壮大。

（一）重孵化、助国产，发展"民营科技"创新企业

嘉定区拥有一批科研水平较高的高校和科研院所，而体量大的民营科技创新型企业较少，需进一步扶持壮大民营科技创新型企业。

1. 完善民营科技企业政策扶持链，加强重点产业企业培育

围绕民营科技企业成长全生命周期创新需求，建立完善"科技创业团队→初创期科技企业→高新技术（含培育）企业→科技小巨人（含培育）企业→卓越创新企业"的政策扶持与服务链。密切关注近几年科技型中小企业创新资金申报企业、科技型中小企业评价入库企业、高企认定未通过企业，跟踪服务，形成"发现一批、服务一批、推荐一批"的机制。为进一步助推嘉定区打造千亿级的汽车"新四化"、智能传感器及物联网、高性能医疗设备及精准医疗产业集群，加快启动三大产业规划布局与企业储备，结合市政府关于加快上海重点产业集群发展的政策导向，研究制定、尽快出台推进区重点产业集群高质量发展的实施意见和相关政策；继续发挥科技型中小企业技术创新资金等扶持政策对科技企业的支持作用，强化政府职能部门与科技企业的紧密联动，帮助企业改进内部管理，实现工作制度完善和创新主体培育的无缝衔接。

2. 加快重点产业国产化扶持，拓展产业发展思路

嘉定区在智能制造等诸多领域已掌握全球顶尖技术，完全具备在高端医疗设备、集成电路、汽车等领域实现国产替代的基础和能力，本次疫情或将成为相关产业国产化的催化剂。嘉定区要充分发挥产业优势，加强跨学科联合攻关，尽早摆脱对国外的技术依赖，吸引全球更多的顶尖公司入驻，鼓励其设立

研发分中心或生产基地，发挥溢出效应；政府通过采购、购买补贴等方式，全面倡导重点产业优先使用国产设备或国产零件。鼓励水平分工与垂直整合相结合的产业链集群，通过产业链集群最大限度降低运输成本，缩短物流时间，提高物流调度效率，最大限度地避免各种自然灾害、疫情灾难的冲击，通过深化集群化服务提升产业链的抗风险能力。

3. 探索创新扶持机制，提升公共服务有效供给

为推进嘉定区民营科技企业高质量发展，亟需政府部门牵头创建公共服务平台名录清单，加快建设面向汽车"新四化"、智能传感器及物联网、高性能医疗设备及精准医疗等重点产业的创新公共服务平台和新型研发机构。嘉定区需继续深化与高校院所的沟通合作，将相关的优势资源加以整合，开放给科技企业，提高实验设施使用效率的同时帮助科技企业降低研发成本，促进高校院所与企业间的互动。新型研发机构建设方面，借鉴南京市管理经验，为新型研发机构配备"市场开发管家"，针对新型研发机构中科研人员市场开拓能力较弱的问题，帮助其引入能跨界、懂市场、会运营的职业经理人，弥补研究人员缺乏市场管理能力的不足，使新型研发机构更高效地产业化、更好地市场化运作。

（二）搭平台、促合作，提升"民营科技"创新动力

嘉定正打造"创新活力充沛、融合发展充分、人文魅力充足"的现代化新型城市，需要持续增强创新动力，让创新引领发展的第一动力作用强劲释放。

1. 推进科技成果转移转化

嘉定区需进一步加强制度建设，建立形成本区科技成果转化保障机制。在抓好推进成果转化任务落实、建立成果转移转化联席会议制度、解决成果转化具体问题的基础上，借鉴学习《上海市建设闵行国家科技成果转移转化示范区行动方案（2018—2020年）》，重点在"国际化、大学大所大企业、军民融合"三方面着眼释放源头转化动力、激发主体转化活力，打造成果转化特色示范基地；启动高校院所专业化技术转移机构（OTL）建设试点，鼓励"专业人做专业事"，扶持社会化技术转移服务机构发展壮大。进一步完善科技成果转化政策，研究制订技术市场高质量发展、促进科研单位科技成果转化、科技成果转化服务体系建设、高新技术成果转化项目认定等一系列成果转移转化的配套政策和实施细则。同时，围绕技术合同认定、高新技术成果转化项目认定两类行政审批事项，着力优化流程，减表格、减环节、减时间。

2. 推动知识产权密集型产业发展

支持科技企业"走出去"、开拓国际市场，推动知识产权密集型产业发展，强化知识产权特色，打造战略引领产业，围绕发展汽车"新四化"、智能传感器及物联网、高性能医疗设备及精准医疗等产业部署知识产权服务链；加强产业知识产权集群管理，形成一批具有国际影响力、拥有自主知识产权的创新型

企业和产业集群；积极争取市知识产权局支持，推动在嘉定建立国家级知识产权保护中心，通过高价值专利快速审查机制，筛选出汽车"新四化"、智能传感器及物联网、高性能医疗设备及精准医疗等区重点产业优秀专利，打上加快标记，让创新实力强、信誉好的优质企业开启专利快速审查"绿色通道"，进一步缩短专利审查和授权周期。

3. 突破传统认定核准模式

嘉定区需从企业实际需求出发，结合区内发展实际，积极支持新技术、新模式、新业态和新产业发展，突破依托《国民经济行业分类》《新兴行业分类指导目录》《工商登记前置、后置审批事项目录》等传统企业经营范围审核方式，由区市场监管局牵头，联合区相关职能部门开展合议工作，对于具有发展潜力、区内重点扶持的产业，在区级层面对企业的经营范围表述予以突破和核准。研发类专项扶持政策应加强软件、数据、平台等开发类项目及产品测试过程中大量能损耗材的支出扶持，引领企业创新发展。

4. 构建活跃的创新氛围

充分发挥长三角科交会等重大活动的影响力，搭建长三角乃至全国科技创新合作交流平台，创新科技服务贸易、促进技术贸易方式，鼓励引导科技创新企业、团队来嘉定创业。借助科技成果路演活动、"民营科技"品牌展览、"民营科技"专题赛事等平台活动，为科技企业搭建平台，向上海、全国乃至全球展示宣传区"民营科技"成果；深入实施科技创新驱动助力工程，邀请诺贝尔奖获得者、两院院士等开展品牌论坛活动，活跃学术氛围、引领产业发展方向，推动高校、科研机构、各行业企业、投融资机构等创新主体的深度合作。

（三）引资本、破难题，构筑"民营科技"投资生态

坚持"政府引导，市场化运作"的原则，发挥政府引导的放大效应，以资本为纽带聚合各类资源，增加"民营科技"产业发展资本供给。

1. 充分发挥大数据产融合作服务平台功能

进一步强化嘉定区大数据产融合作平台功能建设，打通政府部门、金融机构、商业机构等信息交互渠道，逐步整合政府部门政务信息，提高企业信用信息查询的便捷性，减低金融机构信息获得成本和贷款风险。同时建立起线上线下相结合的产融对接机制，线上运用大数据云计算技术实现银企精准匹配，线下组建专业运营团队完善贷前、贷中、贷后服务体系，帮助企业与金融机构实现高效对接。充分利用平台资源深化汽车"新四化"、智能传感器及物联网、高性能医疗设备及精准医疗等区重点产业的金融服务供给，通过定期举办科技金融对接会、融资路演、培训等活动，帮助企业解决融资难融资贵等问题。加强部门协同联动，创新优化金融服务，借鉴江苏省为省内高新技术企业精准提供专属定制化优惠信贷产品——"高企贷"，对符合条件的高新技术企业，以信用及知识产权作为质押，在一周内即可获批利率低至3.75%～4.2%的贷款。

2. 借力科创板上市获取资金支持

科创板的定位既强调"硬科技"导向,又增强资本市场对实体经济的包容度。从定位来看,科创板主要服务于符合国家战略、拥有关键核心技术、市场认可度高的科技创新企业。从上市指标来看,制定了对创新型企业更包容的上市指标,更加注重企业科技创新能力,允许符合科创板定位、尚未盈利或存在累计未弥补亏损的企业在科创板上市。嘉定区需抓住科创板政策窗口期,加强政策宣传引导,遴选区内拥有关键核心技术、具有较强成长性的科技创新类企业,建立上市企业培育库,聘请专业化服务团队进行针对性辅导,助力科创企业借助资本市场直接融资。

3. 完善科技企业资产评估和交易市场

完善科技企业资产评估和交易市场,培育壮大科技企业资产评估专业机构,支持发展科技企业各类资产处置的专业市场和平台。支持开展资产证券化、知识产权证券化等金融工具创新应用,分散金融机构对民营企业融资的风险。目前由银行指定第三方机构,仅从财务而非技术角度着手,无法做到客观评估,建议借鉴课题申请由业内专家评估的模式,设立知识产权专家库,全面完整体现科技企业资产价值。

(四)建制度、聚人才,打造"民营科技"人才高地

制度强则人才强,人才强则创新强,创新强则国家强。一个国家、一个地方、一座城市,都离不开人才的创新力。嘉定区唯有建设强大的高素质人才队伍,才能打造高水平的创新型城市。

1. 优化人才落户的评价标准

强化重点行业领域、企业创新能力、人才专业技能以及对经济社会贡献等因素对落户加分政策的影响。嘉定区要打造高端制造重要阵地,重点要考虑到先进制造业人才结构特点,对学历较低但紧缺急需的技能人才,在落户评分方面给予高学历人才同等待遇。如苏州市对具有大专学历或国家职业资格(职业技能等级)三级,年龄不超过35周岁,在苏稳定就业并在申报单位连续缴纳(不含补缴)社会保险6个月以上的人员,在人事档案转入后可申请办理落户。

2. 实施重点产业领域的高技术人才定向激励机制

对暂不符合落户条件的民营科技企业高端、紧缺人才,经专业机构评测通过后,在子女入学方面可视同户籍人员,由企业所在区(街道、镇)进行统筹安排;对高层次、高技术、高收入的人才实施更灵活的个税政策;加大创客客栈、公租房、人才公寓等倾斜力度,针对民营科技企业实施定向配租政策。鼓励人才集聚的企业、产业园区利用自有土地建设人才公寓(单位租赁房)等配套服务设施。如深圳南山区向企业定向配租人才房,民企比例达七成。

3. 加大对紧缺、本地高校毕业生扶持力度

针对座谈会上企业反馈的一线蓝领短

缺、本地高校毕业生招不到等突出问题,契合嘉定汽车产业、智能传感器产业和生物医药产业发展导向,研究实施技术蓝领培养计划,在提高蓝领工资水平的基础上,加强企业内部员工的培训与规划,并与相关院校建设对口培养机制。进一步加强大学生实践基地的扶持力度,鼓励企业招录优秀应届大学毕业生,凡达到一定比例实习生签约率的企业,给予奖励,吸引本地优秀毕业生"回嘉"工作。借鉴合肥经验,实行高校毕业生社会保险补贴,对招用离校2年内未就业高校毕业生并与之签订1年以上劳动合同且为其缴纳社会保险费的小微企业,按其为高校毕业生实际缴纳的五项社会保险费给予一定限期内的补贴;实行新录用高校毕业生岗前培训补贴,企业对新录用高校毕业生组织岗位技能培训的,培训考核合格后,给予一次性培训补贴。

(五)搭桥梁、强沟通,增强政府、园区服务能级

近年来,嘉定区先后出台了一系列惠企扶持政策,主要涉及技术改造、改制上市、高新技术成果转化等方面,接下来政府要下更大气力抓好政策落地,加大宣传力度,着力解决政策落实"最后一公里"问题,切实解决信息不对称、措施不精准等问题。

1. 打通政企信息传递通道,推动精准服务

进一步提升工商联、园区、行业协会等作为政企联通的桥梁作用,建立起与各委办局长效联系通道,在政策解读、精准服务等方面为企业提供帮助。如在政策集中发布期间,充分利用企业服务云平台,开通政策宣讲通道,开展常态化政策宣讲,按条款梳理各项配套政策,分类编制政策服务指南,统一对外集中发布,做好线上线下联动,并定期收集提交企业反馈。学习深圳龙岗在全国首创政企共建产业园区公共服务平台的经验,将实体大厅直接延伸到企业园区,将政务服务送到企业、人才身边。借鉴虹口区"千人访万企"联系服务企业工作机制、民营经济联席会议制度,加大走访调研民营科技企业力度。牢固树立"一盘棋"思想,推动各部门加强沟通协作、真抓实干,拿出"硬实招",打出"组合拳",形成强大工作合力,确保民营科技企业经济发展各项工作有序推进。

2. 加大"一网通办"推广力度,提升线上服务体验

目前,"一网通办"总门户嘉定频道已接入1 700多项事项,并具备网上服务能级,在线办理成熟度日趋完善,但实名注册与使用的比率、实际使用的"网办量"还有待进一步提升。随着"一网通办"的深入推进,需加大对线上"一张网"即"一网通办"总门户和"随申办"移动端的宣传力度,切实提升企业与群众的知晓度,提倡"网上办"、上"一网通办"办理。与此同时,还需进一步提升政务服务能级与应用深度,进一步增强线上办申请操作的简易化、智能化,办事指南的可读性、通俗性,有效提升线上服务的体验度、便捷度;推动线上线下办理一套业务标准、一个办理平台,确保同一事项、同一办事情形线上办事指南和线下窗口业务流程一致、办理标准一致,实现线上赋能线下、线下反哺线上,推进政务服务的整体联动与全流程服务,提升企业对政务服务效率的获得感。

3. 完善投入机制,推行柔性执法

继续贯彻落实好国家和市级各类中小企业发展扶持政策,用足用好市区两级产业专项扶持政策,加大政策宣传和服务力度,进一步提升政策审批效率和财政资金使用效率,切实发挥财政扶持政策资金对促进民营科技经济发展的引导作用。创新企业监管模式,充分利用信息技术和信用手段建立联合监管信息共享机制,对于经营信誉好、管理水平高、违规处罚少的企业可以采取联合监管、事后监管的监管手段,减少现场检查频次,减轻企业负担;针对区属重点扶持产业民营企业经营不规范的问题,按照罪刑法定、疑罪从无的原则妥善处理,依法慎用查封、扣押等强制措施;加强第三方平台的监管力度,督促做好信息实时更新,避免信用修复企业未被及时移出黑名单,给企业后续生产经营带来不必要的影响;建立容错机制,秉承处罚与教育相结合、扶持指导为主处罚制裁为辅的理念,对于已缴纳罚款、扣分处理的企业,尽量不做记录处理;对社会危害性不大的、非主观故意的初犯者,尽量不予处罚,或先视整改效果再作处罚;尤其是区属的"独角兽""瞪羚"小微、科技创新型企业,不予处罚。

(供稿单位:嘉定区工商业联合会,主要完成人:嘉定区工商业联合会)

2021

理论研究

上海民营经济

专题十二

弘扬企业家精神　加强对民营经济人士思想引导工作研究

习近平总书记多次强调要弘扬企业家精神。2016年,他鼓励民营企业家要做爱国敬业、守法经营、创业创新、回报社会的典范;2020年,他提出企业家要增强爱国情怀、勇于创新、诚信守法、承担社会责任和拓宽国际视野;参观张謇故居展陈时,他赞扬张謇是民营企业家的先贤和楷模。

为贯彻落实习近平总书记重要讲话精神,引导我市广大民营经济人士继承、弘扬和践行企业家精神,围绕庆祝建党100周年和党史学习教育活动,以及上海市工商联成立70周年,结合上海民营经济人士队伍思想状况,在原有工作的基础上,进一步丰富"沪商精神"的深刻内涵和时代价值,提出以弘扬"沪商精神"为抓手、强化民营企业思想引导工作的总体思路和具体路径,以激励当代民营经济人士健康成长,切实担负起新时代赋予的新的责任使命。

一、近期上海民营经济人士思想状况

（1）通过共庆建党百年、共学党史,广大民营经济人士进一步增进了"四个认同",但少数年轻一代民营经济人士制度自信仍待增强。习近平总书记"七一"重要讲话发表后,民营企业家反响非常强烈,感到前所未有的自信、自豪。广大民营经济人士通过联系党史和现实看巨变,进一步增进了"四个认同"。透过孟晚舟事件,更是感悟到"企业家个人命运、企业命运和国家的命运紧密相连,对国家实力和国际地位充满信心"。但与此同时,实力自信还未发展到充分的制度自信。当被问及抗击疫情的成效能否归因为制度优势时,老一代民营企业家普遍表示认同,仍有极少数年轻一代民营企业家表示"不好说"。

（2）对经济发展预期总体充满信心,但仍有民营经济人士因国家对某些领域整治规范产生忧虑。2021年上半年,上海的经济发展克服各种不利影响呈现稳中加固、稳中有进、稳中向好的态势,大家对经济形势总体充满信心。时任上海市委书记李强出席庆祝上海市工商联成立70周年大会并发表重要讲话,充分肯定民营经济的地位和作用,更是让民营经济人士备受鼓舞。但是,自2020年年底以来,一些数字经济领域的头部企业因为行业垄断或数据安全先后受到审查或处罚等，使少数民营企业家产生忧虑。个别民营企业家认为"处罚虽具有一定合理性，但又似乎有针对民企之嫌"。有的平台型企业顾虑商业模式创新的"组织合法性"。此外，制造业企业忧虑原材料价格上涨导致高成本压力，汽车、电子企业忧虑芯片短缺等。

（3）政策获得感总体提升，但认为政策落实的"梗阻"现象尚未完全杜绝。自2018年以来，国家和上海先后出台一系列支持民营经济发展的政策措施，鼓励、支持和引导民营经济发展的政策体系基本形成并取得显著成效。近年来，"政会银企"四方合作机制、民营企业权益保护机制等助推民营企业积极投身"五型经济"发展。但仍有民营企业反映在实际参与过程中，政策执行和政策落实的"梗阻"现象尚未完全杜绝，在重大项目中还有"门槛高、局外人"的无力感。

（4）愿意积极履行社会责任，但关于共同富裕话题以及一些自媒体不友好舆论，让有的民营企业家偶有困惑。广大民营企业家表示，愿意在自身发展的同时，弘扬社会主义核心价值观和企业家精神，积极投身公益、回报社会。但近期网络舆论上共同富裕话题的各种论调，让极少数民营企业家担心"被共同富裕""被三次分配"。2021年8月下旬，李光满在其自媒体上发表的网文《每个人都能感受到，一场深刻的变革正在进行！》被人民网、新华网、央视网、光明网、中新网、澎湃新闻网等主流新闻网站纷纷转载，其中部分观点引起少数民营企业家内心的不解和彷徨。

二、沪商精神的深刻意涵、时代功能和价值旨归

经过数年的理想信念教育，上海广大民营经济人士思想主流积极向上，听党话、跟党走、感党恩，履行社会责任更加积极主动。但同时也要看到，部分民营企业家思想上出现了一些波动和忧虑。进入新发展阶段，要进一步深化民营经济人士理想信念教育，亟需在载体和形式上进行再丰富再创新。与此同时，上海民营经济发展也进入新阶段，社会贡献显著，创新活力凸显。目前，上海民营经济增加值已跨越1万亿元大关，占全市生产总值比重达到28.7%，吸纳了全市超过七成的新增就业人口，创造了全市1/3以上的税收；全市80%以上的高新技术企业、90%以上的科技型中小企业都是民营企业。市委统战部审时度势，因势利导，总结提出了以"爱国、敬业、诚信、进取"为内核的"沪商精神"，构筑了深化上海民营经济人士理想信念教育的全新载体，具有很强的时代性、针对性、指导性。下一步，要通过大力弘扬沪商精神，为进一步做好上海民营经济人士思想引导工作壮根铸魂。

（一）沪商精神的深刻意涵

一代代沪商经过接续奋斗和努力拼搏，创造了辉煌业绩，孕育了独特的沪商品质，形成了以"爱国、敬业、诚信、进取"为内核的沪

商精神。

（1）爱国是基础和前提，就是将个人成长、企业发展同民族复兴、国家富强相依相融。纵观上海开埠以来各个历史阶段，无论是抵制西方资本入侵、争取民族独立解放，还是建国之初认购公债、抗美援朝捐献飞机，抑或是新时代参加国家重大战略、参与脱贫攻坚、抗击新冠肺炎、践行光彩事业，沪商们始终把爱国铭记在心、把报国践之于行。

（2）敬业是品格和责任，就是专注主业、做强实业、追求卓越。上海作为移民城市，移民群体雄健恢宏的拓边精神构成了沪商群体务实敬业的原创性特征。时至今日，沪商在投身改革大潮、参与全球竞争中，稳健长远的经营风格、追求品质的工匠精神、深耕细作的精细管理、精明能干的处事作风，使其在专注主业中做大做强，在经略全球中创造一流。

（3）诚信是本分和原则，就是"崇尚公平、坚守契约"。上海独特的城市文化和优越的法治环境深刻影响并鲜明塑造着遵守市场规则、契约精神的诚信经商文化，"亲不逾矩、清不疏远"的亲清新型政商关系逐渐形成。沪商是遵守市场规则、恪守契约精神的商界典范，而遵纪守法办企业、光明正大搞经营也已成为沪商群体的思想共识和自觉行动。

（4）进取是信心和能力，就是"海纳百川、敢为人先"。早在解放前，上海民族工业就领全国风气之先，独占鳌头。新中国成立后，上海工商界就行动起来，率先成立了地方性工商联组织，积极投身各项建设。改革开放时期，广大上海民营企业家敢为天下先，创造了民营经济领域的许多第一。进入新时代以来，上海在线经济等新业态新模式蓬勃发展，折射出上海民营经济人士不懈奋进的印迹。

（二）沪商精神的时代功能和价值旨归

（1）弘扬沪商精神，就是要引导上海民营企业家为弘扬上海城市精神品格、提升城市软实力作出应有贡献。习近平总书记亲自提炼概括了"海纳百川、追求卓越、开明睿智、大气谦和"的上海城市精神和"开放、创新、包容"的上海城市品格。沪商精神既是上海企业家的精神品格，也是上海城市精神的重要组成部分。当前，上海经济总量迈入了全球城市前列，但在软实力方面，按照"具有世界影响力"的定位要求，还有较大提升空间。立足新发展阶段，弘扬沪商精神，就是充分发挥软实力的"加速器"作用，让核心价值凝心铸魂，全面推动上海民营经济乃至上海这座社会主义现代化国际大都市软实力与硬实力互动并进、相得益彰。

（2）弘扬沪商精神，就是要把上海民营经济的品牌打得更响。在推动上海新一轮高质量发展中，最重要的是活跃市场主体，最关键的是弘扬企业家精神。近年来，上海在线经济等新业态新模式蓬勃发展，涌现出拼多多、哔哩哔哩、喜马拉雅等一批体现新经济新动能的新锐品牌。弘扬沪商精神，就是要引导上海民营企业家养大眼界、做大事业、展大情怀，坚守实业、做强主业，把上海民营经济的品牌打得更响，进一步彰显开放优势、创新活力、总部实力,为推动上海新一轮高质量发展贡献民营企业家的力量。

(3) 弘扬沪商精神,就是要引导上海民营企业家把社会责任履行得更好。沐浴改革开放春风成长起来的民营企业始终听党话、感党恩、跟党走,已成为"先富带后富"的重要力量。近年来,从参与精准扶贫到抗击新冠肺炎疫情,再到最近驰援兄弟省市防汛救灾,沪商们始终用实际行动诠释了家国情怀和责任担当。进入新发展阶段,弘扬沪商精神,就是要让民营企业更好地展现"自己人"的使命担当,积极投身"万企兴万村",积极参与公益慈善、定点帮扶,做到"国有所需,民有所呼,企有所应"。

三、弘扬沪商精神、加强对民营经济人士思想引领的相关建议

(一) 总体思路

调研显示,当前民营经济人士对主流意识形态的认同已经从利益认同转向政治认同,但仍有待进一步增强。历史记忆、现实利益、价值观念、新闻舆论构成政治认同的丰富资源,而这些可以通过弘扬沪商精神做到有机结合、统筹推进。

(1) 弘扬沪商精神要与唤醒历史记忆有机结合,激发历史荣誉感。弘扬沪商精神,必须做好历史传承。围绕党史学习教育,进行沪商历史挖掘研究,鼓励民营企业家养大眼界,做大事业,展大情怀;通过讲好沪商故事、打造"沪商之家",坚定历史自觉、做好精神传承。

(2) 弘扬沪商精神要与凝聚价值观念有机结合,锚定价值定力。强化党建引领,凝聚人心;开展沪商精神系列研讨、沪商典型案例研究,使沪商在"爱国、敬业、诚信、进取"价值观念上达成共识,使理想信念内化于心、外化于行,激发企业家内生发展动力。

(3) 弘扬沪商精神要与强化预期引领有机结合,保持应对网络舆情定力。舆情影响当下,预期引领未来。要注重有关方面网络舆论的引导,加强对"不再开放论""被共同富裕""政策口惠而实不至"等非理性社会预期、社会思潮的预警预防,稳定企业家信心,降低负向社会预期、社会思潮对党委政府决策和施政效果的影响。

(4) 弘扬沪商精神要与观照现实利益有机结合,提升民营企业满意度、获得感。坚持"信任、团结、服务、引导、教育"的工作方针,把提升民营经济人士认知思维格局和为民营企业纾困解难赋能结合起来。通过搭建平台、提供服务,为民营企业排忧解难,提升民营企业满意度、获得感。

(二) 具体路径

立足民营经济人士群体特征和最新思想状况,以"八大工程"为抓手,弘扬沪商精神,探索民营经济人士思想引导工作的新路径。

一是"家园工程",建设沪商情感地标。设立"沪商之家",以具象化、场景化的方式把民营经济发展历史和沪商的典型人物、典型

事迹以永久展陈的方式生动鲜活地呈现出来，展现"沪商精神"风貌，力争将其打造成沪商的精神家园和情感地标。深入系统开展沪商代表人物及商会历史的研究，引导民营企业家坚定历史自觉、践行使命担当。

二是"凝心工程"，发挥党建引领作用。在市级机关党工委、市工商联党组领导下，探索建立重点民营企业党建联盟。着重发挥重点民营企业党组织在政治引领、党建覆盖、队伍建设、活动举办、课题调研等方面作用和优势，引导广大民营企业听党话、感党恩、跟党走。

三是"接力工程"，搭建互助发展平台。结合上海市工商联青年创业者联谊会换届，筹备成立上海青年企业家商会，进一步吸纳优秀青年企业家加入，将一批80后、90后青年企业家挖掘出来、团结起来、凝聚起来。在不断扩大年轻一代"朋友圈"的同时，增强价值引领的集聚度和有效性。

四是"素质工程"，提升创业发展能力。持续开展创新论坛、主题沙龙、分享读书会等常规活动，创新开展"红色之旅""文化之旅""改革同路人"等主题活动，邀请专家解读热点焦点、明晰疑点堵点，为民营经济人士理想信念"补钙"、价值取向"导航"、创业创新"赋能"。

五是"关爱工程"，优化成长发展环境。政治上关爱，结合工商联换届工作，扎实做好民营经济人士政治安排；服务上支持，继续优化"政会银企"四方合作机制、多层次政企沟通机制、权益维护机制等，帮助民营企业排忧解难；成长上关心，会同相关部门联合开展"英才训练营""创业启明星"等活动，让其展示有舞台、发展有机会。

六是"反哺工程"，强化社会责任意识。引导民营企业家把自身发展与国家发展结合起来，弘扬时代新风，自觉践行光彩精神，积极参与精准扶贫、乡村振兴等战略。适时发布《上海民营企业社会责任报告》，引导更多民企积极履行社会责任。

七是"亮星工程"，选树优秀沪商典型。开展沪商典型案例征选。用典型引路、以案例示范，生动展现弘扬沪商精神的生动实践和鲜活做法，形成持续的正向社会效应。推进沪商精神宣讲。成立"弘扬沪商精神与形势政策宣讲团"。按照半年见成效、一年成"风景"、两年成"全景"、三年成"现象"的设想，全力打造"沪商精神"的宣讲品牌。发布民营科创企业百强榜单，扩大沪商知名度和影响力。

八是"驭风工程"，促进舆情快速处置。建立健全涉民营经济领域社会舆情监测研判和联动处置机制。加强互联网宣传阵地和信息员队伍建设，依托街镇、商会、高校、党校、社院等建立舆情信息员队伍和若干舆情信息直报点，坚持"精干、高效"的原则，严把舆情信息员入口关。突出正面引导，及时澄清和反驳杂音噪声。坚持"时、度、效"的统筹，做到核查研判快、准备口径快、发布表态快，切实做到动态研判、多部门联动处置、敢于担当、勇于亮剑。

沪商精神的培育和弘扬是一项长期工程，需要政府、企业家以及社会等多方面共同努力。市工商联将进一步总结提炼、深度演绎好"爱国、敬业、诚信、进取"的丰富内涵，引领好更多民营经济人士在上海"四大功能"布局、"五型经济"发展、"五个中心"建设、"五个新城"推进中作出更大的贡献。

（供稿单位：上海市工商业联合会，主要完成人：徐惠明、施登定、张捍、朱海燕、肖晋）

专题十三

上海青年企业家社团组织建设及发展研究

一、研究背景与意义

近年来,随着改革的不断深化和社会主义市场经济的持续发展,各类新经济组织呈现出蓬勃发展的势头,它们已经成为我国社会经济发展的重要组成部分。与此同时,各类以新经济组织为主体的商会组织应运而生。作为工商联团结凝聚新经济组织和青年企业家的重要载体,青年社团组织如何更加积极地履行职能,如何更好地服务新经济组织发展,成为摆在我们面前的一个重要课题。

(一)研究背景

2020年5月4日,习近平总书记向全国各族青年致以节日的祝贺和诚挚的问候,并寄语新时代青年要继承和发扬五四精神,坚定理想信念,站稳人民立场,练就过硬本领,投身强国伟业。总书记的深情寄语,让积极投身"双战双胜"的广大青年企业家们倍感鼓舞、备受振奋。2020年7月21日,习近平总书记在京主持召开企业家座谈会并发表重要讲话,强调"要保护和激发市场主体活力,弘扬企业家精神,推动企业发挥更大作用实现更大发展"。以习近平同志为核心的党中央一贯关心青年企业家健康成长,全国工商联党组对青年商会工作高度重视。2021年7月1日,习近平总书记在庆祝中国共产党成立一百周年大会上发表重要讲话,对广大青年人寄予厚望,强调新时代的中国青年要以实现中华民族伟大复兴为己任,增强做中国人的志气、骨气、底气,不负时代,不负韶华,不负党和人民的殷切期望。党的十九届五中全会明确提出:"实施年轻一代民营企业家健康成长促进计划。"

当前,国家发展进入新阶段,民营企业也普遍面临新老交替的关键时期,一茬茬青年企业家陆续登上时代的舞台,逐步承担起历史的责任。青年企业家社团组织要在这一历史进程中,始终围绕"两个健康"主题,积极承担起团结凝聚、引领服务青年企业家健康成长的历史使命,使他们能够有意识、有思维、有思想、有序地贯彻新发展理念,构建新发展格局,推动社会经济高质量发展,实现共同富裕。

近年来,上海市工商联在推进"两个健康"主题实践中,始终把青年企业家的健康成长摆在突出位置,通过大力打造培训培养、宣传教育、联谊合作、社会责任等平台,紧紧围绕提高青年企业家的组织化程度、加强教育引导、促进全面发展、压实社会责任等四个维度,引导青年企业家健康成长。但突如其来的疫情灾害对中国经济社会造成巨大影响,疫情期间,青年民营企业家审时度势,充分参与到疫情抗争过程中来,为疫情的稳定过渡做出了巨大贡献,企业家精神得到充分发挥。但是,目前对青年企业家社团组织建设的研究还尚存不足,而上海作为中国经济社会发展的排头兵,民营企业众多,通过多途径高质量建设青年企业家社团组织,从长远来看无论是对上海市乃至对中国经济社会发展都具有重要作用。

(二)研究意义

作为在上海市工商联指导和支持下成立的青年企业家社团组织,在促进民营经济组织转型升级、创新发展等方面,必然能够发挥巨大的推动作用。因此,对上海市青年企业家社团组织的建设展开深入研究,至少有以下四点重大意义。

1. 有利于进一步加强党对经济工作的领导

习近平总书记指出,"东西南北中,党是领导一切的"。坚持以经济建设为中心不动摇,必须加强和完善党对经济工作的领导。当前,民营经济各项指标均"过半",是社会主义市场经济的重要组成部分,在经济发展中具有十分重要的地位和作用。进一步加强党对经济工作的领导,就是要高度关注民营经济的健康发展,关心青年企业家的健康成长,加强对民营经济的调查研究,及时了解发展情况、征求意见建议、听取呼声诉求,不断提高经济工作决策水平。因此,在上海市工商联指导下,建立发展上海市青年企业家社团组织,能够增强市委、市政府、工商联等对青年企业家关心爱护和支持的及时性和针对性,有利于提高对民营经济决策的科学化水平,加强对经济工作的领导。

2. 有利于进一步坚持和完善社会主义基本经济制度

习近平总书记多次强调,要坚持基本经济制度,坚持"两个毫不动摇","鼓励支持引导非公有制经济发展是不会变,也是不能变的",要"支持民营企业发展"。当前,青年企业家已经成为民营经济的重要推动力,事关民营经济发展速度质量。这就要求我们在实现高质量发展的过程中,重视青年企业家的健康高质量发展,必须在工作中认真听取青年企业家的意见建议,建立青年企业家社团组织,将青年企业家团结起来,集思广益,推动上海民营经济高质量发展。坚持"两个毫不动摇",就要求我们既要听取老一代企业家的意见,也要听取年轻一代企业家的意见,都要以制度的方式将其规定下来,坚持下去,这也成为坚持基本经济制度的应有之义和必然要求。

3. 有利于进一步体现社会主义协商民主的优越性

习近平总书记指出,协商民主是中国社会主义民主政治中独特的、独有的、独到的民主形式。我国协商民主建设是全方位、多层次、立体化的,包括政党协商、人大协商、政府协商、政协协商、人民团体协商、基层协商以及社会组织协商等内容。只有通过协商民主,充分吸纳各党派团体、社会各阶层各领域广泛参与协商,才能达到最大共识,促进科学民主决策。青年企业家的主体数量庞大、覆盖面广,对经济社会影响大,对各项改革举措敏感度高,是建设协商民主不可或缺的方面。建立青年企业家社团组织,为青年企业家参与协商民主搭建了对话交流、恳谈沟通的平台,能够更好地表达诉求、反映情况、增进共识,吸纳利益相关方参与决策,有利于促进科学民主决策,更好地坚持和发展社会主义协商民主。

4. 有利于进一步构建亲清政商关系

习近平总书记用"亲""清"二字对构建政商关系进行了深入的阐述。领导干部做到"亲",就是同青年企业家坦诚交往、积极作为、解决困难,"清"就是清白纯洁,不能以权谋私、权钱交易。青年企业家做到"亲",就是积极主动同党委政府多沟通交流,支持地方发展,"清"就是遵纪守法办企业、光明正大搞经营。但在实际中,仍然存在"清"而不"亲"的情况。究其原因,既有思想认识上的问题,也有体制机制的制约。缺少必要的制度性保障,成为政商交往"清"而不"亲"的重要原因。因此,更需要建立青年企业家社团组织,搭建起规范化制度化的沟通平台,打消交往顾虑,提高交流效率,帮助各级工商联更加有效、及时地听取意见建议,引导青年企业家更好地参与社会事务管理,凝聚起全社会推进改革发展的智慧力量。

二、青年企业家社团组织的使命、定位与职能

上海民营青年企业家社团组织是即将在上海市工商联青年创业者联谊会(简称"市青创联")基础上依法登记成立的社团组织,将以弘扬沪商精神、培养优秀青年企业家、引领长三角地区青创组织发展为己任。

市青创联成立于2016年11月22日。目前,共有个人理事176人、团体理事16家,市、区、街道三级青创组织成员达3 000多人,基本形成了青年创业者培养的组织体系和工作网络。

(一)上海青年企业家社团组织的使命

1. 弘扬企业家精神、沪商精神

上海市以"海纳百川、追求卓越、开明睿智、大气谦和"作为城市精神,"公正、包容、诚信、责任"是上海的城市价值取向。而一代代沪商经过接续奋斗和努力拼搏,创造了辉煌业绩,同样形成了以"爱国、敬业、诚信、进取"为内核的沪商精神。青年企业家社团组织建设的一项重要的使命就是传承和发扬上海城市精神和沪商精神,并在此基础上不断探索和发掘属于沪商的优良品格和社会担当,使上海精神、沪商精神源远流长,在全国乃至全球范围内树立良好的沪商形象。

2. 培养优秀的青年企业家，推动经济和社会的可持续发展

上海青年企业家社团组织的焦点集中在年轻一代的民营企业家们。新形势下，一方面，改革开放初期发展起来的民营经济开始了新老交替，老一辈民营企业家的子女开始接班；另一方面，大批大学毕业生、海外留学归国人员、企业年轻管理技术人员及务工人员等选择自主创业，年轻一代民营经济人士陆续登上历史舞台。在全国政协十二届四次会议民建、工商联界委员联组会上，习近平总书记曾强调，注重对年轻一代非公有制经济人士的教育培养，引导他们继承发扬老一代企业家的创业精神和听党话、跟党走的光荣传统。这也将成为上海青年企业家社团组织建设的一项重要使命。

3. 引领长三角地区青创组织发展

习近平总书记为上海发展指示的方向清晰而明确，就是"继续当好全国改革开放排头兵、创新发展先行者"。上海在推进长三角一体化发展中要起龙头带动作用，上海的青年企业家理应把握机遇，发挥应有作用。因此，青年企业家社团组织另一项重要使命就是，为青年民营企业家搭建平台，更好发挥长三角地区青创组织发展的引领作用，加快推动江浙沪三地青创组织的合作交流。

（二）上海青年企业家社团组织的定位

1. 组织的政治引领特点和统战性

上海青年企业家社团组织的使命决定了其具有非常鲜明的定位。虽然它和普通商会、行业协会一样，是企业家自愿组建的非营利性社会团体，但其具有更明显的政治引领特点和统战性，它和其他商会、各类协会在招募会员、履行自身职能方面并不矛盾，只是更加重视青年企业家群体社会主义核心价值观、沪商精神以及中华传统美德的传播和培养。

2. 工商联主管的优势

工商联相较于共青团等其他思政机构在经济工作方面又有着得天独厚的经验和优势，由工商联作为上海青年企业家社团组织的指导部门可以实现青年企业家社团组织经济性和统战性的协调和平衡。共青团主管可能更侧重于"青年性"，工商联主管能更好地发挥"商会性"。在上海市工商联的主管和指导下，上海青年企业家社团组织能够"围绕党政中心，服务地方经济发展"，能够"围绕民生福祉，服务和谐社会建设"，能够"围绕会员企业，服务新经济组织转型升级"，能够"围绕会员个人，服务青年企业家成长成才"，能够"围绕自身建设，服务组织创新传承"。

（三）上海青年企业家社团组织具体职能分析

根据青年企业家社团组织的定位，其具体职能总结起来分为三大板块：政治引领职能、集体行动职能以及交流联谊职能。

1. 政治引领职能

政治引领职能是青年企业家社团组织建设和发展的核心职能，与其他商会、行业协会组织相比，在政治引领职能方面青年企业家

社团组织有明显的侧重。具体工作包括：引导会员践行社会主义核心价值体系，树立中国特色社会主义共同理想，弘扬沪商精神，弘扬中华民族传统美德；积极宣传、贯彻党和国家的方针、政策，促进企业科学发展；同时，密切关注全市青年企业家群体的现状、特点和成长规律，开展有针对性的教育培训，发现、培养和推荐优秀人才，着力建设一支与党同心同德、勇于创业创新的非公有制经济代表人士后备队伍等。

2. 集体行动职能

集体行动职能是企业家社团组织的一项基础职能，其通过集体的行动、决议和建议，来和政府产生良性互动，并对整个社会产生影响，从而合理表达自己的意愿和诉求，维护自己的权益。具体工作包括：通过密切与会员的联系，深入了解他们的意愿和要求，反映会员的情况及正当诉求，维护会员的合法权益；帮助会员解决创业创新和成长成才过程中遇到的困难和问题，引导和组织会员有序参与社会事务等。

3. 交流联谊职能

交流联谊职能也是青年企业家社团组织的一项基本职能，通过社团组织平台为会员提供各类会员服务，一定程度上也为组织影响力的增加产生促进作用。具体工作包括：举办经贸活动，促进交流与合作；提供信息、法律、融资、技术、人才、培训等方面服务；搭建会员企业间的互通信息平台，促进企业间的合作和交流；开展与高校、科研机构，各类商会、协会以及其他社团组织之间的交流与合作；组织会员在市内外或出国、出境学习考察，参加有关经贸活动，开拓国内外市场；一同积极承担社会责任，投身光彩事业，热心公益事业等。

三、青年企业家社团组织的组织架构与管理

上海青年企业家社团组织的建设和发展，是上海市工商联推进"两个健康"主题工作的具体实践，是始终把青年企业家健康成长摆在突出位置的具体映射。而要使上海青年企业家社团组织能够健康发展，必须具备完善的组织架构和合理的组织管理体系。

（一）青年企业家社团组织的组织内容

1. 制度建设

如今，上海市青年企业家社团组织的建设正在紧锣密鼓地展开，旨在由上海市工商联指导建立健全一系列管理、活动制度，从章程到财务制度、轮值制度、例会制度、活动制度等，确保其日常运行有据可依、有据可查。

"不依规矩，难成方圆"。社团组织的《章程》是其得以正常运营的基础，一般包含总则，业务范围，会员，组织机构和负责人产生、罢免，资产管理、使用原则，章程的修改程序，终止程序及终止后的财产处理，党组织建设、附则等内容，对社团组织的成立、日常运营、终止，对会员、理事会等管理、职权等都作出了具体规定。一般成立时还会通过《上海青

年企业家社团组织会费收支管理办法》,确保社团组织运营的经费来源。例会、活动制度则根据具体情况自行设置。

因此,在拟定《上海青年企业家社团组织章程》和《上海青年企业家社团组织会费收支管理办法》时,可以先将初稿拟定,交由工商联、青年企业家代表等充分讨论拟定,充分吸取各方的意见建议,进而形成完善的条款章程,最终在上海青年企业家社团组织代表大会上予以通过。

2. 组织架构

与其他地方的商会类似,本课题设计的上海青年企业家社团组织的组织架构:最高权力组织是会员代表大会,下设理事会和监事会,理事会由常务理事会代为管理,理事会成员包括会长、名誉会长、常务副会长、副会长和秘书长,并设立综合办公室、会员服务部、经营开发部、公益事业部、投资管理部、维权教育部、交流联谊部等六个职能部门。具体的组织结构如图13-1所示。

(1) 会员大会(会员较多可以召开会员代表大会)作为组织的最高权力机构,有"制定修改章程、表决组织机构的选举办法,选举罢免理事,审议理事会的工作报告和财务报告,变更或撤销理事会不适当的决定,决定社团组织终止,讨论决定其他重大事项"等职能。会员大会须有2/3以上的会员出席方能召开,各项决议须经到会会员半数以上表决通过方能生效。

(2) 理事会是会员大会的执行机构,在闭

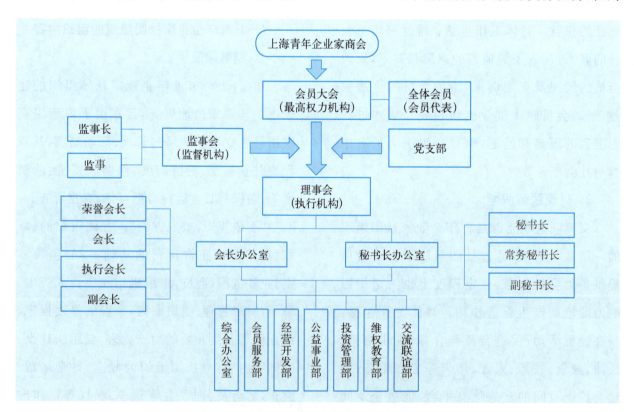

图13-1 上海青年企业家社团组织具体组织架构

会期间领导本组织开展日常工作(执行会员大会的各项决议,向会员大会报告工作和财务状况;决定会员的吸收、处分、除名;决定内设机构的设置与工作方案;组织开展各项活动、承办政府及其工作部门委托或授权的事项等),对会员大会负责。理事会须有2/3以上理事出席方能召开,其决议须经到会理事2/3以上表决通过方能生效。

理事会的成员由会员大会选举产生,在理事会成员内,再选出会长、执行会长、(常务)副会长、秘书长作为青年企业家社团组织的领导班子。理事会下一般会设办公机构——秘书处,由秘书长带领负责处理日常工作,有能力的组织一般会招聘专职工作人员协助组织工作,实力较强的组织还会将秘书处细分为办公室、会员处、财务室、维权部等。秘书长一般会由(常务)副会长兼任,也有部分组织的秘书长不缴会费,以劳务付出交换秘书长职务。

(3)监事会是商会设立的监督机构,与理事会平行,主要履行监督、检查职责,较规范的组织都会设有监事会,原则上来说,监事长与监事一般由理事以外的会员选举产生。

3. 经费来源

上海青年企业家社团组织的经费主要来源于会费收缴、在核准的业务范围内开展活动或服务的收入、会员赞助、基金收入、政府资助、利息收入和其他合法收入。会费收缴按照上海市青年企业家社团组织《章程》及《会费收支管理办法》实施,按照不同的职务收取标准不同,职务越高,标准越高;收缴时间可以分为一年一缴、一届一缴等。会员赞助有两种情况,一种是组织运行经费不足时,由会长、副会长或会员等自愿捐助,以维持组织正常运转;一种是活动轮值,会长或副会长等领导班子分组轮流组织活动,以"谁组织谁支出"的形式赞助。同时,由于缴纳的会费经过投资可以产生额外收益,可以将这部分会费作为经费的收入来源。

上海青年企业家社团组织会长单位,每届缴纳会费30万元(或7.5万元/年);副会长(监事长)单位,每届缴纳会费4万元(或1万元/年);常务理事(副监事长)和秘书长单位,每届缴纳会费2万元(5 000元/年);理事(监事)和常务秘书长(副秘书长)单位,每届缴纳会费2 000千元(500元/年);会员单位,每届缴纳会费400元(100元/年)。若今后在上海市各区建立青年企业家社团组织,其会费标准可以在《会费收支管理办法》基础上酌情减少,同时,参加了上海市青年企业家社团组织的会员单位,若参加区级青年企业家社团组织可以免交会费。

4. 管理体制

上海青年企业家社团组织的管理体制仍属于二元管理体制。一方面登记管理机关是当地民政部门,一般只负责登记注册、年检事宜,核定青年企业家社团组织的合法性,一般同一区域内同一行业只能成立一个本类社团组织,即"一业一会"的限制;另一方面业务主管单位是上海市工商联,负责指导青年企业家社团组织的组织建设,规范组织的业务开展,协调其他有关事项。当前针对青年企业家社团组织的管理条例需要参考《社会团体登记管理条例》。

在上海市工商联的主管和指导下,上海青年企业家社团组织能够"围绕党政中心,服务地方经济发展",能够"围绕民生福祉,服务和谐社会建设",能够"围绕会员企业,服务新经济组织转型升级",能够"围绕会员个人,服务青年企业家成长成才",能够"围绕自身建设,服务组织创新传承"。

(二)青年企业家社团组织的管理

1. 围绕党政中心,服务地方经济发展

在"大众创业、万众创新"的时代背景下,上海不断优化营商环境,打造良好产业生态,提供更加优质服务,助力更多企业在沪实现更大发展,这为广大青年企业家们提供了广阔的施展才华的舞台,也提出了全新的挑战。上海青年企业家社团组织作为汇聚上海市商界优秀青年人才资源和经济社会发展中坚力量的社会组织,理应承担起组织、引导、帮助青年企业家积极参与经济建设和社会发展的光荣使命,努力使每一位成员都能与时俱进,认清发展形势,高度关注上海"十四五"期间创新发展的新要求,高度关注宏观经济环境的新变化,高度关注区域发展的新态势,切实增强转型发展、科学发展的紧迫感和责任感,以饱满的精神,昂扬的斗志,在推进企业创新发展中不断开拓进取,成为脚踏实地、勤劳创业的榜样,实业致富、促进发展的楷模,深化改革、锐意创新的先锋。

2. 围绕民生福祉,服务和谐社会建设

企业的责任意识是企业家品质的体现,是企业可持续发展的根本。正所谓"君子富而行其德",青年企业家应当在企业取得发展和事业成功以后,"致富思源、富而思进",主动承担社会责任,积极奉献爱心、回报社会。上海青年企业家社团组织作为一支自我管理规范、具有强烈社会责任感的团队,应当积极配合政府职能部门对会员企业的监督管理,充分发挥青年企业家社团组织在自我管理、自我约束、自我发展中的积极作用,引导、监督、推进成员通过科学合理合法的方式发展企业,自觉维护市场经济秩序,同时,大力倡导会员参与公益事业,支持希望工程,开展关爱贫困失学儿童活动,支持青年志愿者事业发展,关心青少年发展基金的建设,以实际行动帮扶社会弱势群体,参与和谐社会建设,在青年企业家中营造一种积极承担社会责任的良好氛围。青年企业家社团组织和全体成员要真正成为在政治上有地位、事业上有作为、社会上有荣誉的合格的中国特色社会主义事业建设者。

3. 围绕会员企业,服务新经济组织转型升级

青年企业家社团组织的一切工作,要始终坚持围绕发展壮大会员企业来开展,并以会员企业的发展作为检验本组织各项工作成果的重要指标。上海青年企业家社团组织应

当充分发挥其组织优势和网络优势,开发社会资源,激发内部活力,通过有特色、有实效的活动,促进会员企业之间、会员企业与社会各界的交流与合作,形成独特的合作优势,以合作促创新,以合作促发展,帮助会员企业提升自主创新能力,不断增强企业核心竞争力。要不断增强服务功能,创新服务手段,丰富服务内容,充分利用互联网、移动通信等现代信息交流手段,打破服务的时间和空间限制,最大限度地扩大服务的覆盖面,提高服务的时效性,将青年企业家社团组织真正打造成政府与民营企业沟通的媒介、会员的情感纽带、政产学研的合作桥梁、企业转型的有力引擎。

4. 围绕会员个人,服务青年企业家成长成才

当今社会,科技进步日新月异、知识更新不断加快、社会竞争日趋激烈,创新已经成为时代主旋律,成为全球化背景下企业发展的根本途径。青年企业家们所面临的政治、经济、社会、文化等诸多挑战,使他们迫切需要进一步提升综合素质,提高管理、决策能力。青年企业家社团组织作为服务青年企业家的群众组织,有义务也有责任引导青年企业家树立终身学习的理念,鼓励他们勤于学习、善于创新,并根据青年企业家成长发展需求,加大对青年企业家的学习培训力度,丰富培训内容,提高培训层次,为他们搭建更加广阔的学习、交流平台,努力提高青年企业家的创新意识和业务能力。

5. 围绕自身建设,服务组织创新传承

青年企业家社团组织作为一个社会团体,服务会员成长发展,是其工作的根本宗旨,更是其事业繁荣壮大的决定性条件。为了"沪商精神"的接续传承,为了青年企业家社团组织事业的繁荣发展,面对新形势新任务,上海青年企业家社团组织应当以思想建设为前提,以文化建设为核心,以组织建设为基础,以制度建设为保证,以社团组织服务为载体,不断完善组织体系,同时,加强组织制度建设和阵地建设,提高组织自我运转能力和服务管理会员水平,以更广泛的包容性吸纳会员,扩大社团组织的覆盖面,以更周到的服务不断提高社团组织的亲和力、吸引力、凝聚力和战斗力,努力做到服务立会、活动兴会、创新强会。

四、国内青年企业家商会建设发展案例分析

近年来,国内不少地区逐渐认识到青年商会组织发展对民营经济发展和地区治理的重要性,在推动政府职能转移和鼓励青年商会自治等方面采取了一系列积极的措施。青年商会在这些地方治理体系中的地位也有所提高。相较于国内部分青年商会组织,上海青年企业家社团组织的建设起步较晚,在此情况下,通过比较分析国内其他地区青年商会组织的组织理念、成员构成、运行模式和发展轨迹,对于不断完善上海青年企业家社团

组织的组织建设、打造具有国际影响力的青年企业家社团组织具有非常大的启示和借鉴意义。

(一) 国内省级青年企业家商会

1. 北京青年商会

(1) 历史沿革。北京青年商会,是由青年企业家、青年经营管理者以及工商界中具有代表性的青年人士等组织成立的非营利性的社会组织,于 2010 年 6 月 27 日正式宣布成立,现有会员 900 余名,平均年龄 38.4 岁,具有学历层次较高、科技含量高、经济实力雄厚等特点。会员本科以上学历达 89%,硕士以上 56%;12% 企业拥有专利技术;企业经济总量达 9 783.53 万元,为国家创造税收 11.74 亿元。成立以来,商会积极践行"成长与责任"理念,为"人文北京、科技北京、绿色北京"和世界城市建设积极贡献力量。

(2) 组织架构。商会的业务主管单位是共青团北京市委员会,接受共青团北京市委员会和北京市民政局的业务指导和监督管理。根据《北京青年商会章程》,该青商会设有会长、执行会长、副会长、监事长、秘书长、副秘书长等职务(见图 13-2),同时,设有顾问部、事业部、宣传部、会员部、学术部、公益部、维权部、秘书部等部门。在充分发挥北京市作为中国政治、经济、文化中心和世界城市的资源聚集优势的基础上,北京青年商会致力于打造国际化交流平台,在遵守宪法、法律法规、国家政策基础上,按照建立社会主义市场经济体制的要求,以会员的实际需求为导向,通过开展"政府直通车"服务、"营销联盟"服务、"产学联盟"服务、"公益联盟"服务和"人文关怀"服务等业务,沟通政府与企业、企业与企业、企业与个人、企业与社会四个层面,

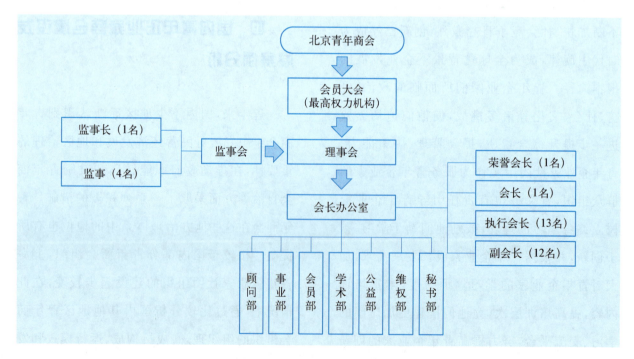

图 13-2 北京青年商会组织架构

在资金、技术、人才、信息等方面为会员的全面发展提供服务,为会员全面参与加快"人文北京、科技北京、绿色北京"建设和推进世界城市建设、提升会员在国际交流与合作中的地位和作用积极贡献力量。

自成立以来,北京青商会确立了会长领导下各职能部门、专委会分头负责,秘书处全面统筹的工作机制,建立了"网站、手机报、专刊"的宣传服务载体。同时,商会打破专委会按行业划分的传统格局,组建33个军团,在横向联谊的同时加强纵向服务,促进会员发展。并已形成金融投资、地产、传媒、服务等各产业联盟,通过各项活动形成了良好的沟通,会员交往日益频繁,商业合作不断开展。

此外,北京青商会积极开展国际、省市间和区域间的业务合作交流。通州行,延庆行,赤峰考察,阿根廷、蒙古、津巴布韦等国家青年代表团与商会会员交流座谈,助力企业家扩大事业平台。北京青年商会将着力打造以"青商精品"活动为载体的事业发展平台,通过共同签署公约和发行"青商精品卡"等形式,相互让利互惠、共同发展,引导企业以消费诚信为商业操守,并给广大消费者提供一体化的关联产品及服务,最终形成青商集体的诚信品牌和道德体系。

2. 江苏省青年商会

(1) 历史沿革。商会于2003年12月组建,是一个面向全省工商界青年经营管理者的群众性组织,是具有独立法人资格的社会团体。江苏省青年商会始终贯彻"联络青年精英,促进企业进步,服务江苏经济和社会发展"的宗旨,与青年企业家成长共进,在各级领导的亲切关怀、社会各界的大力支持和广大会员的热情参与下,取得了长足发展。自2003年成立以来,共吸纳会员共300余名,来自13个设区市、省部属企业和港澳地区,涉及各行各业。

(2) 组织架构。商会的业务主管单位是共青团江苏省委,接受共青团江苏省委和江苏省民政厅的业务指导和监督管理。在近20年的发展过程中,主要有以下几个特点:一是会员年纪轻、有活力,平均年龄37岁,其中30岁以下34名,占比11%;30~40岁有219名,占比73%。二是企业规模较大,年营业额亿元级以上201家,百亿元级以上17家,千亿元级以上5家。三是产业结构合理,先进制造业90家,现代服务业107家,现代农业15家,新能源产业13家,新材料产业21家,生物科技产业9家,符合产业发展方向。四是企业竞争力强,上市公司52家,行业龙头22家,隐形冠军47家,国家高新技术企业85家。其组织架构如图13-3所示。

商会坚持以"筑梦行动"、新生代企业家培养"新动力"计划为主要抓手,实施"创新联合体、匠人匠心、创新创业、人才招引、金融支持、困境关爱、生态先行"等系列行动,开展"与省长面对面""对话厅局长""青年企业家市县行""青年企业家高校行"等系列活动,为青年企业家提供有效服务,在企业与政府、企业与企业、企业家与企业家之间架起了一座

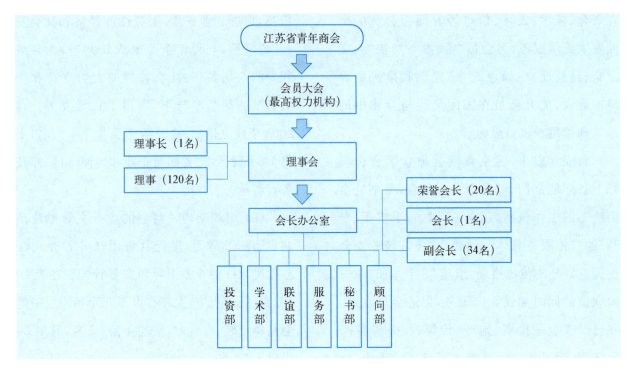

图 13-3　江苏省青年商会组织架构

沟通的桥梁。

3. 重庆市青年商会

（1）历史沿革。重庆市青年商会于2008年6月正式成立，是由全市工商界及相关界别具有代表性的优秀青年人士自愿结成的联合性、非营利性民间组织，是经重庆市民政局核准注册的具有独立法人资格的社会团体。重庆市青年商会现有会员企业一百七十余家，商会以"集聚商界青年精英，促进企业发展壮大，服务内陆开放经济"为宗旨，以服务青商、凝聚青商、发展青商、成就青商为己任，坚持"以商会友、在商言商、整合资源、创造平台"的基本功能定位，竭力为重庆商界青年打造学习成长平台、商务交流平台、融资服务平台、权益维护平台和资源整合平台，努力服务会员成长及企业发展，塑造青年渝商新形象。

（2）组织架构。商会的业务主管单位是共青团重庆市委员会，接受共青团重庆市委员会和重庆市民政局的业务指导和监督管理，是重庆共青团联系青年企业家的桥梁和纽带。其组织架构如图13-4所示。

同时，根据《重庆青商会章程》，明确了重庆市青商会服务会员的主要途径有：开展培训、研讨、交流等活动，帮助会员提高综合素质；举办经贸洽谈会，构建经济协作网，展示会员企业品牌形象，促进会员间经济合作；沟通会员与政府部门及社会各界的联系，为会员提供政策、法律、信息、技术等服务；组织会员与国内外青年商会进行交流与合作；反映会员的意愿，维护会员的合法权益；宣传、评选、表彰杰出（优秀）青年商会会员；承办政府和有关部门委托事项。

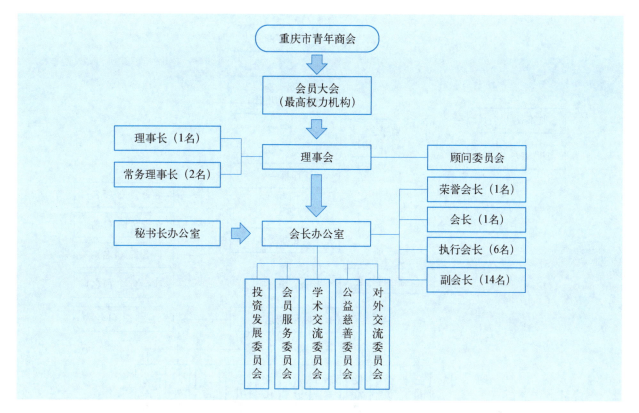

图 13-4　重庆市青年商会组织架构

（二）省会及地市级青年企业家商会

1. 广州青年商会

（1）历史沿革。广州青年商会成立于1995年，是以广州为中心的珠三角及周边地区各种不同经济成分的青年工商界人士自愿共同组成的，并经政府部门核准注册登记，具有法人资格的民间社会团体，是非营利性的社会组织。截至2021年3月，该商会已经吸纳超过150家会员单位，新老会员逾500名。广州青年商会遵守国家宪法、法规，为以服务会员、繁荣经济、互相合作、互相促进、发挥本会的优势为宗旨，使之成为凝聚会员的场所，反映民意的群众性组织、促进会员与国内外经济纵横联系的纽带，沟通会员与外部联系的渠道，密切同政府和有关部门联系的桥梁。

（2）组织架构。商会的业务主管单位是广州市工商联，同时接受广州市民管办的业务指导和监督管理。广州青年商会已经建立起较为完善的组织架构，从而形成了畅顺的沟通与联络渠道（见图13-5），下设会员大会、监事会、理事会、会长办公室、公益慈善分会、秘书处以及10个分委会，包括：会员发展委员会、会员服务委员会、投资管理委员会、教育健康委员会、财务管理委员会、法律服务委员会、公益慈善委员会、对外联络委员会和文体艺术委员会。

根据2010年8月13日第四届理事会通

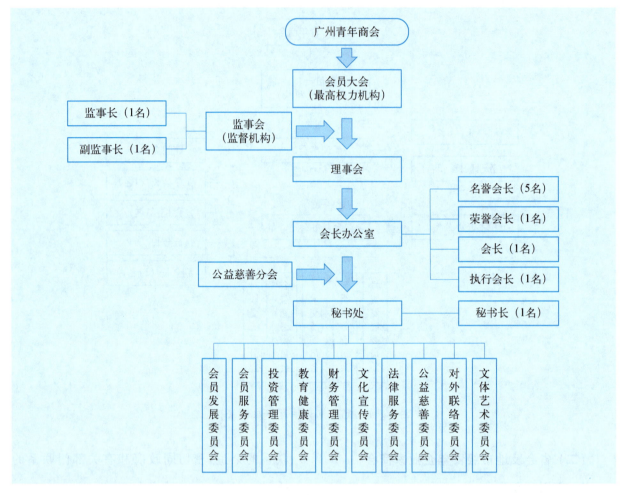

图 13-5 广州青年商会组织架构

过的商会章程,会员大会是该青商会的最高权力机构,依照国家法律、法规和本会章程的规定行使职权。在全体理事和会员以及顾问单位的大力支持下,商会一直积极开展商务考察、会员企业走访、社会公益等各种活动,既努力为会员办实事,又兼顾社会公义,树立良好的社会形象。同时,青年商会不仅拥有自己的官方网站,而且创办了《广州青年商会报》,确保商会信息全方位地进行传播。随着队伍不断扩大,成员遍及社会各个阶层,商会的影响力和凝聚力将会日益加强。

2. 苏州市青年商会

(1) 历史沿革。苏州市青年商会于2002年成立。商会以"培育青年人才,扩大交流合作,促进共同发展"为立会理念,积极为经济社会发展、会员企业壮大、青年企业家成长提供服务。在过去的十余年里,商会一直以"创业、兴业、展业"为目标,通过10位会长、历任副会长和理事以及所有会员的不懈努力,青商会始终保持着蓬勃的发展势头,目前已扩大发展成为拥有198名本级会员,全市近1 400名会员,涵盖30多个领域,拥有多家上市公司，活跃于苏州经济建设前沿的一支队伍。在近20年里，青商会树立了一个又一个响亮品牌，实践着打造一流青年商会的工作目标。"对话青商"系列活动，立足苏州，搭建政企、银企沟通桥梁；"十百千"筑梦计划，十万年薪、百家企业、千个岗位，成就大学生梦想；"文化苏州·创业苏州"推介活动，走遍全国知名高校，吸引优秀青年人才来苏创新创业；"创业苏州·魅力总裁"评选，展现青年企业家"成长的力量"。

（2）组织架构。商会的业务主管单位是共青团苏州市委员会，同时接受苏州市青年联合会的业务指导和监督管理。苏州市青年商会的组织架构（见图13-6）由会员大会、理事会、会长办公室、秘书处、青商会团建联席会以及8个业务部门组成，包括：组织发展部、宣传部、外联部、投资发展部、企业服务部、会员俱乐部、异地商会联络部、督察部。

值得一提的是，在苏州市青年商会组织架构中，投资发展部是以"苏州青商投资有限公司"的形式设立的，旨在投"资"和投"智"，助推苏州市民营企业健康成长。与广州青年商会类似，苏州市青年商会也创立了会刊——《东吴菁英》，不仅成了青商会宣传舆论阵地"风向标""扩音器"，还有助于加强党团建设，凝聚广大青年员工，为企业发展做贡献，为青年员工成长找渠道。

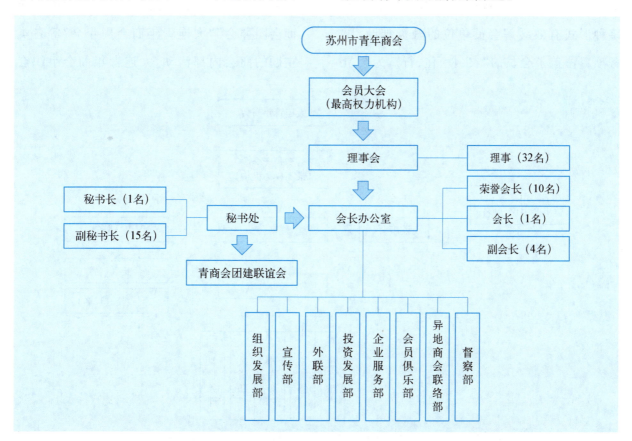

图13-6　苏州市青年商会组织架构

3. 大连青年商会

(1) 历史沿革。大连青年商会成立于2012年6月29日,是应广大青年企业家要求,由青年企业家、经营管理者以及工商界中具有代表性的青年人士等自愿联合发起的社团组织。目前会员单位主要集中在装备制造、石化、地产建筑、金融服务、航运、IT等行业。大连青年商会着眼于全市经济社会发展大局,以"共享资源、共力担当、共同发展、共赢未来"为宗旨,竭力为商界青年打造学习平台、交流平台、信息平台、合作平台和发展平台。截至2021年3月,该青商会共有会员单位180多家。同时,大连青年商会通过建立互助联合担保平台,构建银企合作服务平台等多种形式有效缓解会员单位的融资难题,服务项目覆盖了会员的"衣、食、住、行",为会员提供"私人管家"模式的服务,为会员单位提供信息、技术、人才、融资、培训、生活等方面的服务,着力帮助会员单位快速、有效地解决问题。

(2) 组织架构。商会的业务主管单位是大连市民政局,同时接受共青团大连市委员会的业务指导和监督管理。与广州青年商会和苏州市青年商会相比,大连青年商会的组织架构颇为单一(见图13-7),下设会员大会、理事会、监事会、会长办公室、财务部、秘书部、外联部、投资部和企业服务部。

成立至今,大连青年商会分别举办,"融汇·共享""中秋月圆夜,情系青商会""健康生活""携手合作、聚力同行"以及"大连青年商会团拜会""大连青年商会周年会"等各类主题的商会内部活动,大连青年商会组织会

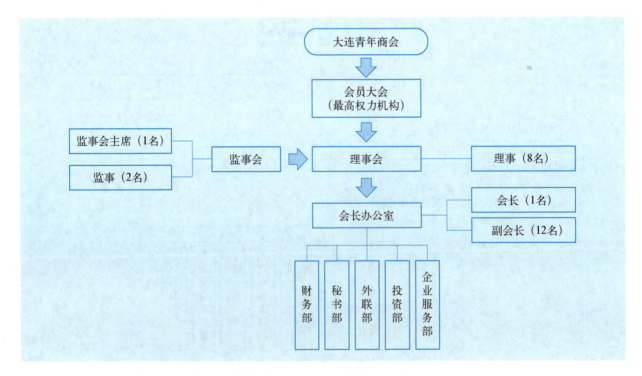

图13-7 大连青年商会组织架构

员单位外出考察、开展经贸洽谈、举办展览会等活动,帮助会员单位捕捉商机、拓展市场,为商会会员单位提供良好的交流和发展平台。

(三)国内青年商会的特点

1. 成立时间较晚

从成立时间上来看,我国各地青年商会成立时间较晚,成立高潮集中在2000年以后。随着我国改革开放40多年来民营经济的发展,特别是近十年来民营经济的快速发展,促使我国各地青年商会萌芽、发展、壮大。从能搜集到的15个城市的青年商会(在32个省会城市、5个非省会城市的副省级城市,共37个城市)来看,除我国全国性的青年商会组织成立于1985年外,共有3个城市青年商会成立于20世纪90年代,其余均成立于2000年以后,其中4个城市青年商会成立于2000—2005年,7个城市青年商会成立于2008—2013年(见表13-1)。

表13-1 全国部分省会城市及副省级城市青年商会信息一览表

序号	名称	成立时间	会员性质	现有会员数	入会年龄要求	经费来源	网站	微博/公众号
1	西安青年商会	1992	个人会员和团体会员	420	暂无规定	/	/	/
2	南昌青年商会	1994	个人会员和团体会员	/	不超过45周岁	1. 会员交纳会费; 2. 企业、社会团体赞助和个人的捐款; 3. 其他正当方式筹款	/	√
3	广州青年商会	1995	个人会员和团体会员	/	不超过45周岁	1. 会员交纳的会费; 2. 企业等的捐赠; 3. 政府方面的资助; 4. 在核准的业务范围内开展活动或服务获得的收入; 5. 获得的利息; 6. 其他形式获得的合法收入	√	√
4	哈尔滨青年商会	2004	个人会员和团体会员	160	不超过45周岁	1. 会员交纳的会费; 2. 企业、社会团体赞助和个人捐赠; 3. 其他合法方式筹款	√	/
5	宁波青年商会	2005	/	108	不超过45周岁	/	/	/

续 表

序号	名　称	成立时间	会员性质	现有会员数	入会年龄要求	经费来源	网站	微博/公众号
6	昆明青年商会	2005	个人会员和团体会员	/	暂无规定	1. 会员单位缴纳的会费； 2. 财政补助； 3. 购买政府服务项目的收入； 4. 在业务范围内开展的有偿服务和利息收入； 5. 接受有关团体、企业和个人的捐赠； 6. 其他合法收入	/	/
7	南京青年商会	2008	个人会员和团体会员	200	不超过45周岁	1. 按照国家规定，会员每年交纳的会费，额度由理事会研究决定； 2. 举办活动的收入和其他正当方式筹集的款项； 3. 企事业单位、团体、个人资助和捐赠	/	/
8	重庆市青年商会	2008	个人会员和团体会员	290	不超过45周岁	1. 会员交纳的会费； 2. 企业等的捐赠； 3. 在核准的业务范围内开展活动或服务的收入； 4. 利息； 5. 其他合法收入	√	√
9	北京青年商会	2010	个人会员和团体会员	900	不超过45周岁	1. 会费； 2. 政府资助； 3. 社会捐赠； 4. 有偿服务收入； 5. 利息收入	√	√
10	大连青年商会	2012	/	/	暂无规定	/	/	√

续 表

序号	名 称	成立时间	会员性质	现有会员数	入会年龄要求	经费来源	网站	微博/公众号
11	深圳青年商会	2012	个人理事和单位理事	200	不超过45周岁	1．会员交纳的会费；2．企业等的捐赠；3．政府层面的资助；4．在核准的业务范围内开展活动或服务所获得的收入；5．获得的利息；6．其他形式所获得的合法收入	√	/
12	成都青年商会	2013	个人会员和团体会员	80	不超过45周岁	/	/	/
13	贵阳青年商会	2013	个人会员和团体会员	200	不超过45周岁	/	/	√
14	长春青年商会	2013	个人会员和团体会员	52	不超过45周岁	1．会员捐赠；2．财政资助	/	/
15	长沙青年商会	2014年	个人会员和团体会员	215	不超过45周岁	1．会员交纳的会费；2．企业等的捐赠；3．政府层面的资助；4．在核准的业务范围内开展活动或服务所获得的收入；5．获得的利息；6．其他形式获得的合法收入	/	/

2. 主管单位多为团委，工商联较少

从业务主管关系上来看，主管单位多为团委，选取的案例中经进一步核实，只有广州市青年商会的主管部门为市工商联。所以目前青年商会组织的范畴，可能更侧重于"青年性"，如何发挥"商会性"值得研究探讨。

3. 外生性发展模式为主

从发展模式和管理模式上看，我国各地青年商会属于外生模式和双重管理方式。由于我国传统的计划经济体制和国家干预较多的原因，再加上我国强政府弱社会的社会背景，我国各城市青年商会基本上属于外生性发展模式，即源起于政府主导，各级团委主

管,民政部门登记,实施双重管理。同时,部分城市的商会,或与企业家协会合署办公,如中国青年商会,或由城市的青年企业家协会转型而来,如本文提及的江苏省青年商会。

4. 个体会员和团体会员居多

从会员性质上看,多数有个体会员和团体会员。从本次搜集到的15个城市的青年商会来看,其会员基本均有个体会员和团体会员,其中多以青年企业家、经营管理者以及工商界人士为主,其中宁波青年商会除上述人员外,还吸收了青年学者、青年公务员作为其会员。

5. 经费来源多样化

从经费来源看,青年商会的经费来源较为多样化。从各地青年商会的章程来看,其会费来源多包括会费,开展活动或服务的收入,团体、企业和个人的捐赠,财政补助,其他合法收入等几项。

6. 自上而下的成立模式为主

从城市总会分会层次来看,自上而下的成立模式占绝大部分。从能搜集到的资料来看,37个城市中,除已搜集到的15个青年商会外,目前苏州、杭州均有区青年商会,市城市青年商会或在筹备中或没有。

7. 数字化媒体宣传为主

从宣传方式上来看,各青年商会基本以网站、微博等现代化手段为主。从本次对15个青年商会的资料收集来看,各青年商会对外宣传的方式,主要以门户网站、微博为主,本次共搜集到的15个城市青年商会中,5家有独立的门户网站,6家有自己的官方微博。

五、海外青年企业家商会案例分析及比较研究

(一)海外青年商会历史沿革

世界上最早的青年商会诞生在20世纪的美国,它最初的名称为"青年励进会",是在1915年由亨利·葛森宓发起成立的,当时成员建立这个团体的主要目的是给当地居民提供服务,实现自身的价值,得到社会的认可。该团体成立4年后,即1919年,由于它们得到了当地商会的资助,因此将团体名称改为"青年商会"。至此,"青年商会"这一名词开始被大家所接受,它的影响力也随之传播开去,美国许多地方其后都纷纷成立了青商社团。美国全国性的"青年商会"在1920年正式成立。

青年商会正式走进国际视野是在1932年,当年来自美国、墨西哥、加拿大、新西兰等国的青年商会会员在美国加州的巴萨迪那参加了美国青商大会,会议期间,各国代表商议成立了"青商国际执行委员会",青年商会开始进一步走向国际化。1944年12月11日,国际青年商会(Junior Chamber International,简称JCI)正式宣告成立,当天也被认定为"国际青商日"。国际青年商会要求成员的年龄在18~40岁,其提出的口号是交流、学习、成长,积极创新,培养杰出的领导者,开展经济领域的工作项目,促进个人、社会和世界

发展。

（二）海外青年商会发展案例

1. 韩国青年商会组织

韩国的青年商会组织称为韩国青年会议所（JC）。韩国青年会议所规定参与者必须是年满二十岁至四十周岁的青年企业家。目前，韩国JC与中国青年联合会有着良好的互访关系。韩国青年会议所对于自身的定位包括：第一，它是一个国际组织，致力于参与国际社会活动，增进与异国青年商会组织的交流；第二，它是一个青年组织，致力于培育青年精英领袖；第三，它是一所民主学校，致力于维护公开公平公正的选举；第四，它是非政府组织的领袖，致力于带领各地的非政府组织共同发展。

2. 日本青年商会组织

日本的青年商会组织称为日本青年会议所，其活动宗旨为促进社区发展、开展国际交流、培养会员的企业领导能力。

日本地方青年商会组织较为著名的有金泽青年会议所。苏州市青年商会自2005年起与日本金泽青年会议所签署友好合作协议，建立年度互访机制。日本金泽青年会议所的立会宗旨是：以领导力训练为基调，包括锻炼成员间相互协作能力，同时对经济、社会、文化相关问题进行调查研究，通过国际青年会议所这个机构增加对国际化的理解和认识，培养国际青年间的亲善与和睦，寄予国际青年对世界和平繁荣做出的不懈努力，也对日本经济未来发展的正确道路提出规划和建议。该会议所对自身开展的工作归纳总结为：对地区性问题进行研究和谏言，特别是对地区性安全问题进行思考和探究。对如何激发区域型经济的活力、如何激发社会的活力，也为地区社会如何健康稳定地发展进行思考和研究。对如何培养儿童以及青少年拥有健康的身心进行探讨。对如何促进国际相互理解以及如何为国与国的良好关系作出自己的贡献进行思考和交流。除此之外，为了推进公益事业的发展，该会议所还进行以下工作：提高会员的领导力、执行力。联合国际青年会议所与日本青年会议所共同开展事业，以及其他为达成本会议所目标而必须进行的事业。

3. 美国青年商会

美国青年商会的社会地位和发挥的作用不容忽视。其在成立之时说明其工作的目的是：促进国内青年团体的合作；促进此类团体的效率和发展；提供青年人研究本地、本州、本国团体的机会；用各种积极的方法，提高会员的办事能力；对影响国内民间商业利益的问题，透过讨论方式来获得一致的意见和行动。

美国地区性的青年商会发展态势也很好。例如，美国休斯敦青年商会是在本地、州、国家层面上都设有分会的国际组织，是一个针对年龄在18～40岁的不同身份青年人的组织，其成员遍布休斯敦市区。休斯敦是美国得克萨斯州的第一大城，全美国第四大城，墨西哥湾沿岸最大的经济中心。自从1931年以来，该商会为休斯敦地区一直提供社区服务、商业机会和领导力培训。旨在通过社区服务培养领导才能。其主要目标是培养成员强有力的领导力才能以便使他们在自己的生活中更加成功。休斯敦青年商会开展了如下项目：专家论坛、休斯敦青年五杰、杰出青年教育家、圣诞购物之旅/玩具、希望之星。该青年商会组织的发展领域被定义为：社区服务、个人发展、业务发展。这些被广义定义的领域能使商会组织在广泛的主题和兴趣范围内创建和实施项目，以培养青年领导力为主要目标。

（三）国外青年商会组织的比较分析

1. 英美商会的自主模式

英美自主模式或者说内生性模式是以英国、美国商会为典型的运营模式，是完全依靠企业自身自愿性以及自发性活动来维持运营的模式，会员入会、退会均自由。它强调了企业的自主性、非政府性，不需要承担任何政府职能，政府对其采取不干预、不资助的态度，但会减免一些税收。像美国行业协会种类非常多，但是却缺乏规范性。其维持商会的正常活动的资金一是靠会费，二是靠商会为一些企业提供各种咨询活动来收取一定的费用。英美对加入青年商会的条件较为宽松，管理也较为灵活、自主，并形成了自由办会及松散的对话机制。

2. 法国商会的公共模式

公共模式也称外生性模式，是以法国、德国商会为典型的运营模式，与英美自主模式的差异性在于，政府对其有一定的干预，商会中以大企业为主，中小企业为辅，并会强制所有企业登记入会，但是同时政府相应也会给予一定的支持。其中公共事业由政府承担，与企业有关的公共设施的管理则由商会负责，所以这种商会具有一定的政府职能，如法国商会是这种模式中的典型代表。法国商会几乎全部垄断了法国的公共设施，如港口、机场的建设与运营。而这种运营模式下的商会的资金来源与英美自主模式相同，都是依靠会费以及商会通过合理的投资咨询服务创收来维持商会的资金支出，不过后者所得盈利比例要远少于美国商会。

从管理角度来讲，我国各地青年商会政府主导性较强，日常管理也较为严格、规范，这一点与以法、德为代表的欧洲商会类似，只是定位与职能偏重更倾向于政治引领，对企业的经营活动的影响力较小。

3. 日韩商会的半自主模式

日韩模式又细分为两种运营模式。一为半自由模式，比如日韩一些商会是半政府半民营性质，有政府提供的活动资金，即要按照政府一定的指令来进行工作，承担一定的政府职能，又要为企业和社会服务，维护会员利益，具有半自由性。二为官办模式，不难理解这类运营模式的商会几乎完全依靠政府成立。政府在给予活动资金的同时，企业要依照相应的法律法规加入商会，但是不能自由退会，并且需要依照政府的一些号令政策来进行商会活动、工作，其领导团体的选择也要经过政府的同意。

六、上海青年企业家社团组织建设的对策建议

（一）加强思想引领，弘扬沪商精神

充分发挥上海青年企业家社团组织的组织优势，弘扬沪商精神。引导青年企业家增强忧患意识和责任意识，围绕新经济组织发展开展大讨论活动，通过思想的碰撞、观点的辨析使青年企业家充分认识企业创新转型的必要性。邀请相关专家为新经济组织讲解成长型企业的商业模式与战略自我诊断、战略定位与模式设计关键要素，增强企业创新发展能力。通过宣传和表彰在科技创新方面取得突出成绩的新经济组织和青年企业家，不断激发新经济组织创新发展动力。

2020年12月30日，上海市委统战部副部长、市工商联党组书记黄国平参加上海市江苏商会举办的"学习中央经济工作会议精神 争做新时代'张謇式'企业家"活动时提到，"要积极弘扬沪商精神。沪商精神是一代代上海民营企业家身上所蕴藏、传承的共同属性。在沪苏商要积极弘扬以'爱国敬业，诚信进取'为内涵的沪商精神，做'张謇式'的企业家，真正成为民营企业家的表率和典范"。事实上，将理想信念教育活动与上海特色明显的沪商精神教育相结合，能使民营企业家们更有归属感和共鸣，并激发集体荣誉感，将更有助于促进政治引领工作的推进。此类主题的教育活动可以进一步和上海地方特色文化体验相结合，如上海城市名片、参观地标建筑、体验上海老字号、上海城市精神探讨等。

此外，可以积极承办社会活动，扩大青年企业家的社会影响力。目前国内外各青年企业家特别是海外青年企业家商会，开展非常多的社会公益项目，特别是针对青年人的公益项目，在当地均有良好的社会影响，更好地扩大青年企业家社团组织的社会影响力。引导青年企业家自觉践行以人民为中心的发展思想，组织青年企业家发起"积极参与乡村振兴战略"倡议，引导青年企业家在参与乡村振兴战略、"万企帮万村"精准扶贫行动等履行社会责任的具体实践中，增强荣誉感和使命感。引导青年企业家树立生态文明观，大力发展绿色制造，实现节约资源、保护环境和促进生产的有机统一，推动生态文明建设和美丽中国建设。

同时，积极引导会员单位参照《企业诚信管理体系》国家标准，加强信用建设，防范失信风险。事实上，在调研过程中一半的受访企业家都表示乐于参加公益、慈善主题的实践教育活动，偏好热度甚至超过了实用业务学习。鼓励青年企业家社团组织"把有意义的事情做得有意思，把有意思的事情做得有意义"，有助于提升企业社会责任的履行。

（二）优化管理，强化青年社团组织自身建设

一方面，需要科学设置组织机构，明确内部管理机制。建立由会长会议和秘书长会议

组成的例会制度,使领导机构能够有效运转。(1)探索建立分组联系机制。将青年企业家分成若干小组,由副秘书长联系每个小组,使社团组织能够更加有效地运转。(2)探索建立会员参与机制。尊重青年企业家的主体地位,按照青年企业家的需求组织开展活动,使青年企业家能够全面参与到组织活动中来。(3)探索建立会员评价机制。完善青年企业家增补卸免机制,形成青年企业家的有序流转格局,使好的青年企业家能够及时进入青年企业家社团组织并发挥作用,使积极性不高的青年企业家能够及时脱离组织。(4)探索建立呼吁及响应机制。畅通信息及诉求渠道,对青年企业家声音及时反应,加以改进。(5)探索建立监管机制。充分尊重青年企业家社团组织经济属性及政治属性,鼓励灵活创新的同时保证合理有序发展。

另一方面,需要控制组织规模,提升集体行动绩效。青年企业家社团组织的最佳规模取决于成员的边际收益与边际成本的关系,将青年企业家数量控制在增加一位成员给其带来的边际收益与给其他成员带来的边际成本相等时达到最优。同时,当决策得到青年企业家一致同意时,青年企业家社团组织代表所有人利益,青年企业家服务得到充分分配,集体行动将达到最佳绩效。然而一致同意较易由相同或相近规模及实力的青年企业家达成。

由此,为提高青年企业家社团组织的分配率、提升集体行动绩效,通过调研及访谈反馈,上海青年企业家社团组织将会员准入门槛定为至少满足以下条件之一:一是年龄在45周岁及以下的青年企业家、企业主要负责人等;二是主导产业代表性企业或领军人物;三是初创型或成长型企业负责人;四是在所属领域内有代表性或独特性的小微企业负责人、个体工商户;五是有实力"走出去"投资的本地企业家;六是银行系统分行副行长以上领导人士,证券公司、担保公司、贷款公司等非银行金融机构负责人。此外,会长与副会长需满足以下条件之一:一是会员企业年纳税额500万元以上;二是会员企业年产值1亿元以上;三是会员企业所在行业全市纳税排名前三。广泛吸纳各行业各领域有实力的青商精英加入组织,强化代表性,也增强青年企业家社团组织的合作力与执行力。

(三)丰富组织服务供给,积极发挥助推作用

上海青年企业家社团组织的宗旨是坚持以习近平新时代中国特色社会主义经济思想为指导,深入贯彻落实习近平总书记系列重要讲话精神,遵守宪法、法律法规和国家政策,加强行业自律、服务会员发展、服务上海经济建设,发挥桥梁纽带作用、打造国际化交流平台,团结和凝聚一批复合型、高层次、通晓国际规则的优秀青年管理人才,充分体现"海纳百川、追求卓越、开明睿智、大气谦和"的上海城市精神,为中国和世界城市建设积极贡献力量。概括起来就是,一是面向政府,做好参谋和助手,二是面向青年企业家及其企业,做好服务。由此,结合工商联所能、青年企业家社团组织所需,重点提供会员服务,优化青年企业家社团组织发展的内在素质和外在环境,积极倡导青年企业家社团组织互助,促进合作共赢,促进青年企业家社团组织与社会的良好互动。

1. 开展百名青年企业家素质提升计划

定期举办上海青年企业家"走进名企"的学习活动,邀请国内外知名企业高层管理者为上海广大青年企业家做专题报告。举办企业经营管理"名师讲坛",聘请国内知名专家学者,为青年企业家做专题讲座,增强对经济发展的预判能力。探索开展青年企业家"名企挂职"实训培养,通过实际参与大企业、大公司的生产运营,来提高自身管理能力和水平。

2. 开展青年企业家社团组织"商务互助机制"

为会员企业定期开展产业对接、项目推介等活动,搭建良好的互助平台,实现各生产要素的良性流动。

3. 打造"青商大厦"

提供会员交流、商务洽谈的优质环境,分享精品项目与人脉资源,在组织内部营造互惠共赢的良好氛围。汇聚全国优势经贸资源,吸纳世界顶级经营理念,促进全市民营经济加速发展。

4. 实施青年企业家社团组织"跨地交流"行动

建议与长三角、珠三角等外地青年企业家商会共同搭建学习交流的平台、互利合作的平台。定期举办外埠青年企业家投资发展推介会,宣传上海投资环境和投资项目,吸引各地青年企业家来沪兴业。重点开展全国青年企业家商会来沪经贸洽谈活动,促进上海青年企业家与各地青商的经贸合作。坚持开展青年企业家社团组织走进基层活动,支持青年企业家在基层投资、合作,服务各区经济发展,使青年企业家成为助推各区经济发展的重要力量。适时组织会员开展国内、海外考察活动,积极推广精品项目,促进对外融资。

5. 维护青年企业家社团组织合法权益

通过各种法律咨询、法律宣传、法律援助、法律维权等活动,更好地为青年企业家社团组织服务,从而促进企业更好、更健康地发展。

6. 推出上海青年就业创业扶持计划,大力推进"创客空间"建设

建立青年企业家实习基地,通过与高校和科研院所举办创业讲座等方式,帮助上海青年企业家积极创业,不断壮大原有的企业。积极发挥上海青年企业家社团组织在团结、凝聚、联络人才方面的优势,组织青年企业家积极向有成就、有名望、有经验的企业家学习,互相交流、借鉴,加大对上海青年企业家资金、技术、信息方面的支持,促使上海企业、经济健康、快速发展。

(四)拓宽视野,增强上海青年企业家社团组织影响力

上海作为改革开放的排头兵,长三角一

体化发展的引领者,青年企业家社团组织的建设和发展应当立足于更高的高度。随着青年企业家社团组织的建设发展,除了上海本地,在长三角地区、全国范围内均可建立分会,通过组织青年企业家峰会、国内外专家论坛以及推出高规格的行业交流活动,使上海青年企业家社团组织逐步形成一个有影响力的国际化组织,使沪商精神、华商精神走向世界。

上海青年企业家社团组织的影响力,主要可以分为三个层面。在政府层面的影响力,在社会层面的影响力和在会员企业之间的影响力。如果在政府层面的影响力大,那么政府开展的有关活动、会议,都会邀请青年企业家社团组织参加,政府的部分适合青年企业家社团组织负责的工作,也会交由青年企业家社团组织来负责。如果在社会层面的影响力大,那么社会对青年企业家社团组织的认可度就高,青年企业家社团组织开展的活动、提供的服务,在社会上的受欢迎程度就比较大,也有利于青年企业家社团组织不断发展新会员,补充新鲜血液。如果在会员企业之间的影响力大,那么会员对青年企业家社团组织的认同度和归属感就高,对于青年企业家社团组织的活动、作出的决定、提供的服务重视度就高,参与青年企业家社团组织工作的积极性、主动性就高,有利于青年企业家社团组织的良性发展。

青年企业家社团组织要提高影响力,需要打造品牌。青年企业家社团组织要具有品牌意识,从服务、党建、组织建设、文化等方面下功夫,结合区域特点及组织特色,精心策划活动载体,以青年企业家满意、政府支持、社会认可为目标,创出组织的品牌。要借助打造青年企业家社团组织品牌,激发青年企业家社团组织的活力,只有青年企业家社团组织的活跃度高,经常组织各类活动、会议、参观、培训,才能让青年企业家对青年企业家社团组织更有认同感,对青年企业家社团组织的事务更加重视,才能提高青年企业家社团组织在本领域、本行业、本地区的影响力。

在加强自身建设方面,可以通过"七彩工程"加以实施,即"信仰之红"党建活动,以根植"红色基因",打造"向阳工程";"温暖之橙"公益活动,以聚焦"橙色关爱",打造"爱心工程";"智慧之金"学习培训,以开启"金色智慧",打造"镀金工程"座谈交流、大型会议;交流之绿,以开展"绿色对话",打造"交心工程";"使命之青"大活动品牌,以扛起"青色使命",打造"品牌工程";"服务之蓝"为会员企业服务,以开启"蓝色服务",打造"贴心工程";"文艺之紫"文化活动,以孕育"紫色文化",打造"艺心工程"。

在本组织对外专业运行方面,可以通过"七联行动"加以实施,即联公通商"政企联",以加强与党政机关的密切交流;联需促转"企市联",以加强与整体市场的密切交流;联业强链"企企联",以加强与其他企业的密切交流;联资融智"企教联",以加强与院校、科研院所的密切交流;联民担责"企社联",以加强与社会的密切交流；联情筑家"企会联"，以加强与工商联的密切交流；联网增力"会会联"，以加强与其他商会的密切交流。

此外，提高上海青年企业家社团组织的国际影响力，需要"节节而升，循循而进"，进行"三步走"战略。第一步，从现在起到2025年，通过整合长三角地区的资源，优势互补、深度融合，更好地为长三角地区青年民营企业家提供服务（具体的宏观措施如大型贸易会、青年企业家峰会、优秀青年企业家表彰大会），最终将上海青年企业家社团组织打造成驰名长三角地区的具有区域影响力的优秀社团组织；第二步，2025—2030年，放眼全国，增进跨域之间的交流合作，在其他地区开设分会，传播沪商精神，在更大范围内为青年民营企业家提供服务，形成全国一流的青年企业家社团组织（将第一步措施继续深化，通过各种办法变得更加持久、常态化）；第三步，2030—2035年，放眼国际，积极参与国际事务和国际交流，定期举办国际研讨专题会议，吸引国际知名企业参与，在世界范围内形成具有国际影响力的青年企业家社团组织。

（供稿单位：上海市工商业联合会，主要完成人：汪剑明、陈琦、高向东、高鹏飞、姜广旺、朱蓓倩、汪嘉祥、何骏、陈凤妹、郑歆译）

专题十四

发挥民营企业解决上海"老、小、旧、远"等民生问题作用

一、完善制度，激发活力，发挥民营企业在养老体系和服务中的作用

早在20世纪90年代末，我国就已进入老龄化社会，是目前世界上老年人口基数最大、老龄化发展最快的国家。我国的人口年龄结构从成年型进入老年型仅用了18年的时间，具有未富先老、未备先老、高龄少子的特点。老年人对生活照料、医疗健康等方面的需求日益增多，让老年服务工作面临巨大挑战。高质量发展民生，促进老年人拥有有尊严、有质量的晚年生活，要加快和提高老龄服务的现代化，也是拉动内需、扩大就业、促进经济转型、适应经济新常态的必然要求。

为有效应对我国人口老龄化，加强新时代老龄工作，中共中央国务院于2021年11月18日发布了《关于加强新时代老龄工作的意见》，将老龄事业发展纳入统筹推进"五位一体"总体布局和协调推进"四个全面"战略布局，把满足老年人需求和解决人口老龄化问题相结合，加快建立健全相关政策体系和制度框架，推动老龄事业高质量发展，走出一条中国特色积极应对人口老龄化道路。

作为养老服务体系中的重要一环，机构养老在我国老龄事业发展和保障老年人权益工作中扮演着重要角色。从国家《社会福利机构管理暂行办法》（1999年）、《老年人社会福利机构基本规范》（2001年）到《养老机构设立许可办法》和《养老机构管理办法》（2000年）的出台，从我国首个养老机构服务质量管理国家标准《养老机构服务安全基本规范》《关于推荐养老服务发展的意见》（2019年）到《医养结合机构服务指南（试行）》和《民政部关于加快建立全国统一养老机构等级评定体系的指标意见》（2020年）的发布，均彰显着我国对养老机构服务与管理质量的重视。随着全面放开养老服务市场，全国民办养老机构占比已超过50%，且还在不断提升，上海、北京这一数字早已超过80%。因此，发挥民营企业的作用，完善民办养老机构的建设是实现可持续发展，成为"十四五"时期乃至2035远景规划目标下需要解决的重要问题。

（一）上海机构养老现状及政策趋势

上海作为中国最早进入人口老龄化社会

的城市,也是中国人口老龄化程度最高的城市。截至 2020 年 12 月,60 岁及以上沪籍老年人人口占全市户籍总人口的 36.1%。15～59 岁劳动年龄人口抚养 60 岁及以上人口的老年抚养系数为 68.0%,比 2019 年增加 2.8 个百分点;15～64 岁劳动年龄人口抚养 65 岁及以上人口的老年抚养系数为 40.9%,比 2019 年增加 2.9 个百分点。为扩大养老服务供给,促进养老服务发展,规范养老服务行业,推动构建老年友好型城市,上海市于 2021 年 3 月正式实施《上海市养老服务条例》,并以此为基础配套出台和修订了一系列地方规范性文件。目前,上海市发布的与养老机构直接相关的地方性法律法规共有 11 个,其中现行有效的 10 个,尚未生效的 1 个(见表 14-1)。

表 14-1 上海发布的与养老机构直接相关的法律法规

发布时间	文件名称	主要内容
2012 年	《上海市养老机构消防安全管理要求》	建立逐级消防安全责任制和岗位消防安全责任制,对机构消防安全责任人的职责、消防安全管理措施等做了详尽的规定
2014 年	《上海市养老机构服务收费管理暂行办法》	对养老机构服务收费实行分类管理,实行分级定价
2018 年	《上海市养老机构消防安全标准化管理评分细则(试行)》	确立养老机构消防安全评价体系的具体内容和评分标准,并为各养老机构建立消防档案
2020 年	《上海市养老机构等级评定管理办法》	对依法办理登记且开办运营一年以上的养老机构开展等级评定,实现动态管理
2020 年	《上海市养老机构等级评定标准细则》	将养老机构分为五级,从 4 大项 104 小项分别对养老机构进行打分评定
2020 年	《上海市养老服务条例》	对居家养老、社区养老、机构养老等多个方面的养老服务工作和体系进行了规范和完善,要求养老机构建立入院评估制度,并根据老年人的身心变化动态调整
2021 年	《上海市养老机构服务收费管理办法》(修订)	优化定价原则和定价方式,建立认知障碍照护养老服务收费规则,新设个性化服务费,增强政务信息公开
2021 年	《上海市养老服务机构"以奖代补"实施办法》	扩大了奖补适用范围和资金的使用范围,将奖补与评级挂钩,统一养老机构和社区养老机构的奖补项目和工作流程
2021 年	《上海市养老服务补贴管理办法(试行)》	对居家照护服务、社区照护服务和机构照护服务采用非现金的方式进行补贴

续 表

发布时间	文件名称	主 要 内 容
2021年	《上海市养老机构服务机构登记与备案管理办法(试行)》	按照"放管服"的要求开办民办养老机构由原先的审核制转变为注册制
2021年	《上海市养老服务机构综合监管办法》	由区人民政府承担第一责任,其他各政府部门实行清单式监管的方式,对养老机构的经营行为进行分级分类监管

通过简单的梳理不难看出,上海养老服务机构相关政策正在逐步完善,《上海市养老服务条例》的出台极大地加速了配套政策的制定,使养老机构的管理愈加规范,但仍有欠缺,制度体系仍然不够全面、完善。课题组通过走访和调研上海多家民营养老机构,感到民营养老机构发展迅速,社会贡献明显,但在实际运营中也面临着诸多问题和困难,需要有关部门加以研究解决。

(二)当前民营养老机构面临的主要问题

1. 重复监管,考核任务繁重

有机构反映,在实践中目前存在多头监管、多重考核评级标准的情况。目前市、区两级民政、住建、房屋管理、消防救援、卫生健康、市场监管、医疗保障等相关职能部门和各级政府、街道办事处都具有对养老机构监督管理职能,相关行业协会也制定了各类检查标准,在养老机构本身人员配置就紧张的情况下,民办养老机构面临的监管和检查压力很大。即将正式实施的《上海市养老服务机构综合监管办法》将在一定程度上优化监管体系,明确各政府部门的监管职能,缓解养老机构面临的监管压力。

2. 医养结合程度低,推进难度大

医养结合模式基本符合老年人的需求和预期,但在具体实施上仍存在一系列的问题。首先,医养结合体系的建设涉及多部门,各部门之间的医养服务职责界定仍较为模糊,沟通协调联动机制有待完善,医养结合申办程序繁杂,使项目进展缓慢。其次,医养结合鼓励养老机构内设医疗机构,但由于对应老人人数有限且为老服务内容有限,大多数民营养老机构,尤其是绝大多数民非养老机构无力实现内设医疗机构的配比要求。考虑到养老机构内设医疗机构成本过大,目前民办养老机构通行做法是选择与社区卫生中心合作。但是社区卫生中心的合作收入无法转换成医生的绩效,导致对与民办养老机构合作的动力不足,出现"医"不积极,"养"很火热的情况。

3. 养老机构服务纠纷救济途径不通畅

现行投诉处理机制要求养老机构对于每一次的投诉都必须处理完结。同一事由当事人再次投诉或向其他监管部门投诉,有关部门通常会建议机构再次与老人家属签订协议进行补偿或赔偿。这就出现了重复投诉、重复赔偿的情况,甚至出现恶意多次投诉情况。养老机构抱怨连连。

4. 养老机构信息化建设水平不高,智慧养老应用场景缺乏

在调研走访时,多家养老机构反映,市和各区县的补贴考核以及等级评定等考核评级的内容不统一,导致机构管理者不得不耗费大量精力制作考评材料,甚至有的考评要求机构管理者递交手写材料,也增加了不必要的文案工作。同时,课题组也发现养老机构普遍数字化程度不高。

养老机构的数字化应用主要体现在信息化管理方面,即以信息化养老终端采集数据为基础,利用互联网、移动通信网、物联网等手段,建立系统服务与互动信息平台,通过对数据的传递、处理、储存和分析,为老年人提供安全看护、健康管理、生活照料、休闲娱乐、亲情关爱等方面的养老服务,为老年工作提供服务以及决策所需的各种信息,形成内容全面、丰富的老年人服务信息网络和管理系统,实现养老需求与社区、养老机构的有效对接,形成一套完整有效的养老服务体系。

然而技术和成本,在很大程度上影响了养老机构信息化的建设。信息化系统包括Zigbee、传感网络、云计算、医疗物联网、移动物联网等先进技术,开发成本较高,系统维护和开发都需要大量的成本投入。并且,智能化产品价格相对较高,老年人的接受程度又相对较低,养老机构对智能化产品的使用和推广仍需要一定的发展时间。

5. 专业人才匮乏

养老机构专业人才严重匮乏,体现在多个方面。首先,从业人员数量不足。北京师范大学中国公益研究院发布的《2017年中国养老服务人才培养情况报告》显示,我国失能、半失能老人约4 063万人,按照国际标准失能老人与护理员3∶1的配置标准来算,我国至少需要1 300万名护理员。然而,目前各类养老服务设施服务人员不足50万人,持证人员不足2万人,缺口巨大。其次,从业人员素质不高。目前一般养老机构的护理员大多没有经过专业培训,年龄结构偏大,知识水平偏低;机构中既有专业医护知识,又了解老年人各方面情况的医护人员也是少之又少。最后,由于社会地位、工资待遇、工作强度等问题,愿意从事老年医护服务的人员不多且外流情况严重,从业人员队伍缺乏稳定性。

(三)完善民营养老机构建设问题的对策

1. 完善政府监管,采用多元化的监管方式

建立健全综合监管结果与养老服务机构等级评审、政府补助、优惠政策等挂钩的机制,加强违规处理,实施信用约束、联合惩戒等措施,确保综合监管效果;推广数字化管理,允许养老机构将监管和考评的相关材料提交至统一的数字平台,减少不必要的案头工作。

2. 完善医养结合模式制度

(1)强化政府职责、多部门协同推进医养结合服务发展。首先,要加强政府顶层设计,

科学制定医养结合发展规划。政府应坚持科学、民主、协同发展的理念,充分发挥政府政策引导的重要性,加强顶层设计和统筹规划,明确各类型医养结合养老机构的主管部门。其次,要完善政府引导的多部门协同机制。医养结合涉及多个部门。在实践中,应不断探索建立适应不同需求、形式多样的各部门协同机制,突破条块分割和制度壁垒,加强各部门之间的协调合作,从而实现制度、资金、资源的跨部门统筹分配和整合,改变"职责不清、管办分割、效率低下"的现状。同时,应不断明确各方责任,加强政府部门在服务和监管中的职责权限,完善制度流程,促进医养结合行业和市场的良性发展。最后,要严格监管责任,实现全环节监管。各级部门应建立健全相关制度体系,设立监管机制,开展针对医养服务内容、规范标准、服务质量等要素的检查和专题教育,严肃监管责任的落实。同时,在发挥自身监管主体责任的情况下,鼓励社会各界对标准和规划实施进行监管,完善全环节公开、公平、公正的监督机制。

(2)加大投入,扩宽供给渠道。第一,加大政府投入,通过政府的资金投入和政策倾斜,吸引社会力量共同参与老年医养。增加政府对医养结合主体的资金支持,提供有力度的医养补贴、供地保障、税收优惠、费用减免等优惠政策。鼓励社会力量参与老年医养,提高医养结合机构的服务质量和抵御风险的能力。第二,建立长效筹资机制。加强老年人长护险政策研究,提出适合我国国情的长护险制度,以减轻老年人和医养结合机构的负担,探索在规范医保资金监管的基础上,将养老护理费用适度纳入医保范围。探索城乡基本医疗保险制度创新,建立医养结合救助型基金,通过整合现有保险制度或者救助制度,借鉴现有制度经验,注入部分资金,探索医养结合救助型基金模式,为建立长护险制度奠定制度和组织基础。还可考虑划拨部分医保资金作为医养结合持续发展的重要资金保障。将部分医保基金用于医养结合,主要用于支付医养结合相关服务。同时,促进医养商业保险的开发,利用商业保险经办和管理精算等优势,发挥市场机制在资源配置中的决定性作用。第三,不断扩宽医养结合服务供给渠道。鼓励多元化医养结合参与主体结合自身实际和优势条件,有针对性地开展医养结合服务。如鼓励经营状况不良的一、二级医院,校办、厂办医院等基层医疗单位发挥专业技术优势,向医养结合型养老服务机构转型。鼓励实力较强的三级医院,在满足现有医疗资源供给的基础上,结合自身优势扩宽业务范围,设立养老服务机构。鼓励规模较大、老年服务需求缺口较大的养老机构,通过委托经营、联合经营等方式,吸纳有经营资质的医疗机构参与运营管理,开展医养结合服务。发挥城市社区卫生服务机构的作用,针对社区老年群体开展家庭出诊、家庭护理、特需服务等延伸性医疗服务,并与大型医院建立定点双向转诊机制,发挥基层卫生服务机构的分级诊疗功能,推进医养结合服务的全覆盖。

3. 加强养老机构人才队伍建设

（1）构建养老服务从业人员专业教育体系。要加快推进养老职业教育体系、本科教育体系和研究生教育体系的建设，鼓励院校加强护理学、心理学、社会工作、康复治疗学等老年相关应用与服务的课程和专业建议。通过学费贷款、奖助学金、社会捐助等资金扶持方式，吸引学生就读相关专业。引导和鼓励院校通过实行单独招生、增加招生计划等，逐步扩大养老服务专业人才的培养规模。

（2）加强养老服务从业人员继续教育体系。考虑依托专业教育体系，开展多样化的学历和非学历继续教育，积极开展养老机构从业人员、社区养老服务人员和社区工作者培训，提高从业人员的专业能力和服务水平。同时，加快信息化学习资源和平台建设，积极发展现代远程教育，探索建立面向养老服务从业人员的教学及支持服务模式。

（3）完善养老服务从业人员素质教育体系。面对养老服务劳动力市场普遍存在的门槛较低、专业素质不高、人员流动性强的特点，除了完善养老服务从业人员专业教育和继续教育外，还应加强通识教育。通过针对从业人员在哲学社会科学素养、人文素养等方面的培养，促进从业人员在生活、工作、道德、情感和理智上的和谐发展，使其在实践中能真正理解并有能力为老年人的生理、心理上提供关怀和服务。

（4）稳定养老服务从业人员职业体系。这需要提高全社会人口老龄化的危机意识，不断提高老年服务从业人员的社会地位和认同感。加强从业人员职业规划和就业指导与服务，积极改善从业人员工作条件，加强职业保护，打通职业晋升通道，不断提高工资福利待遇，增强从业人员的职业获得感，从而稳定养老服务人才队伍。

4. 完善养老服务机构风险防范措施

（1）养老机构服务纠纷的类型。养老机构因其地位和服务对象，决定了其在整个社会养老服务体系中，属于风险最高且最集中的区域。养老机构纠纷类型很有特点。根据不同的标准，可以将养老机构服务纠纷大致分为以下四类。① 按纠纷产生的原因分类，可分为老年人摔倒、坠床、洗澡意外、健身意外、被烧烫、吃饭窒息、食物中毒、走失、突发疾病、营养不良、自杀自残、被第三人侵害等，其中最普遍的是因老人摔倒而引起的纠纷。② 按所涉及的内容分类，可分为人身类权益损害纠纷和财产类权益损害纠纷。③ 按可避免程度看，可分为有可能避免的服务纠纷和难以避免、预见的服务纠纷；前者如食品安全纠纷，后者如老年人摔倒引发的纠纷。因老年人年事已高，身体机能降低，体质虚弱，摔伤难以避免且后果较为严重。④ 按责任类型分，可分为合同责任和侵权责任。而养老机构对入住老年人的保障义务，既是法定义务，又可以在合同中加以体现。

（2）养老机构服务纠纷的特点。养老机构的纠纷主要有两大特点：① 老年人举证能力较弱。由于入住养老机构的老年人，很多丧失了部分或全部的生活自理能力，在认知能力方面也处于衰退状态，对于受到损害的过程往往无法清楚表述。而摔伤作为最常见的老年人损伤，由于较多发生在私密场所，且事发突然，通常没有目击证人。尽管在"谁主张谁举证"的规则下，老人家属难以就养老机构存在过错进行举证，看似有利于机构。但在实践中，我国民事诉讼要求对案件事实进行全面审查，证据的不足反而使在认定双方责任时以法官主观判断居多，使养老机构可能面临道义上的风险，法官实行过错推定，将更多的证明责任分配给养老机构。此外，社会朴素的道德价值也要求养老机构用更高的道德标准来要求自己，反之则将对养老机构的声誉造成一定的损害，而声誉是养老机构重要的无形资产，将极大地影响养老机构的发展前景。②养老服务纠纷调解难度大。养老服务纠纷牵扯的当事人众多，对于到底是老人自身的原因还是机构照护不周导致的损害，双方通常各执一词，不容易达成一致，很难就责任认定和赔偿金额统一意见，难以调解结案。

（3）养老服务纠纷的防范。纠纷的频发和赔偿责任的承担，在一方面使养老机构如履薄冰；而合法权益难以得到充分的保障，则在另一方面也消耗了老年人对于养老机构的整体信任度，不利于养老服务行业的长远发展。因此，基于养老服务纠纷的特点，签订完善的养老机构服务合同是对双方而言相对成本较小的纠纷预防手段。规范的养老机构服务合同要求养老机构要明确约定服务内容，这是养老机构服务合同的核心；要清晰约定服务标准；要约定紧急救助细节；要约定通知送达的方式；要注意格式条款的提醒。在具体操作上，可考虑请养老机构行业协会在专业法律人士的指导下，以建议的形式为养老服务机构提供合同样本，提高养老机构服务纠纷防范水平，保障老年人和养老机构双方的权益。在处理投诉时，则建议引入第三方法律专业人士参与，提高调解协议的权威性。对于接到重复投诉的政府部门，建议其以协议为参考，或对养老机构提出整改意见，或建议投诉人走法律程序解决争议。

值得一提的是，尽管智慧养老的发展前景非常广阔，各方都在积极探索智慧养老的应用场景，不得不承认的是，在一些传统养老服务领域，如本课题讨论的养老机构服务领域，目前的智慧养老方案仍然无法取代传统的人工方案。一方面，目前智慧养老方案往往是针对某个特定的需求，并不能满足用户周边的其他需求，缺乏人工服务的叠加效应。例如，在进行某一项人工服务时，服务人员可以顺便地、不加成本地采集一些其他信息，或者做一个简单的不费时的操作；而在使用技术方案解决这一单一问题时，往往不能实现人工服务的叠加效果，导致单一技术的边际效益不明显，容易让使用者对智慧养老方案的价值产生怀疑。另一方面，智慧养老方案在其所针对的特定领域外常常不够"智慧"，最终仍旧需要依赖于人工服务,因而在很多场景下,人工的价值远甚于使用智慧养老解决方案。因此对于养老机构而言,没有动力也没有必要引入智慧养老产品。但在居家养老场景中,智慧养老将有巨大用武之地,但由于与本课题研究内容关联度不大,因此不再进行深入的讨论。

二、加大支持,激发活力,发挥民营企业在婴幼儿托育中的作用

为响应国家鼓励三孩的大政方针,切实提升生育率,降低养育成本,国务院明确表示各地政府要将婴幼儿照料服务列入社会经济发展规划当中,大力支持并鼓励普惠性0～3岁婴幼儿照料服务机构的建设和发展。调研发现,上海市作为较早一批关注0～3岁婴幼儿照料问题的城市,先于众多城市发布相关支持政策。然而相较于家庭抚育婴幼儿的巨大需求,目前市场供给无论在质或量上均依然无法匹配。建议进一步发挥民营企业的作用,探索建立规范、立体、多元的托育服务供给体系。

数据显示,2019年上海市婴幼儿(主要指0～3岁婴幼儿)数量约为60万人,其中2～3岁幼儿数量有20.5万人。根据上海市妇女联合会在2018年初做的调查显示,上海市仅有1.4万名幼儿享受了托儿服务。显然,与强大的托幼需求相比,托幼供给远不能满足目前紧迫的需求。目前大多数幼儿园托班对幼儿年龄有所限制,只招收年满2周岁的幼儿,招收18个月以上的婴幼儿的托幼机构数量很少,招收0～18个月之间的托幼机构就更少了。因此,2岁以下的婴幼儿托幼服务有待加强和补充。除此之外,对非上海户籍家庭的幼儿入托问题更加需要引起重视和解决。公办幼儿园因为公办性质,价格较低,但多数公办幼儿园对幼儿的户籍有所限制,使很多来上海务工的家庭随迁婴幼儿很难享受到公办托幼服务。而民办托幼机构价格较高,使来上海务工的家庭入托无门,这滋生出了不少欠缺正规资质的托幼机构,价格介于公办和民办之间,这些机构的数量与正规机构数量持平。为了提高托幼服务的供给水平,有必要构建更加规范、立体、多元的托育服务供给体系,其中,发挥民营企业作用是提高0～3岁婴幼儿照料社会化的重要解决办法之一。

(一)上海幼儿托育的现状和趋势

1. 上海市幼儿托育服务供给现状

公共托幼的供给是完善婴幼儿(主要指0～3岁婴幼儿)照料服务社会化的重要手段,尤其能为城市双职工家庭减轻照料压力。发展婴幼儿照料公共服务对于缓解育儿危机,提升三孩生育率,减轻女性就业压力有着积极的影响,有利于国家人口安全和社会的长治久安。国务院明确表示各地政府要将婴幼儿照料服务列入社会经济发展规划当中,大力支持并鼓励普惠性0～3岁婴幼儿照料服务机构的建设和发展。目前我国婴幼儿公共服务供给短缺,我国0～3岁婴幼儿入托率仅为

4%,与发达国家50%的入托率有着很大的差距。随着社会主义市场经济的崛起,原来由集体举办的幼儿照料公共服务已转变为由市场提供,0~3岁婴幼儿照料的责任完全由单个家庭独自承担。这导致了两个问题:首先,家庭照料资源有限,父母面临着幼儿照料与工作发展的两难选择,承担着时间和经济上的多重压力;其次,市场化的托幼机构过度发展,托幼质量参差不齐。除此之外,政府部门对0~3岁婴幼儿照料公共服务支持十分有限,表现在托幼机构的数量远不能满足日益增长的家庭幼儿照料需求,导致供需矛盾突出。上海市作为较早一批关注0~3岁婴幼儿照料问题的城市,先于众多城市发布相关支持政策。截至2019年底,上海市提供0~3岁婴幼儿照料服务的机构有700多家,共提供托幼名额2.9万个,大致可以满足48%的家庭入托需求。目前,上海市婴幼儿托幼供给可分为以下五类。

一是独立设置的托儿所。2019年出台的《托儿所、幼儿园建筑设计规范》规定,托儿所或者幼儿园的班级数如果超过了4个,则应该独立设置。从上海市学前教育网公布的数据来看,独立设置的托儿所数量呈现逐年下降的趋势。2011年独立设置的托儿所有56所,到2017年这一数量下降到19所,2017—2019年的两年间,托儿所数量从19所上升到35所,有了小幅的提升。总体来看,独立设置的托儿所的托儿数量是下降的,从2010年接收了8 387名幼儿下降到2019年接收了3 753名幼儿,不足以满足目前的托儿需求。

二是托幼一体化模式。托幼一体化模式旨在为2~3周岁的幼儿提供托幼服务,这一模式为了最大程度提高资源的利用率,要求幼儿园配备托班,并鼓励和支持民办幼儿园兴办价格低廉、具有普惠性质的托班。托幼一体化模式天然的优势在于可以节约资源,将幼儿园资源最大化利用,而且托幼一体化模式下的托班收费普遍不高,能满足普通家庭的育儿需要。其不足之处就在于托班规模小,数量少,幼儿园只能配备一个或两个托班,且托班容纳幼儿数量有限,托位不多自然不能为很多幼儿提供托幼服务,难以满足家庭的入托需求。截至2019年9月底,上海市托幼一体化模式下提供托儿服务的机构有462家,提供托额约1.6万个。托幼一体化模式对于缓解0~3岁婴幼儿入托难方面发挥了重要作用。

三是就业单位举办的托幼所。上海为扩大0~3岁婴幼儿照料社会化供给,给予家庭在工作和照料幼儿方面平衡的支持,上海总工会设立"职工亲子工作室",旨在为有条件举办托幼服务的企业开展针对职工子女的寒暑托、晚托等服务。"职工亲子工作室"既作为企业福利,帮助职工解决家中育有幼儿却无人照料的难题;也扩大了当前的托幼服务供给,作为托儿所、幼儿园的有效补充。2017年,上海市选取了12家企事业单位作为"职工亲子工作室"试点对象,这12家企业都是有婴幼儿托幼基础。在这12家企事业单位中,试点模式可以分为以下三种：(1)创办暑期爱心学校。其代表单位为江南造船厂，招收对象为小学阶段的孩子。(2)创办"应急宝宝屋"，以沪江教育科技(上海)股份有限公司为代表。其主要特点是：零门槛。(3)以携程旅游网络技术(上海)有限公司为代表的企业单位。其主要特点是：妈妈可以带着孩子上下班。

四是普惠性托幼点。普惠性托幼点发源于2019年政府实事项目，由"社区幼儿托管点"演变而来。普惠性托幼点指的是面向行政区域内的0~3岁婴幼儿，为其提供以保育为主、教育和养育结合的托幼服务机构。普惠性托幼服务机构模式多样，既可提供全日制服务，也可根据不同家庭的需求提供半日制或者临时托管的服务。政府鼓励社会组织、企事业单位或者有条件的个人创办普惠性托幼点，扩大托幼机构服务供给。根据是否营利可以将上海行政区域内的托幼机构划分为营利性托幼机构、非营利性托幼机构和免费福利性托幼点。

五是社会力量办的托幼机构。2019年，上海市教委发布的实施项目新增的托幼点一共有两种类型：一种是上文提到的托幼一体化的托幼点，分为公办幼儿园的托班和民办幼儿园的普惠性收费托班。另一类是社会力量办的托幼机构，收费在3 000元以下，且已获得《依法开展托育服务告知书》。社会力量办的托幼机构收费不一，总体而言其收费较高。根据上海市发展改革委总经济师俞林伟统计，目前上海社会力量新办的150家机构当中，收费在3 000元以下的，占比约30%，收费在3 000到6 000元的占比约15%。收费在6 000~10 000元的，占比约35%，10 000元以上的也有一定的比例。

2. 上海市幼儿托育服务政策趋势

为了有效保障妇女生育权、应对生育带来的养育问题，上海自2016年起就启动了"公共托育服务进社区、进园区"先行先试项目，同时启动了"上海市0~3岁婴幼儿早期教养需求、指导服务及监管状况研究""社区托育公共服务模式研究"的课题研究。2017年，上海试点推出了社区和企业儿童托育服务。新建社区幼儿托管点20个，新建企业职工亲子工作室70家。2018年，上海制定施行了《关于促进和加强本市3岁以下幼儿托育服务工作的指导意见》《上海市3岁以下幼儿托育机构设置标准(试行)》和《上海市3岁以下幼儿托育机构管理暂行办法》等关于3岁以下幼儿托育服务管理的政策，体现了政府引导、家庭为主、多方参与的托育服务体系，对相关政府职能部门、社会组织、企业、事业单位和个人提供托育服务时的职责进行了规范，这为创新幼托服务制度奠定了基础。

为帮助女职工解决生育与职业发展之间的两难困境、关爱职工子女，市总工会推动建设了服务职场"背奶妈妈"的爱心妈咪小屋和服务职工子女"托育难"问题的亲子工作室两个品牌载体。其中，爱心妈咪小屋是上海市总工会推出的一项关爱职业女性的实事项目。自2013年启动至今,已有2500余家市级小屋在国企、机关、事业单位、园区、楼宇等为职场备孕期、怀孕期和哺乳期的女职工提供私密舒适、功能齐全的温馨服务。职工亲子工作室是关爱职工子女,帮助女职工解决生育后顾之忧的新载体。该载体于2017年由市总工会试点推出,在职工需求集中且有条件、有意愿的机关企事业单位内试点开展职工子女的托管服务,支持用人单位因企制宜、力所能及地帮助职工解决后顾之忧。目前,全市职工亲子工作室达到70家,以寒暑托、晚托形式为主,共计托管2500余名职工子女,受到各级工会组织的积极响应、职工群众的热烈回应、各界媒体舆论的高度关注。

2003年以来,尤其是2018年后,上海陆续出台了一系列针对托幼服务的政策文件,梳理其内容,可以洞见上海幼儿托育服务的政策趋势(见表14-2)。

表14-2 上海针对托幼服务的政策文件

发布时间	文件名称	对托育体系构建的启示
2003年	《上海市托幼园所办学等级标准(试行)》	等级标准由基础性标准和发展性要求两部分组成,其中基础性标准中的办园(所)条件和卫生保健工作对托育机构建设的借鉴较大
2004年	《关于本市深化学前教育办学体制改革的若干意见》	引入社会资源和依托市场机制形成公办和民办共同健康发展、正规和非正规形式相结合的发展格局。培养高质量的学前教育专业咨询、评估、服务支持体系,形成高效能的专业支持队伍
2006年	《上海市民办早期教育服务机构管理规定》	民办早期教养服务机构的房屋、设施设备条件;在有儿童活动的现场,指导人员与儿童的比例参照(卫妇〔2006〕8号)中日托比例的要求是1∶4~5,随着儿童年龄增大,比例可适当放宽至1∶8;对机构负责人和工作人员具有相应的学历和工作经历要求
2011年	《上海市郊区学前儿童看护点安全管理工作基本要求》	对设施、设备安全要求进行了详细规定;对看护点工作人员的基本条件做出规定
2018年	《上海市3岁以下幼儿托育机构设置标准(试行)》	明确了各类主体举办托育服务的准入条件,并在建筑设计、安全防护、卫生保健、管理监督和从业人员方面做出可操作性规定
2018年	《上海市3岁以下幼儿托育机构管理暂行办法》	对各相关部门的职责边界进行明确界定,构建机构从准入到退出的全过程中的核心要素; 面向0~3岁尤其是2~3岁幼儿提供保育为主、教养融合的幼儿照护的全日制、半日制、计时制托幼服务

续　表

发布时间	文件名称	对托育体系构建的启示
2018年	《关于促进和加强本市3岁以下幼儿托育服务工作的指导意见》	对推动上海市幼儿托育服务健康可持续发展进行顶层设计。坚持"政府引导、家庭为主、多方参与"的总体思路
2020年	《上海市托幼服务三年行动计划（2020—2022）》	合理布局，增加供给；规范管理，协同共治；加强培训，完善队伍；教养医结合，保障质量

回顾和梳理我国婴幼儿照料政策的演化不难发现，育儿责任的转移与国家的经济体制、社会政策的变迁息息相关。计划经济时代国家、单位、集体包揽了家庭的大事小事，兴建大量托儿所为婴幼儿提供公共照料服务，为广大的妇女减轻了育儿负担，使她们从"小家"里繁重的家务中解放出来，为"大家"的经济建设献出自己的力量。市场经济时代的到来使托儿所从原有的单位体制中剥离出来，在市场的体制下运行和管理。国家大力发动社会力量为家庭提供婴幼儿照料服务，但是相应的监督措施并不到位，民办托育机构所提供的照料服务非常有限，婴幼儿照料任务不得不重新回到家庭。2010年以后，国家再次提出学前教育的"普惠性""公共服务"，0~3岁婴幼儿照料再次成为公众热议的话题。但是"托儿所"是在计划经济体制下的特有产物，我们不可能倒退回到那个时代。因此，现阶段的婴幼儿照料政策的发展必须基于国情，大力发展多种托育形式，尤其注重发挥民营企业作用，构建立体多元的公共托育服务体系。

（二）当前上海幼儿托育服务存在的主要问题

从整体数据看。通过对"上海市0~3岁婴幼儿托幼服务信息管理平台"的信息整理和分析发现，截至2020年10月，上海市已获得托育许可告知书（托幼机构资格证）的托育机构一共287家，其中营利性托育机构203家，非营利性托育机构84家，完全免费的福利性托幼点有1家（上海市闵行区教育局）。在上海市所有的托幼机构统计中，浦东新区拥有的托幼机构数最多，一共有76家，占26.5%。崇明区拥有的托幼机构数最少，只有1家，占比0.34%。从上海市总体的获得托育告知书的托幼机构餐食供给来看，有129家托幼机构提供餐食服务，但是机构本身不加工膳食，占比44.9%；另外有149家托育机构自己加工膳食，占比51.9%；仅有9家机构不提供任何形式的膳食，占比3.1%。对于照料提供时间的服务形式来看，仅有1家只提供"计时制"的照护服务，285家均提供"全日制"的照护模式，203家提供"半日制"的照护服务，有204家提供"计时制"的照护服务。此外,所有的托幼机构中有207家机构提供2种模式的照护服务。在托幼机构月收费上,各机构的收费相差较大,其中完全属于福利性质的上海闵行教育亲子托幼点市免费提供服务,其他机构最低的为1 800元一个月,而最高的达18 000元一个月;托育机构月收费标准平均为7 536.4元。对于营利性托育机构,最低收费为3 000元一个月,最高收费为18 000元一个月,平均收费为9 051.4元一个月。对于非营利性托幼机构,最低收费为1 800元一个月,最高收费为2 000元一个月,平均收费为3 721.1元一个月。

从不同类型的托育形式看。就业单位举办的托幼所的主要问题在于,有能力承办职工亲子工作室多是财力雄厚且有托幼基础的大型企业,但大多数公司是无法承担职工亲子工作室的建设和运营成本。在2017年试点的12家职工亲子工作室中,大多以晚托、暑托、寒托的形式存在,全日托形式只有一家,招收的是1岁半到3岁的孩子。目前,上海有超过50万名0～3岁婴幼儿,过半数家庭都有迫切的托幼需求。尤其是对双职工家庭来说,企业举办的托幼机构更是解决他们燃眉之急的重要举措。总的来说,企事业单位举办托幼所是一种企业福利,这种形式的托儿所并不多。

而普惠性托幼服务点的主要问题则在于:(1)招生规模不大。普惠性托幼点基本上都只有一个班级,人数在15～20人之内。(2)限制条件少。有少数托幼点限定了入托幼儿的"身份":必须是所在辖区企业的双职工家庭、本地人优先入托,或者要求幼儿须满2周岁才接收。(3)普惠性托幼点的托幼内容是照料幼儿的基本生活,培养幼儿的生活自理能力,只能照顾到最基本的托育需求。

三、上海幼儿托育服务供需失衡的原因分析

当前,本市婴幼儿家庭的需求与市场的供给匹配程度不高,主要有以下三个原因。

一是法律法规实施不完善,监管有限。0～3岁婴幼儿照料服务社会化和市场化事业还未形成规范化和正规化的趋势,一个很重要的原因在于缺乏相关的法律法规、未制定规范统一的行业标准。导致市场上的托幼机构质量参差不齐,安全事件频发,使家长对托幼机构缺乏信任感。2017年携程红黄蓝幼儿园虐童事件让社会公众大为震惊,谴责的同时也反映出政府对0～3岁婴幼儿照料机构的管理缺乏有效的法律监督。包括:法律对0～3岁婴幼儿照料机构准入管理未有明确、详细的规定。有的民办托幼机构为了逃避严格的审查,通过打着"游乐场所"或者"教育咨询"的类目的方式来获得营业许可执照;或者有的民办托幼机构直接钻法规的空子,没有经过政府严格的资质审查就开始运营招生。除此之外,0～3岁婴幼儿托幼管理部门之间还存在着各部门职责权限不清的问题。因为

管理制度不甚完善,有的0~3岁婴幼儿托幼机构就成了管理的盲区,监管部门无法可依,缺少依据对其进行监督管理。其次,0~3岁婴幼儿照料机构缺乏管理。婴幼儿的自理能力和表达能力有限,没有自我保护的能力,这就需要引入第三方监管机构对托幼机构进行日常监督以维护婴幼儿群体的利益。

二是资金投入不充分,师资薄弱。经费投入是衡量幼儿事业发展的一个重要指标。与西方国家相比较,在对婴幼儿照护方面的投入经费来看,OECD国家对0~3岁婴幼儿保育和教育经费投入达到了人均12 501美元,其中北欧国家如挪威、芬兰0~3岁婴幼儿保育和教育经费支出超过人均15 000美元,高投入与北欧国家高水平的婴幼儿入托率有关。虽然西班牙、英国等国对0~3岁婴幼儿的保育与教育支出低于OECD国家的平均水平,原因在于西班牙、英国等国的市场提供了大量的婴幼儿照料资源供给。因此,我国在对幼儿照料方面的公共资金投入与西方国家存在较大差距。

三是社会办托压力大。供给不足还有一个很大的原因是尚未建立起对社会办托公平的扶持机制,目前社会办托运营成本高,难以为继,缺乏动力。据统计,公办园的托班的生均补助是一年3.1万元,普惠性民办园的托班大概是3 000多块钱,这个差额相差较大。从政府对公办园和民办园的补助力度来看,上海对托幼机构的财政投入存在明显亲公办园倾向,对公办园的扶持力度远大于民办托幼园。这在一定程度上既加大了公办与民办的支持力度上的不公,同时又导致公办托幼园的价格低廉挤压了托幼市场空间。公办托班每月的收费标准与托班的级别有关,示范园一个月700元,一级园和二级园分别为270元和220元。因此社会力量办托班的压力非常大。但社会力量办托班是满足庞大的婴幼儿照料需求的重要方式,公平的扶持机制有利于激发社会兴办婴幼儿托班的积极性,有利于婴幼儿照料社会化的开展。

四、发挥民营企业作用,针对性解决婴幼儿托育问题对策

婴幼儿照料社会化应遵循一个什么样的定位?学者们对此问题的看法可以概括为幼儿照料的去家庭化、幼儿照料的公共化、市场化等。用词不一样,但意思是相近的。即0~3岁幼儿照料服务应遵循公共路径,本质上属于公共服务,强调责任,即照料责任的去家庭化,不应该把幼儿照料视为一个家庭内部的私事,它应该是全社会的公共责任,也涉及全社会的公共利益。

(一)合理布局,增加供给,明确公共化和市场化共同发展

截至2020年10月,上海市已获得托幼机构资格证的托育机构一共287家,但大多对幼儿年龄有所限制,只招收年满2周岁的幼儿,招收18个月以上的婴幼儿的托幼机构数量很

少，招收0～18个月的托幼机构则更少。不同托幼机构的价格和入学条件不同，公办幼儿园因为公办性质，价格较低，但多数公办幼儿园对幼儿的户籍有所限制，使很多来上海务工的家庭随迁婴幼儿很难享受到公办托幼服务。而民办托幼机构价格较高，使来上海务工的家庭入托无门，这一方面使非上海户籍家庭的幼儿入托成为问题，另一方面也催生出不少欠缺正规资质的托幼机构。建议政府在社会经济发展规划中，关注上海不同家庭和人群抚育婴幼儿的需求，合理布局。应当确立公民结合的理念，激发社会力量，尤其是民营企业兴办婴幼儿托班的积极性，才能满足庞大的婴幼儿照料需求，促进婴幼儿照料社会化的开展。一方面由公办的0～3岁婴幼儿照料机构发挥"保基本"的职能，为居民提供平等的婴幼儿照料服务的机会（尤其是低收入家庭），促进学前教育公平的实现。因此要建设足够数量、满足质量要求的公办托幼机构支撑整体的公共儿童照料体系。另一方面大力发展民办普惠型托幼机构，设置合理的政府-企业-家庭教育成本分担机制，降低民办儿童照料服务机构的服务成本，为家庭提供安全优质的托幼服务。不同体制的公共托幼机构应在"普惠型"的框架下共同成长，接受政府的监督和管理。

（二）规范管理，协同共治，引入第三方监管机构

首先，法律应当对婴幼儿照料机构准入管理形成明确、详细的规定。防止托幼机构为了逃避严格的审查，通过打着"游乐场所"或者"教育咨询"的类目的方式来获得营业许可执照甚至规避政府资质审查就开始运营招生。其次，应当厘清婴幼儿托幼管理部门之间的职责权限，防止因为管理制度不甚完善，使部分托幼机构成为管理盲区。此外，由于婴幼儿的自理能力和表达能力有限，缺乏自我保护的能力，建议引入第三方监管机构对托幼机构进行日常监督以维护婴幼儿群体的利益。

（三）公平扶持，精准协调，发挥民营企业的专业优势

"小政府、大社会"是当前我国政府转变治理方式的一个重要理念。因此具体到婴幼儿照料服务社会化体系建设中，社会力量的作用不容忽视。社会服务组织因其具有灵活性特征，在公共服务供给中具有明显的优势。婴幼儿照料服务社会化进程中，可以通过政府购买服务方式发挥专业企业的优势，以社区为载体，为婴幼儿及其家庭提供专业性服务，满足家庭照料幼儿的需求，更有效地支持幼儿发展和为家庭赋能。

目前社会办托运营成本高，动力小。从政府对公办园和民办园的补助力度来看，上海对托幼机构的财政投入对公办园的扶持力度远大于民办托幼园，这在一定程度上既加大了公办与民办的支持力度上的不公，同时又导致公办托幼园的价格低廉挤压了托幼市场空间。建议政府给予社会办学力量公平扶持，包括资金投入、税收补贴、师资协调等，促进托幼机构的体系化发展。诸多民营企业虽然无法直接办学,但在师资队伍培训、教养医结合、膳食提供等方面具有特长,可以通过精准协调发挥这部分民营企业的专业优势,或者通过政府购买服务方式,以社区为载体,为婴幼儿及其家庭提供专业性服务,满足家庭照料幼儿的需求,更有效地支持幼儿发展和为家庭赋能。

此外,还应鼓励用人单位为本单位的职工建立托幼中心,既作为企业福利的一种形式激励员工努力工作,企业又承担了一定的社会责任。我国一些大型企业作为员工福利创办了针对幼儿的托幼中心,比如携程亲子园,京东初然之爱托幼中心。企业创办的托幼中心一般具有公益性和福利性,通过企业自建或者众筹的模式运营,这拓宽了婴幼儿照料模式,既减轻了家长的负担,又在一定程度上帮助政府分担幼儿照料的压力。因此,为了鼓励用人单位承担起一部分的幼儿照料社会责任,政府可以通过利用财政政策减免企业的税收、给予资金补贴或者减免企业房屋租赁费等优惠政策,加大对创办托幼中心企业的扶持力度,鼓励企业兴建企业内部的托幼中心。

(供稿单位:上海市工商业联合会,主要完成人:徐惠明、施登定、张捍、彭飞、程金华、张逸凡)

专题十五

做好民营经济统战工作　助推嘉定新一轮发展

一、研究背景及意义

党的十八大以来，以习近平同志为核心的党中央提出一系列新理念新思想新战略，采取一系列重大举措，指导和推动民营经济统战工作取得显著成绩。同时也要看到，中国特色社会主义进入新时代，民营经济规模不断扩大、风险挑战明显增多，民营经济人士的价值观念和利益诉求日趋多样，民营经济统战工作面临新形势新任务。2020年中共中央办公厅印发了《关于加强新时代民营经济统战工作的意见》，强调加强民营经济统战工作是实现党对民营经济领导的重要方式，是发展完善中国特色社会主义制度的重要内容，是促进民营经济高质量发展的重要保障。

2021年9月3日，在庆祝上海市工商业联合会成立70周年大会上，中共中央政治局委员、上海市委书记李强出席会议并强调，要始终坚持"两个毫不动摇"方针，紧紧围绕"两个健康"主题，更好发挥工商联组织的引领、服务、凝聚作用。要把民营经济发展环境营造得更优。要把上海民营经济的品牌打得更响，进一步彰显开放优势、创新活力、总部实力。要更好加强思想政治引领，不断增进对中国共产党和中国特色社会主义的政治认同、思想认同、理论认同、情感认同，增强对中国经济发展、对企业发展的信心。要加强对民营经济统战工作的领导，充分发挥统战部门的牵头协调作用和工商联的桥梁纽带及助手作用。

"十四五"时期，是嘉定区全力建设"创新活力充沛、融合发展充分、人文魅力充足"的现代化新型城市的关键五年。目前，民营经济已成为嘉定区经济持续快速增长的"加速器"，活跃市场的"生力军"和扩大就业的"主渠道"。截至2021年6月，全区民营企业已达到20.8万户，1—6月实现税收收入238.2亿元，占全区税收总量的52.1%，吸纳劳动力141万人，占全区就业总量的69.5%。可以说，区域建设离不开民营经济的发展，民营企业的发展壮大促进了区域建设更上一层楼。同时，区域建设也促进了民营企业的发展，为民营企业打开视野、提供了进一步发展的契机和舞台。因此，如何切实提升民营经济统战工作、优化嘉定区营商环境，助推嘉定新一轮发展，需要进一步研究谋划，这也是本课题研究的重要目的。

二、调研方法

本课题调研工作时间为2021年6月—9月,调研对象为嘉定区民营企业以及嘉定区工商联所属街镇商会。调研目的是梳理、归纳嘉定区民营经济统战工作开展情况以及面临的问题和挑战,提出对策建议。调研方法主要包括民营经济统战工作现状基础信息收集、问卷调查、民营企业及街镇商会座谈。

(一)民营经济统战工作现状基础信息收集

对嘉定区民营经济总量规模、税收、企业用工、投融资、科技创新等情况以及嘉定区工商联及各街镇商会组织覆盖、商会规模、日常管理、基层商会会费收缴、工作特色及亮点等情况收集、汇总、归纳,分析嘉定区民营经济统战工作状况。

(二)问卷调查

课题组结合嘉定区产业特点、民营经济统战工作开展以及民营企业相关的热点问题,设计了"做好民营经济统战工作,助推嘉定新一轮发展"课题调查问卷,问卷主要设置了五大板块。第一板块为思想动态,包含了与民营企业家政治思想学习及对国家大事的关注等情况相关的8个问题;第二板块为企业情况,包含了企业基本情况以及与企业经营生产相关的10个问题;第三板块为商会工作,包含了企业加入商会及参加商会活动相关的6个问题;第四板块为营商环境,包含了企业对政府服务、法治环境、城市配套等相关的7个问题;第五板块为投融资情况,包含了企业投资意向及融资情况相关的7个问题。本次调查问卷通过问卷星平台下发,受访对象为嘉定区民营企业负责人,回收209份有效问卷。

(三)民营企业及街镇商会座谈

课题组于2021年8—9月召开了三场企业座谈会和一场基层商会座谈会。第一次企业座谈对象为嘉定区的7家民营企业,第二次企业座谈对象为安亭镇商会所属的5家民营企业,第三次企业座谈对象为菊园新区商会所属的4家民营企业。访谈主题围绕政府服务、嘉定产业发展、营商环境、企业经营生产过程中的痛点难点等相关问题。基层商会座谈会选择了安亭镇、嘉定新城(马陆镇)、江桥镇、外冈镇、华亭镇、嘉定工业区、菊园新区7家街镇商会。访谈主题为商会会员招募情况、日常运行碰到的问题以及职能作用发挥情况等。

三、嘉定民营经济统战工作做法

嘉定区委高度重视民营经济统战工作,高站位研究部署推动。研究制定《嘉定区关于加强新时代民营经济统战工作的行动方案》,聚焦民营经济人士思想政治引导、营商环境优化、提高服务质量等工作,健全机制、明确职责、条块联动、齐抓共管,形成了民营经济大统战格局,有力地促进了嘉定的"两个健康"。

（一）强化思想政治建设抓好引导

嘉定民营经济代表人士关注自身的政治修养，有政治上进心。问卷调查显示，占83.3%的受访民营企业家表示提高思想政治素质对提升自身价值是非常重要的，超过六成会定期或经常参加政治理论学习。90.4%认为中国传统文化对自身影响最大，其次是中国化的马克思主义思想，占58.9%，西方现代各种社会思潮仅占19.1%。

嘉定区始终坚持把加强政治引领和思想引导作为做好民营经济统战工作的首要任务，着力构建多元化引导教育培养机制。（1）政治上重引领。聚焦学习贯彻习近平新时代中国特色社会主义思想和党中央关于民营经济的大政方针，通过主席会长和执常委会议、专题学习会、"嘉商大讲堂"、"嘉定商会"微信公众号等载体，做到第一时间传达学习精神到位，第一时间引导民营经济人士正确理解和贯彻落实。（2）思想上重引导。完善落实与民营企业家联谊交友制度，区委常委、统战部部长每年定期与工商联企业家主席会长集体谈心，区工商联专职领导分组走访调研联系街镇，既重视民营企业家的思想动态，又重视民营企业的发展诉求，及时答疑解惑，使企业家深切感受到组织的尊重和关心，进而增强扎根嘉定投资创业的信心。（3）阵地上重先优。持续深入开展理想信念教育，胡厥文生平陈列馆入选首批"上海市民营经济人士理想信念教育基地"，马陆镇、菊园新区、工业区成功创建上海市民营经济人士理想信念教育示范点，嘉定连续两年获得上海市工商联理想信念教育特色工作。（4）培养上重创新。将民营经济代表人士教育培训工作纳入全区人才和教育培训工作总体布局，聚焦创新创业需求，打造"创星100"培训班、科技创新CEO特训营、青年企业家高级研修班，吸纳500余人次民营企业家参与培训。兼顾年轻一代民营经济人士思想培养和能力培养，以嘉定区青年创业者联谊会为平台，组织外出参观考察和学习交流，组建民营企业家前辈"导师团"，开展传帮带。（5）典型上重培塑。组织撰写全国先进个体工商户、上海品海饭店总经理赵宪珍先进事迹材料在东方网等主流媒体推出报道，精心策划"民营企业发展巡礼"专题宣传活动，联合区融媒体中心全方位、立体式宣传一批在产业报国、创新发展、履行社会责任等方面的优秀民营企业家，发挥典型示范带动作用。

（二）着力营商环境优化抓强调研

问卷调查显示，嘉定区民营企业家普遍关注党和国家主流媒体报道，特别是关心政治经济体制改革问题，占比均超过八成，对产业政策导向、教育医卫关注度列二、三位，分别占58.4%、43.5%，反映出较强的政治参与热情。嘉定区民营经济人士中有市、区人大代表和政协委员58名，区党代表19名，区工商联执委135名，街镇商会理事276名，组建了一支具有一定参政议政热情和能力的民营经济代表人士队伍。

区委统战部、区工商联始终把调查研究、参政议政作为拉长短板的"助推器",紧紧围绕区委区政府中心工作,聚焦经济建设与民营企业关注热点难点,创新调研工作机制,畅通问题诉求反映渠道,积极为党委政府建言献策,形成了一批质量较高的调研成果,推动了部分问题的解决,区工商联被市工商联评为信息工作示范单位。(1)创建民营经济运行监测机制。自2015年起,由区委统战部牵头,工商联、经委、商务委、科委、人社局、市场监管局、统计局、税务局等区内8家单位,建立民营经济发展指标体系,定期收集整理民营经济主要指标数据,结合对全区100余家全国工商联民营企业调查点问卷调查统计分析,采取点面结合的方法,综合区域民营经济发展整体情况和民营企业生产经营具体反映,开展半年度民营经济发展及运行情况监测,形成的分析报告屡次受到区委区政府主要领导批示和肯定。(2)鼓励引导民营经济代表人士参与建言献策。从问卷结果可以看出,嘉定区民营企业家不管是对于党和国家主流媒体报道还是未来嘉定区的规划发展的关注程度都很高,而针对政务情况也很有意愿表达自己的意见和建议。区工商联注重加强与界别政协委员的联系沟通,通过专题协商、座谈交流、个别指导等方式,强化企业家政协委员身份意识,提升履职能力水平。(3)探索建立民营经济人士参与涉企政策制定机制。设立上海市人大常委会嘉定工业区立法联系点嘉定区总商会信息采集点,遴选参政议政热情高、能力强的民营企业家,组建民营经济代表人士建言资政团队,积极参与立法建言和政策咨询评估活动,为推动更多民营经济代表人士有序政治参与、发挥作用搭好平台。(4)依托基层商会实施专题调研。注重过程服务指导,事前做好选题参谋,引导结合区域实际和自身发展开展专题调研;事中做好跟进指导,在站位把握、政策收集、上下协同等方面提供支持;事后做好成果运用,择优吸纳为区工商联团体提案或建言信息,为基层商会亮相发声提供舞台。

(三)顺应高质量发展抓优服务

嘉定区出台《关于进一步深化企业服务的实施意见》,建立完善全覆盖"1+12+33+X"的服务体系,大力推进行政审批事项流程再造,实施"一网通办、一网统管"优化网上服务,在服务产品板块中设置小微贷直通车、中小企业政策、项目对接等多个功能性专栏,针对性解决企业融资难、获取政策难等问题,政务服务效率不断提升,营商环境持续优化。区委统战部、区工商联也紧紧围绕区域重点发展任务,发挥自身资源优势,主动服务嘉定经济建设,当好服务民营企业"店小二"。(1)搭建政企沟通制度化平台。区委区政府主要领导每年主持召开民营企业家座谈会、出席总商会年会活动,沟通研判经济发展形势,听取民营企业意见建议。创设"政企面对面"活动,聚焦企业反映的突出问题设置活动主题,每季度邀请政府职能部门就相关领域的政策及问题作深度解读,现场答疑解惑。

对企业反映的问题,做到及时登记整理、逐一回复,极大提高了企业获得感和满意度。(2)打造政策信息直通车。针对民营企业获取政策资源不对称的痛点,创设"服务民营企业小贴士"微信公众号,把创业服务、科技创新、知识产权、人力资源、投资融资、改制上市等各类优惠扶持政策梳理简化为便捷的"数字版",满足企业内部不同管理岗位的政策需求,打通民营企业政策对接"最后一公里",为企业创新发展、提质增效提供支撑。(3)建立"政企银联"四方合作机制。区委统战部牵头,推动建立14个基层综合金融服务点,实现金融服务有效覆盖下沉,自疫情发生以来,通过线上线下服务放款企业272家,累计放款50.18亿元,进一步缓解了企业融资贵、融资难问题。区工商联与市工商联金融服务商会建立合作机制,共建嘉定创新金融生态圈。访谈中,上海阀门厂就提到,在疫情困难期间通过四方合作平台获得农商行的融资支持,并进一步形成了互相信赖的稳定合作关系。(4)优化司法服务保障。与区检察院、区法院分别签署合作备忘录,制定年度工作行动方案,成立基层商会检察官联络站,聘请民营企业家担任法院"特邀调解员",不断推动司法部门与民营企业深入沟通。推进民营经济领域矛盾纠纷多元化解机制建设,区工商联会同区司法局建立区镇两级商事调解组织,切实发挥商事调解组织的工作成效,为民营企业的健康发展以及区域经济的协调发展保驾护航。

(四)搭建社会实践平台抓实项目

嘉定区民营经济人士具有较强的社会责任意识,并仍有进一步发展潜力。问卷显示,83.5%的受访企业家认为发展壮大企业提供就业岗位非常重要,60.3%的受访企业家认为强化国家战略力量非常重要,还有33.5%的受访企业家认为参与慈善公益事业非常重要。

长期以来,嘉定区始终坚持把光彩事业作为教育培养民营经济人士的重要阵地,依托区光彩会平台深入实施光彩项目,引导民营经济人士在办好企业创造就业的同时,积极投身先富带动后富、促进共同富裕的火热实践。区工商联获评上海市光彩事业组织奖,区光彩会被评为上海市爱国拥军模范单位。(1)注重正面宣传铸品牌。强化舆论先行,抓住统一战线"同心零距离"服务民生活动以及各种捐赠仪式的机会,集中宣传和展示民营企业家中致富思源、富而思进的先进典范。在"嘉定商会"微信公众号开设"企业家风采"专栏,及时宣传热心公益慈善的民营企业家先进事迹。通过大力宣传光彩理念和光彩精神,赢得社会更大的关注、参与和支持,为光彩事业持续发展提供持续动力。(2)坚持公开透明项目化运作。按需设立光彩项目,合理配置光彩资金,做到光彩项目设置、委托实施单位、用途、投入资金等信息向社会公开,近五年先后组织实施了精准扶贫、统战人士帮困、长者关怀、教育助学、口福工程等各类光彩项目,累计捐赠资金1 155万元。2018年为配合国家扶贫战略,组织动员民营企业积极参与"万企帮万村"精准扶贫行动。组织17家主席(会长)企业与云南楚雄州南华县、迪庆藏族自治州德钦县等12个深度贫困村结对签约,针对当地基础建设、交通道路、产业项目扶持以及贫困人口生活问题提供帮扶,形成丰硕成果。在2020年初打响的疫情防控阻击战中,全区民营企业共捐款近2600万元,彰显了嘉定民营经济人士的家国情怀和主人翁意识。(3)实现工作成效和社会效益双提升。一方面,通过光彩项目的推进落实,让民营经济人士在感恩回报社会的同时,接受世情国情党情教育和革命传统教育,有效激发了社会责任感和荣誉感,自身修养不断提升。另一方面,通过多年的探索实践,光彩项目实施更趋规范合理,受益面不断扩大,让群众实实在在地分享到社会进步、企业发展带来的成果。

(五)聚焦商会组织建设抓创品牌

扎实推动区工商联所属商会改革发展,强化其作为民营经济统战工作的重要组织依托功能。推动全区12个街镇商会全部实现法人登记注册,实现商会党支部全覆盖,建立商会政治指导员和统战工作联络员制度,推动党的组织和工作向商会有效覆盖,统战工作向商会有效覆盖。开展"四好"商会创建,打造"一会一品",以品牌建设带动商会工作整体提升,吸引联影医疗、蔚来汽车、趣头条等一批成长性好、创新能力强、发展潜力大、规范经营的优秀民营企业入会,工商联组织的代表性和影响力得到有效增强。(1)嘉定新城(马陆镇)商会"马商菁英荟"品牌整合可用社会资源。打造企业家提升班、青年企业家创新创业大赛、马商菁英卡、"葡萄架下话发展"、"中外企业表彰会"等项目,强化亲清型政商交流平台产业服务联盟,努力释放稳商助商磁场效应。(2)安亭镇商会设立"安商调停"直通车聚焦商事调解职能。搭建调解工作室,贯通会员企业职能部门、园区联络点、商会秘书处及理事会三级纵向服务通道,发挥专业机构、兼职调解员及联络员、镇相关职能部门三方横向服务力量。(3)菊园新区商会"益企直通车"搭建政企互动桥梁。打造"党建+商会+群团"一阵地三平台服务模式,秉承合力助企、融创共赢的理念,开展了企业管理运营类政策培训学习、线上信息政策传播、企业文化展示、企业家联谊沙龙等专题特色活动。(4)江桥镇商会"3+X"企业服务机制增强服务深度和力度。搭建政府职能部门服务平台,党建群团服务平台和社会第三方服务平台,再以"点"和"块"为单位为企业提供全方位的综合服务。(5)嘉定工业区商会"暖嘉园·创享荟"企业家沙龙将品牌建设理念引入到基层党建。以"中广国际·理想湾"党群服务站为品牌建设的阵地及硬件支撑,通过组织开展各类主题活动,发挥民营企业家的主体作用,以"理想湾"示范点为工作延伸,设立商会"书吧""ideal党建公共客厅"等,为品牌建设各类创意活动提供资源支持。

四、嘉定民营经济统战工作面临的挑战和问题

（一）民营经济人士思想政治引领工作仍需加强

1. 思想状况把握不够全面深入

随着改革开放的深化和社会主义市场经济的逐步确立和发展，民营经济人士对社会和自我的认识也具有多变的动态性，呈现多元化趋势。多元和动态意味着发展和多变，统战工作就不能用静态的眼光来看待民营经济人士思想，而我们与民营经济人士交往中，聊工作多谈思想少，同时面对庞大的民营企业家群众，无法做到走访调研全覆盖，无法保障交流频次，对他们的所思所想掌握不及时不全面不深入。

2. 思想政治引领还不够有效

嘉定民营经济人士思想政治引领工作习惯自上而下的灌输式较多，自主自发的主动学习不足，缺乏一定的感染力和吸引力。工作品牌有待进一步树立，影响力有待进一步放大，对少数民营经济代表人士履职尽责不到位的情况还缺乏行之有效的举措。

3. 商会党建工作渗透不够

商会党建工作已经有机制、制度保障，但工作的深入度和有效性还有待进一步提高。工商联对所属街镇商会党支部指导交流不够，各街镇商会党支部的内生动力不足，以党建促会建，推动党建工作嵌入商会改革发展、促进"两个健康"等各方面作用还未充分发挥。

4. 履行社会责任的良好环境营造不足

民营企业履行社会责任需要政府政策支持和引导，而目前对企业承担社会责任，政府还没有系统地形成制度和政策，激励机制还不健全。对企业社会责任的认知不仅在民营企业中尚未达到普及，在社会上也谈不上广泛的知晓度，比如对光彩事业宣传的影响力和持续度都还不够。

（二）企业面临的老大难问题亟待有效解决

1. 用工问题长期困扰企业发展

问卷调查显示，嘉定区民营企业用工成本占企业成本压力的首位。人员流动性大、应聘者少和岗位匹配性差列用工问题前三位，之后依次是职工子女入学难、职工住房、落户问题。

嘉定民营企业中制造业占比较大，用工难问题尤为突出。工业区商会的负责人反映，国际形势变化引发的芯片断供对工业区的汽车产业链的上下游冲击较大，用工方面不仅高端人才缺，一线工人也非常紧缺。现有的职业教育与培训没能跟得上劳动力市场的快速变化。有的企业反映，一线产业技术工人主要来源存在被第三方人才中介公司垄断的情况，人才公司抬高中介费用使整个人才市场的用工成本增加，加剧了企业招工难题。

2. 中小企业融资难破解乏力

调研发现,融资方面存在信任环境脆弱、缺乏有效的信任确立机制的情况。融资门槛、融资成本是企业认为的主要难点。银行放贷仍存在一定歧视,更偏向于信用好、合作稳定的大集团、大公司。许多轻资产类型企业获批难度较大,中小企业普遍具有规模小、固定资产少、土地房产等抵押物不足的特点,往往没有有效的资产可用于贷款抵押,而恰是这些企业融资需求更为迫切。

3. 园区配套未能满足需求

子女入学、房屋租赁都是员工关心的焦点,而外地来沪就业人员相对集中导致子女就近入学困难;多层次租房需求未能满足,无论中层技术人员需要的人才公寓,或是一线普通工人所需的集体宿舍,均供不应求。上下班交通问题也有不少企业反映,地铁站到公司缺少公交或短驳,而园区开出短驳车后又遭遇园区内员工上下班时间差异大车辆空载率高的尴尬。年轻人的餐饮、娱乐、健身需求也是园区配套的薄弱环节。

(三)营商环境仍有进一步改善空间

1. 政商关系"清"有余而"亲"不足

调研发现,不少企业家反映政府和企业之间存在距离感,谈工作多,讲感情少。企业与政府交往中有顾虑,不如宁波、深圳等地的政企交往氛围更加宽松。比如政府部门的调研、走访、座谈等,纯公务氛围太强,过于严肃,不利于企业敞开心扉聊。

2. 服务生态环境还需要优化

不少企业反映,国内舆论中,针对民营企业、民营企业家的负面新闻较多,不利于提升民营企业社会地位。大多数企业都肯定了上海政府部门工作的规范、严谨,但也有反映,相比外省市,上海刚性执法偏多,柔性服务不够。部分企业反映,嘉定开展大调研大走访活动,主动问计问需值得肯定,但同时,由于政府部门条线太多,各自为政,企业忙于政府接待、问卷填报,还有各类检查等,占用了企业不少人力、精力和时间。

3. 国际国内大环境不稳定给企业带来冲击

中美经贸摩擦和国内外疫情影响给企业带来较大不确定性。例如,汽车企业普遍遭遇"芯片荒"卡脖子;旅游行业遇到行业重创;上海共生自动化科技有限公司因疫情获得了海外市场的大量订单,但货运成本大幅增加导致利润空间明显压缩。

4. 企业政策获得感不强

问卷调查显示,企业对政府未来工作期望中,对加强政务公开查询便利的呼声最高57.0%,其次是认为应提高办事效率49.3%和增加业务指导42.1%。政策获得感方面,63.6%的企业认为政策的普惠面不广,50.2%的企业认为申报材料过程过于烦琐,政策有效性不强、政策宣讲获取不及时等问题分别占38.3%和33.5%,这也是削弱政策获得感的重要因素。"十四五"期间,嘉定将重点发展一个万亿级产业、三个千亿级产业和在线新经济,然而扶持政策倾斜力度仍显不足。上海三友医疗器械股份有限公司反映,集采限价政策,中标价格屡创新低,企业利润严重压缩;上海红鲤文化传播有限公司反映,动漫产业对原创支持政策相对多,针对制作方面的少,该公司70%~80%都承接代制作业务,没有相应的政策红利享受;上海拉谷谷时装有限公司反映,设计类高级人才缺乏职称衡量标准,不少骨干学历不高,享受不到落户政策支持。

5. 产业导向指引不够

调查问卷显示,超过六成企业有在嘉定再投资意愿,投资方向较为分散,相对较为集中的前三位是信息及研发服务、智能传感器与物联网、汽车产业,分别占24.9%、23.9%、21.5%。近六成企业关心产业政策导向,只有不到两成企业表示非常了解"十四五"加快推进新城规划建设的相关规划与政策,有近四成希望获得更多相关信息。但大多数企业家受制于站位、眼界、信息渠道所限,对国家、地方政府的发展方向、产业规划把握不准,亟需高层次专业的分析指导,帮助企业调整转型升级踏准步伐。

(四)基层商会组织建设有待强化

1. 商会向心力不足

街镇商会普遍反映,在招募新会员方面虽然完成指标问题不大,但企业主动入会的比例不高,只占10%左右。问卷调查也显示,受访的45家非会员企业中,仅13家表示有意愿加入商会,占28.9%,余下32家企业暂不入会的理由各不相同,相对集中的是"企业规模较小事务繁忙"占15.6%,"不了解商会具体工作内容"占9.4%。各基层商会会费收缴情况不尽相同(见表15-1),除南翔镇商会由政府拨款外,其余街镇均收取会费,其中,华亭镇、江桥镇、嘉定新城(马陆镇)面向所有会员单位收取,余下9个街镇以理事会班子为主体收缴。各街镇收费没有统一标准,对不缴纳会费的企业没有强制措施,缴费环节缺失影响企业归属感、认同感,同时也影响到商会服务活动的质量效果。会员企业中超过五成都是不定期参加活动,每月参加的仅15.9%。企业在生产经营过程中遇到问题首先想到找工商联商会的仅占3.3%,工商联"娘家人"的身份意识还未深入人心。

表15-1 嘉定区街镇商会会费标准

街镇商会名称	会长单位		副会长单位		理事单位		会员单位	
	会费标准	数量	会费标准	数量	会费标准	数量	会费标准	数量
安亭镇商会	30 000	12	30 000	24	10 000	290	0	
嘉定工业区商会	10 000	8	5 000	16	2 000	125	0	
华亭镇商会	20 000	9	10 000	20	5 000	66	1 000	

续　表

街镇商会名称	会长单位 会费标准	副会长单位 数量	副会长单位 会费标准	理事单位 数量	理事单位 会费标准	会员单位 数量	会员单位 会费标准
嘉定镇街道商会	10 000	3	5 000	17	2 000	140	0
江桥镇商会	20 000	10	10 000	21	5 000	108	1 000
菊园新区商会	80 000	2	50 000	8	10 000	103	0
嘉定新城(马陆镇)商会	30 000	20	10 000	12	5 000	114	3 000
南翔镇商会	0	3	0	6	0	351	0
外冈镇商会	10 000	11	5 000	25	2 000	128	0
新成路街道商会	10 000	2	5 000	10	2 000	100	0
真新街道商会	10 000	2	5 000	9	2 000	164	0
徐行镇商会	20 000	10	10 000	22	5 000	131	0

2. 平台作用还未充分发挥

问卷调查显示,加入商会的原因,排名前三的是加强政企沟通、政策宣讲和经验交流、企业宣传和市场开拓,分别占 89.3%、53.7%、51.4%。目前商会活动形式普遍较为单一,内容多为政策宣讲,距离企业期望的搭建政企沟通平台,组织参观见学、安排上下游产业链交流推广等有助于企业生产经营的活动还有差距。

3. 商会干部队伍建设有待加强

调研发现,基层商会基本都存在人手紧张的问题,商会工作缺少专职人员处理,除安亭镇落实统战干事专职从事商会工作,其余街镇商会秘书长多为经济部门或统战部门兼职干部,一定程度上影响了基层商会组织工作的积极性和专注度,导致执行力不足。商会工作人员既要熟悉商会工作又要懂经济,还要了解政府各职能部门职责分工,而他们对岗位的适应往往靠自学,缺少系统的上岗培训和知识更新。

五、对策建议

(一) 守正创新,突出特色,提升教育引导成效

1. 深入及时了解民营经济人士思想动态

完善并落实民营经济代表人士分层联系走访和谈心谈话制度,区领导重点联系工商联（总商会）企业家主席会长，区工商联专职领导普遍联系执常委，街镇领导广泛联系商会理事，建立常态化联系沟通机制，及时掌握思想动态，跟进做好引导服务。各类线上政务平台要设置醒目的留言区，既可不定期地统计企业留言，也可以系统组织企业家不记名地上线提意见、谈想法，相关部门要安排专业人员进行回复，弥补由于民营经济体量庞大，调研覆盖面不够的问题。

2. 培养强化民营企业家学习意识

自觉自发、持续深入的自我教育是民营经济人士理想信念教育的理想阶段，要让企业牢牢树立起民营企业的发展与党的领导息息相关、与国家的政策息息相关的观念，强化民营经济代表人士履职考核机制，推动民营企业家的主动学习意识。深入挖掘嘉定民营经济统战资源，强化理想信念教育阵地建设，引导广大民营经济人士以胡厥文、吴蕴初等老一辈爱国实业家为楷模，见贤思齐，担当作为，以实际行动践行沪商精神，彰显嘉定城市精神。在思想教育过程中，要不断激发企业家的学习兴趣，通过调研了解不同类型企业、不同年龄段企业家的偏好，将理想信念活动与企业家关注的主题结合进行。对积极参加商会研讨、教育、调研活动的企业家进行宣传，使企业在接受教育的过程中有成就感，调动激发企业家的参与热情。

3. 发挥网络平台互动优势

加强民营经济服务平台建设，着重开发互动平台模块应用。提高线上内容实用性和便捷度，利用线上会议等形式，解决部分企业家工作繁忙无法保证线下会议出席的情况；对政策宣讲微课堂线上类活动增加直播功能，扩大受众覆盖面，开设弹幕活跃互动氛围；开通回看频道，精选学习资源，如领导重要讲话精神、嘉商大讲堂等内容，可随时点播回看，反复学习；鼓励在留言板记录感言，交流学习心得。

4. 擦亮光彩事业品牌

将思想教育引导与包括以公益慈善、扶贫对接、优抚慰问等活动相结合，引导民营经济人士在回报社会、服务民生的具体实践中不断提高思想觉悟、唤醒时代担当。积极响应国家乡村振兴号召，研究实施"万企兴万村"光彩项目，尊重企业家主体地位，鼓励企业家参与项目设立、实施、验收全过程，在资金、技术、人才等各方面提供力所能及的支持保障，在促进共同富裕的征程中接受教育，塑造嘉商良好形象。组织光彩之星评选表彰，举办光彩主题活动日，大力宣传光彩事业成就和优秀民营经济代表人士，树立嘉定光彩事业品牌。

（二）精准施策，整合资源，着力破解企业难题

1. 及时跟进行业发展，完善人才政策，缓解用工难题

应对民营企业发展过程中的新的瓶颈和困难进行梳理和汇总，尤其对重大项目、产业集群和在线新经济产业留有足够的关注，建立用工供需对接平台，引入企业、中介公司、

个人劳资三方,及时收集、更新企业用工需求,包括缺口、工种、需具备何种专业技术职称或者技能资质等,并定期更新,利用大数据分析,精准匹配推送,协助开展人力资源信息发布,规范劳动力中介市场,平抑劳动力中介费用。

对于高层次人才应积极鼓励企业与高校研究院所联动,补齐工业互联网人才培养短板。建设"产业人才大数据平台",编制紧缺人才目录,推动人才选拔评价。根据行业发展现状特点以及未来发展导向和趋势,及时更新技术人才引进目录,对部分重点企业、重点岗位开放一些落户名额,赋予行业代表性企业自主评定和推荐权限,减少行业亟需人才的流失。

完善城市配套,合理规划周边交通、商业,进一步加大普惠性的子女教育资源供给。利用长三角一体化优势,在嘉定周边的昆山、太仓选择合适房源,鼓励开发人才公寓、集体宿舍,实现"双城"生活;与品牌房产中介合作,组织供需对接盘活租赁房源,协助企业进行员工宿舍的选址和新建工作,或者强化城市公租房供给,满足企业不同层次人员多样化租房需求。

2. 进一步加大对中小企业融资服务力度

进一步加大信贷资源倾斜,创新丰富金融产品,完善民营企业资产评估,扩大知识产权等无形资产质押类贷款规模。在服务上提质增效,利率优惠更加直接透明,避免增加存贷挂钩等附带条件,缩短融资周期,简化程序,加强全过程个性化指导,减少审批环节人力和时间成本。

整合政府部门政务信息,提高企业信用信息查询的便利。充分利用大数据产融合作平台的相关资源,定期举办相关培训、融资路演和对接活动。改善银企信任环境,以服务为本,加强后台监管调查,减少前台门槛障碍,健全中小企业信用担保体系。进一步发挥"政会银企"机制作用,不断扩大平台的覆盖面、知晓面、影响力,实现金融机构与中小企业无缝对接,尤其是促进信誉可靠、业绩良好、发展势头迅猛的企业与银行形成稳定合作关系,从而降低中小企业融资成本和银行贷款的风险。

盘活社会资本,拓展融资渠道。政府相关部门积极搭建平台,不定期举办融资沙龙,交流投融资信息,向社会资本推荐创新能力强、成长性好的优秀企业,促成双方深度合作。政府相关部门也要做好保障工作,既要协助投资人做好需要融资的民营企业的资质审查,也要严控断贷风险,设计备选方案。

3. 加强宣传,重视政策实效性

在宣传媒介与方式上,要适应民营企业获取信息渠道的习惯,及时更新置顶和企业生产经营密切相关的优惠政策,改变平铺直叙的传统宣传风格,重要资讯要用醒目的标题吸引眼球,从海量信息中凸显出来。在宣传内容上,要组织好语言,把繁琐、晦涩的条款用尽量通俗易懂的话语进行讲解,让企业易学易懂、真信真用,并且留下相关联络部门咨询电话,预留线下咨询渠道,方便企业进一步了解情况。

利用工商联所属商会的纽带抓手作用,了解属地民营企业的生产发展特点和阶段性的经营特征,将适用政策及业务信息及时定向推送给有需要的企业,提高企业政策信息有效获取率。

(三)优化服务,加强沟通,致力改善营商环境

1. 亲近企业消除政企距离感

政企交往既要"清"也要"亲",要更加重视强化政企沟通协商交流。政府和企业沟通交流采取更加多元、轻松的形式,平时加强电话、微信的互动,消除沟通的距离感,在调研走访以及一些座谈、恳谈活动中,放低政府姿态虚心纳谏,努力消除严肃紧张的公务氛围,鼓励企业放心大胆畅所欲言。结合区工商联换届,新一届执行委员会委员的产生,加大对新入选的委员企业走访调研,建立从陌生到信任的政企关系。制定出台规范干部与民营经济人士联系交往的规则,激励干部主动作为,靠前服务,有规可依,真正放下包袱和民营企业打交道。

2. 努力营造更好的服务生态环境

加强正面舆论引导,密切与区内外新闻媒体合作,深入挖掘宣传民营经济领域的各类先进典型,加大企业家精神的宣传弘扬,加强优秀企业家政治安排和宣传,在全社会营造尊重民营企业家、鼓励民营企业发展的良好氛围。研究统筹监管调查机制,形成一个协作统筹监管、调查、调研平台,合并处理相关监管调查活动,协调集中安排统一行动,在提升工作效率的同时减轻企业负担,减少对企业正常经营生产的影响。完善区级企业诉求协调机制,健全诉求受理、分派、督办、反馈的闭环机制,做到件件有回应。持续推进"一网通办""网办量",增强线上办申请操作的简易化、智能化,办事指南的可读性、通俗性,有效提升线上服务的体验度、便捷度。落实轻微违法违规行为容错机制。审慎认定企业违法行为性质,对首次非故意、社会影响面小的违法违规行为以教育引导为主;对企业间的民事纠纷,尽量避免法务纠纷对企业经营生产的影响,尤其是标的较大、涉及跨区域的案件要加快审理、加速执行;积极推进商事调解组织的发展,为企业提供更便捷的法务服务,助力企业家聚精会神办好企业。

3. 进一步加强政策环境支持

支持企业创新转型提质扩容,积极应对国际国内大环境不确定因素带来的不利影响,推动国内国际双循环的新发展格局。积极支持新技术、新模式、新业态和新产业发展,及时跟进配套政策标准制定,适当扩大扶持政策覆盖面,提高集采中标价格。完善优化营商环境长效机制,建立健全以实施效果为重点的政策评估制度,抓好惠企政策兑现,推行惠企政策"免申即享"。持续提升投资建设便利度,优化再造投资项目前期审批流程,进一步简化企业生产经营审批和条件,精简优化工业产品生产流通等环节管理

措施。

4. 做好更精准、更及时的产业导向引导

根据嘉定区发展规划及重点产业发展情况,为企业提供国家宏观政策解读、精准的产业导向指导和宣传,尤其针对有落户、投资意向或者处在转型期的企业,组建专业团队定期进行高质量的分析指导,重点包括如何发展先进制造业以及如何淘汰落后产能,产业结构、产品结构、需求结构调整等多重问题,使企业的发展和区域的建设实现协调配合。在此基础上以行业为主导,鼓励推动产业联盟的组建和实施,研究把握产业发展趋势,合作开展技术攻关,制订并实施行业联盟技术标准,推动联盟成员知识产权共享,不断发展壮大产业链。

(四)规范管理,建设队伍,提升商会组织功能

1. 响应企业期许,补足服务短板,增强组织影响力

加强工作宣传,通过印制宣传折页、举办巡展、组织团建等活动,让更多的民营企业,尤其是非会员单位了解民营经济统战工作的系统性内容,以及政府部门是如何回应企业诉求,包括工商联、街镇商会等一线部门的运行机制,宣传政企沟通优化营商环境的成功案例,通过企业口耳相传,不断提升工商联及所属商会的知晓度和影响力。

2. 规范会费收缴使用,提升组织认同感

出台会费收缴指导意见,制定管理方法,明确申请缓交、免交审批流程,做到入会前告知、入会时签字、入会后公示。建立规范科学的财务管理制度,及时公开使用信息,杜绝除章程许可之外的一切额外开支,随时接受监事会及会长办公会的审计。加强会费制度等相关商会制度的宣传引导,让参会企业正确理解会费,认识会费与商会活动以及商会价值的关系,拥护商会的规章制度。采用自愿缴费与制度标准化结合的会费收缴制度,鼓励企业捐赠行为,以充实商会活动经费,保障会员服务。让所有会员都能感受到商会的正式性、正规性和重要性。

3. 进一步加强商会干部的建设和培养

加强业务培训,采取"理论+实践"相结合的方式,邀请相关专家学者、市工商联和区委统战部领导授课,学习探讨商会工作的方法和当前经济形势分析。实行区工商联和街镇商会干部双向交流机制,选调街镇商会干部到工商联挂职锻炼,选派工商联干部到街镇商会辅助落实重大项目、重点任务或者其他专项工作。进一步发挥企业家主体作用,鼓励理事企业深度参与基层商会组织与运行,探索企业人员到商会挂职实践,充实商会工作力量。

4. 整合商会内生资源

建立商会联络员分级制度,根据信息、通知的不同内容、重要程度发送至对应层级人员,增强信息接收有效性。整合商会内部资源,释放商会组织的服务效能。利用会员企业处于各行各业并且集中在一定区域中的特点,进行互通有无,比如律师事务所组织法务

咨询、人才公司协助其他单位进行人才招聘等。定期举办联谊活动,甚至涉及民营经济人士婚恋、子女教育等个人生活领域,形成一种"家庭互助式"的商会架构,在企业自发的互助过程中,增强民营企业家个人责任感,提升商会凝聚力。

(供稿单位:嘉定区工商业联合会)

专题十六

上海民营经济法治精神提升研究

民营经济是我国经济制度的内在要素,是推动社会主义市场经济发展的重要力量,是我们党团结带领全国人民实现"两个一百年"奋斗目标和中华民族伟大复兴的重要力量。同时,社会主义市场经济本质上是法治经济,全面依法治国是我们党治国理政的基本方略。由此,民营经济的社会主义法治精神培养、提升,就成为新时代进一步"毫不动摇鼓励、支持、引导非公有制经济发展"的重要课题与重要工作。

在新时代中华民族伟大复兴战略全局和百年未有之大变局下,以习近平新时代中国特色社会主义思想为指导,围绕党中央关于"两个毫不动摇"和"弘扬社会主义法治精神,夯实依法治国社会基础"决策部署,贯彻落实习近平总书记关于民营经济的历次重要讲话精神,对当前上海民营经济社会主义法治精神建设现状、提升和保障等进行专题研究、提出相应专门对策建议,对于促进和保障新时代民营经济的健康发展再上台阶,具有重要意义和价值。

一、民营经济法治精神建设的决策部署

十八大以来,以习近平同志为核心的党中央和上海市委对民营经济社会主义法治精神建设高度重视,多次作出部署要求。

2014年10月23日,党的十八届四中全会审议通过的《中共中央关于全面推进依法治国若干重大问题的决定》提出:"社会主义市场经济本质上是法治经济","法律的权威源自人民的内心拥护和真诚信仰","必须弘扬社会主义法治精神,建设社会主义法治文化"。

民营经济法治建设是近年党中央的重要工作部署。2018年中央经济工作会议提出:"要支持民营企业发展,营造法治化制度环境,保护民营企业家人身安全和财产安全。"2019年中央经济工作会议提出:"要完善产权制度和要素市场化配置,健全支持民营经济发展的法治环境。"2020年中央经济工作会议提出:"优化民营经济发展环境,健全现代企业制度,完善公司治理,激发各类市场主体活力。"2021年中央经济工作会议提出:"优化民营经济发展环境,依法保护各类市场主体产权和合法权益。"

习近平总书记对民营经济法治精神建设高度重视、提出了明确要求。2018年11月1日习近平总书记在民营企业座谈会上指出:

"民营企业家要讲正气、走正道,做到聚精会神办企业、遵纪守法搞经营,在合法合规中提高企业竞争能力。守法经营,这是任何企业都必须遵守的原则,也是长远发展之道。"2020年7月21日习近平总书记在企业家座谈会上指出:"法治意识、契约精神、守约观念是现代经济活动的重要意识规范,也是信用经济、法治经济的重要要求。企业家要做诚信守法的表率,带动全社会道德素质和文明程度提升。"

上海市委书记李强对于民营企业法治工作提出明确要求,强调指出:"民营经济是上海高质量发展不可或缺的重要力量","要深入贯彻落实习近平总书记关于民营经济发展的一系列重要讲话精神,搭建更多平台,实施更好用更管用的政策,提供更用心的服务,营造更优的环境,全力支持民营企业在上海发展壮大","法治是最好的营商环境,要通过加强法治建设,帮助市场主体稳预期、强信心","努力使法治成为上海核心竞争力的重要标志"。

二、影响民营经济法治精神建设的问题考察

社会主义市场经济本质上是法治经济,民营经济法治精神建设,是社会主义市场经济法治建设的重要内容。一段时期以来,由于思想认识、转型发展等主客观因素的影响,民营经济法治精神建设中存在一些短板,需要予以重视、解决。

通过调研发现,从民营企业主观思想认识角度,一段时期以来民营经济法治精神建设存在三方面突出问题。一是一些民营企业对于我们党的民营经济政策还不是很定心,尤其是对于"鼓励、支持、引导非公有制经济发展"政策的立法转化有较大期待。二是很多民营企业对于涉企刑事法治还不是很安心,突出表现在民营企业在生产经营中经常性面对的刑事责任法律风险。三是部分民营企业对于市场法治环境还不是很放心,尤其是在市场、要素、规则等方面竞争的公开、公平、公正问题,还不放心。这些问题,一定程度影响着民营企业对于法治精神的信仰、建立和践行,制约了民营经济法治精神的建设与提升。

(一)一些民营企业对于民营企业政策还不是很定心

毫不动摇地鼓励、支持、引导非公有制经济发展,是改革开放以来党和国家的一贯政策。近年来,我们出台的支持民营经济发展的政策措施很多。但调研发现,由于立法转化、宣传落实等存在一定不足等原因,一些民营企业在这方面认识上还不够准确、不够统一。2018年11月1日习近平总书记专门主持召开民营企业座谈会,明确强调:"民营经济是我国经济制度的内在要素,民营企业和民营企业家是我们自己人",重申坚持"两个毫不动摇"重要方针,要求"鼓励、支持、引导"非公有制经济继续发展壮大。如何发挥法治

固根本、稳预期、利长远的重要作用,把党中央相关一系列重要政策,通过立法转化为专门具体法律法规,让民营经济更加定心,有待进一步加强。比如如何把党中央"鼓励、支持、引导"民营企业发展的政策切实通过立法落地落实？如何通过立法引导民营经济人士做爱国敬业、守法经营、创业创新、回报社会的典范？又如,如何通过立法把反垄断、与资本无序扩张与支持民营企业发展协调好、规范好？这一系列问题和工作亟待进一步高度重视,推进落实。

(二) 很多民营企业对于涉企刑事法治还不是很安心

在调研中,一个突出的感受就是民营企业经营者对刑事责任问题高度关注、比较担心。经调研,民营企业在生产经营中面临的刑事法律风险,涉及生产经营、管理、交往、融资等方面170多个刑事罪名。客观而言,作为法定犯的经济犯不同于自然犯,对经济犯来说,刑法过于积极,则会带来经济犯罪打击扩张现象,进而会影响经济发展的活力,可能出现"案子办了,市场丢了,企业垮了、职工失业了"的风险。习近平总书记指出:"法治是最好的营商环境。"从实践来看,部分刑事罪名在立法、司法理念、技术上要进一步发展、进一步完善。比方说,企业实际提供应税产品或劳务但代开发票等问题,严格按法条规定就涉嫌虚开增值税专用发票罪。超过1万元,就是数额较大,处3年以下有期徒刑。由于法律意识知识缺乏、特定历史发展阶段等原因,许多民营企业人员都面临刑事法律风险问题。近段时期,党中央高度重视这一问题,最高法、最高检也出台了一系列司法解释和规定,上海在推进相关法律规定在执法、司法和法治宣传环节落实落地,具备较好基础和工作空间。

(三) 部分民营企业对于市场法治环境还不是很放心

调研发现,就市场法治环境方面,民营企业所关心的主要首先是在市场准入、事中事后监管方面与国有企业、外资企业等的平等待遇。近年来,各种所有制企业公平竞争的市场环境建设有了长足发展,但在招投标等一定领域、一定环节还是存在隐形门、玻璃门,外资企业的超国民待遇等情况。其次是民营经济与国有经济等共同发展问题。一段时期以来,社会上和一些民营企业对于党和国家关于不同所有制经济共同发展的政策理解不深入、不全面,甚至出现"国进民退""民营企业退场论"等不正确认识,一定程度影响了党和国家相关政策的贯彻落实。再次是"放管服"全面实施、政府监管"该放的放、该管的管"问题,否则就可能出现劣币驱逐良币的情况。一个突出的领域和案例就是对于部分违规金融业务的监管规制问题,对于一些钱生钱甚至庞氏骗局赚快钱的金融业务如果不严加监管,就会让安心做实业、赚慢钱的企业不安心。所以,更好的"放管服"三方面都要抓、都要硬,这是营商环境法治建设优化的系统要求。

三、推动民营企业成为社会主义法治的三"者"统一

党的十九届四中全会提出,全体人民成为社会主义法治"忠实崇尚者、自觉遵守者、坚定捍卫者"的重要工作目标部署。作为社会主义市场经济建设重要力量和广大主体的民营经济、民营企业,应积极践行这一社会主义法治精神建设的内核,进一步塑造、提升法治精神,努力成为社会主义法治的崇尚者、遵守者、捍卫者。

(一)三"者"统一是新时代民营经济法治建设的重要指导

社会主义法治"忠实崇尚者、自觉遵守者、坚定捍卫者"三"者"统一建设,是马克思主义基本原理与新时代中国特色社会主义法治建设实际相结合的产物,是新时代中国特色社会主义法治的重要发展。

1. 三"者"统一是新时代民营经济法治建设的主体论

三"者"统一理论阐明了新时代民营经济法治建设"依靠谁"的问题。人民性是马克思主义法治理论的鲜明品格。马克思指出:"只有当法律是人民意志的自觉表现,因而是同人民的意志一起产生并由人民的意志所创立的时候",才能"做到符合科学所达到的水平"。习近平总书记指出:"我国社会主义制度保证了人民当家作主的主体地位,也保证了人民在全面推进依法治国中的主体地位"。三"者"统一理论,明确了包括民营企业在内的全体人民在新时代社会主义法治建设中的主体地位,体现了尊重广大民营企业在内的人民主体地位、发挥主体作用、彰显主体价值和维护主体利益的重大理论内涵和重要实践价值。

2. 三"者"统一是新时代民营经济法治建设的价值论

三"者"统一理论阐明了新时代民营经济法治建设"为了谁"的问题。坚持以人民为中心是习近平法治思想的根本立场和重要内容。习近平总书记多次指出:"要把体现人民利益、反映人民愿望、维护人民权益、增进人民福祉落实到依法治国全过程,使法律及其实施充分体现人民意志"。三"者"统一理论,集中体现了习近平法治思想的人民中心价值追求,体现了以人民的意志、意愿和利益作为目标追求的鲜明价值定位,对于民营经济社会主义法治精神塑造与提升,具有重要指导意义。

3. 三"者"统一是新时代民营经济法治建设的方法论

三"者"统一理论指明了新时代民营经济法治"如何建"的问题。习近平总书记多次指出:"努力让人民群众在每一项法律制度、每一个执法决定、每一宗司法案件中都感受到公平正义"。这就在方法论角度要求我们在推进民营经济法治精神建设中:在立法方面,深入推进科学立法、民主立法,努力使每一项涉企立法都听取民营企业代表意见、得到民

营企业的理解和支持。在涉企执法方面,切实落实严格执法、文明执法,把以人民为中心的执法理念落实到工作的各个方面、各个环节。在涉企司法方面,坚持公正司法,努力让民营企业在每一个司法案件中感受到公平正义。

(二)三"者"统一是新时代民营企业法治建设的重要支撑

三"者"统一理论,为新时代民营企业社会主义法治建设尤其是社会主义法治精神塑造、提升,提供了重要的目标、指引和准则。

1. 在法律规范体系建设方面

法律是人民意志的集中体现,这是社会主义法治的合法性基础。三"者"统一理论,对于发挥立法引领和推动作用,把民营企业的意见建议纳入涉企立法全过程,深化民营经济法律规范体系建设的科学立法、民主立法、依法立法,是重要指导。

2. 在法治实施体系建设方面

在民营经济科学立法基础上,有法必依、执法必严、违法必究、公正司法等法律实施情况直接关系法治建设成效。三"者"统一,就对法治实施机构通过严格执法、公正司法,让民营企业在每一项执法决定、每一个司法案件中感受到公平正义,提出了明确要求和重要导向。

3. 在法治监督体系建设方面

在对立法、执法、司法权力运行制约和监督体系建设中,民营企业社会主义法治"忠实崇尚者、自觉遵守者、坚定捍卫者"的三"者"统一既是党的领导、人大监督等国家监督的出发点和落脚点,又是民主监督、舆论监督等社会监督的基本依据和重要内容。

4. 在法治保障体系建设方面

推动民营企业成为法治"忠实崇尚者、自觉遵守者、坚定捍卫者"的三"者"统一,本身就构成社会主义法治保障体系的重要基础之一。提高民营经济、民营企业法治精神法治素养,使崇法守法卫法成为民营企业的追求和行动,是社会主义法治保障体系的重要方面。

(三)推进新时代民营企业法治建设中三"者"统一的落实

1. 民营企业三"者"统一在立法工作中的落实

进一步健全完善立法机关主导、人民参与立法的方式,如涉企立法征求民营企业代表意见制度等;进一步健全完善立法机关和民营企业的沟通机制,进一步发挥工商联等在涉企立法中的作用;进一步拓宽民营企业有序参与立法途径,健全意见采纳情况反馈机制;进一步完善涉企立法书面征求民营企业意见、座谈会、听证会等程序,进一步优化民营企业的立法参与。

2. 民营企业三"者"统一在执法司法工作中的落实

执法和司法是法治实施最主要方面,也是落实三"者"统一要求的关键。法治的根本是以民为本,对于涉企执法、司法,应依法行政,严格规范公正文明执法、司法。针对当前民营企业关心重点问题,积极推进执法、司法水平不断提高。

3. 民营企业三"者"统一在法治保障工作中的落实

主体保障是社会主义法治建设保障工作的重要方面。主体保障是切实落实社会主义法治建设的民营企业重要作用,应聚焦三"者"统一,不断提高民营企业的法治意识、法治素养和法治水平,激发、维护和保障好民营企业在社会主义法治建设中的重要主体作用有效发挥。

4. 民营企业三"者"统一在法治监督工作中的落实

以民营企业法治建设为目标,进一步加强党的监督、人大监督、民主监督等制度建设,努力形成科学有效的民营企业立法、执法、司法权力运行制约和监督体系,推动新时代民营企业法治监督工作不断深入发展和取得积极成效。

四、推动民营经济法治精神塑造提升的对策建议

(一) 推进民营经济法治精神提升的工作重点

1. 进一步加强新时代民营企业政策的立法转化

社会主义市场经济本质上是法治经济,法治是最好的营商环境。长期尤其是近年来,我们党制定、实施了大量鼓励、支持、引导民营经济发展的政策,推动民营经济法治精神进一步提升,重点工作之一就是推动从政策到法律,采取切实有效措施保障各项政策立法转化、落地见效。

依法治国首先是依宪治国。我国《宪法》明确规定,非公有制经济是社会主义市场经济不可或缺的重要组成部分。宪法对保护非公有制经济的合法的权利和利益和鼓励、支持和引导非公有制经济的发展,有着明确规定。这要求我们全面彻底转变理念、优化政策、完善做法,各种法律、法规制定实施均应充分体现宪法精神,通过法治方式实现对非公有制经济的鼓励、支持和引导。

包括民营企业在内的广大企业是生产力的微观载体,是新时代经济高质量发展的基础力量与重要主体,十八大以来中央高度重视民营经济、民营企业,明确提出:"民营经济是我国经济制度的内在要素,民营企业和民营企业家是我们自己人",要加强"鼓励、支持、引导"。为此,过去的几年,党中央专门制定出台了《关于营造更好发展环境 支持民营企业改革发展的意见》《关于加强新时代民营经济统战工作的意见》等一系列相关政策文件,出台支持和促进民营经济健康发展的重大部署、政策措施也很多,如全面实施市场准入负面清单制度,推动创新和完善信用监管,开展涉产权冤错案件甄别纠正等。国家立法机关和国务院法制机构进一步完善与全国工商联协商机制。过去几年中,仅通过全国工商联征求民营企业和行业协会商会意见

建议的法律法规和规范性文件就超过200部，以更好保障民营企业在法律制度建设中的知情权、参与权、表达权和监督权。2019年，国务院办公厅印发了《关于在制定行政法规规章行政规范性文件过程中充分听取企业和行业协会商会意见的通知》，更加注重吸收民营企业、行业协会商会等市场主体有效参与立法活动。在此基础上，建议进一步加强党中央关于新时代民营企业一系列政策的各层级的立法转化，围绕新时代党中央关于民营企业的政策方针，聚焦民营企业普遍关心问题，以法治方式进一步加强对民营经济的"鼓励、支持、引导"，不断健全完善民营经济政策的立法转化与法治实施，从政治引领到法治实施，推进新时代民营经济社会主义法治精神提升。

2. 进一步提高新时代民营企业刑事法治水平

在民营经济法治精神建设、提升中，民商、经济法治和刑事法治是两大重要影响领域，而刑事法治情况，是民营经济最为关心的问题。在民营经济、民营企业经营发展中，170多个刑事罪名，是影响民营经济、民营企业建设和提升对于社会主义法治"信仰、遵守、践行"的重要方面。

根据党的民营企业政策，建议进一步提升刑事法治科学性，为包括民营经济、民营企业在内的广大企业摘掉创业、发展中的不必要的刑法尤其是有期徒刑悬在头上的枷锁，是当前社会主义法治建设迫切需要解决的重要现实问题。实践中，很多企业家既要面对激烈的市场竞争，还要面对来自方方面面的刑事风险。现实中，一些企业员工出现一个问题，不管是否有证据、是否属实，就举报企业偷税等刑事责任问题。

建议有关方面高度重视这方面情况和问题，着力不断提高新时代涉企刑事法律的科学性，逐步推进问题解决。具体建议包括废改立三方面工作。一是废：对于实践证明已经不适应现实经济发展的罪名，比方说虚报注册资本罪等，可以考虑废除。二是改：比方说虚开增值税专用发票，如果是代开，但只要是真实交易，可以不认定为刑事犯罪。三是立：探索建立企业刑事犯罪规制处罚新制度。比如，探索加大财产罚、相应降低人身罚。企业犯罪一般是为了经济利益，如果在经济利益上加大规制和处罚力度，比起单纯判几年有期徒刑更能起到规制作用。在这方面，近期党中央和最高法、最高检出台了一些政策和法规。上海在党中央和最高法、最高检近期已经明确发文的关于民营企业刑事法治发展优化政策基础上，一是要进一步加强宣传、做好实施；二是可以探索推进涉企刑事立法、司法国家上位法基础上的地方立法保障。

3. 进一步提升新时代民营企业经济民商法治水平

市场经济必然是法治经济，市场经济健康发展需要法治有力保障。作为市场经济的重要组成部分，民营经济的健康发展同样离不开良好的法治环境。在这个角度，与其他社会主体不同,经济法治、民商法治的立法、执法、司法情况,是影响民营经济法治精神建设的重头与重要方面。

首先是民营经济的平等保护的法治化。2019年2月25日,习近平总书记在中央全面依法治国委员会第二次会议上强调指出,法治是最好的营商环境,要把平等保护贯彻到立法、执法、司法、守法等各个环节,依法平等保护各类市场主体产权和合法权益。其次是民营经济的支持发展的法治化。党的十九届四中全会审议通过的《中共中央关于坚持和完善中国特色社会主义制度推进国家治理体系和治理能力现代化若干重大问题的决定》明确提出,要健全支持民营经济、外商投资企业发展的法治环境。结合经济实际,推动国有、民营等不同所有制企业共同发展,实现"国民共进",是当前一项重要课题。第三是民营经济科学监管的法治化。近年来,党和政府对于民营企业"放管服"的"放"和"服"工作力度很大,成效显著。但是,应该引起注意的是"管"的方面一定程度有所放松,科学监管、严格监管还有较大空间。比如,对于具有巨大外部性的金融、类金融领域如果科学监管、严格监管跟不上,就容易引发P2P模式的泛滥和大量爆盘跑路,社会代价和损失极大,教训很大。

围绕上述问题,一是建议上海探索完善民营经济平等保护的地方立法。坚持平等对待各类所有制形式的立法理念,通过不断完善市场公平竞争规则,进一步加强竞争中性法治建设,推进民营企业、国有企业、外资企业在市场准入、公平竞争方面的政策落实与制度保障,重点研究及绝招投标、投融资等方面一定程度对于民营企业不够公平的问题,有效激发市场活力和全社会创造力。二是建议上海探索完善支持民营经济共同发展的地方立法。十八届三中全会明确了公有制为主体、多种所有制经济共同发展的基本经济制度。推动不同所有制经济共同发展、"国民共进"已成为政策导向,上海可以在这方面加强探索,制定实施推进民营经济与国有经济、集体经济等共同发展的支持性立法。三是建议上海探索完善民营经济科学监管的实施推进。要点在于"放管服"都要硬,对于具有外部性的企业、业务,要强化监管;对于必要、重要领域和环节,正面清单不能放掉,否则会出现劣币驱逐良币,对民营企业造成新的不公平。建议在依法充分放权、服务的同时,将科学监管、严格执法作为一项重点工作专项推进,让广大民营企业不断形成、提升科学系统协调的法治精神,更加定心地依法投资、兴业、发展。

(二)提升民营企业法治精神的专项推进

为进一步推进新时代民营企业社会主义法治精神提升,建议制定、实施《上海民营经济社会主义法治精神提升专项方案》,推动民营企业不断提升法治精神、提高法治素养、强化法治思维、强健法治本领,共促新时代社会主义法治精神的建设弘扬与作用发挥。

1. 专项方案总体建议

坚持以习近平新时代中国特色社会主义思想为指导，深入学习贯彻习近平法治思想，全面落实习近平总书记关于民营经济发展的重要指示批示精神，坚持走中国特色社会主义民营经济法治道路，推动民营经济进一步提升、弘扬社会主义法治精神，更好投身新时代中国特色社会主义建设，发挥更加积极重要作用，做出更多、更好成绩和贡献。

（1）推动民营企业崇尚法治精神，诚信守法经营。推动民营企业进一步学习、贯彻习近平法治思想，进一步树立、提升社会主义法治精神，把法治作为企业发展的精神主导、维护合法权益的坚固盾牌，坚持用法治精神指导企业活动，坚持依法经营、依法治企、依法维权，遵纪守法办企业。

（2）推动民营企业增强法治素养，遵法学法用法。推动民营企业守信用，讲信誉，重信义，赢信任。推动民营企业不断增强谋发展，有法治思维；建诤言，有法理思考；打交道，有守法之德；搞经营，有法商意识；谈诉求，有用法能力；维权益，有法律依据的法治素养。

（3）推动民营企业厚植法治文化，凝聚法治认同。推动民营经济进一步学习、贯彻习近平新时代中国特色社会主义思想，弘扬社会主义核心价值观、企业家精神和工匠精神，带头树立正确的价值观、法治观、经营观、传承观，爱国敬业、守法经营、创业创新、回报社会。

（4）推动民营企业亲清政商关系，守法对外交往。更好贯彻落实中央关于市场和政府作用、亲清政商关系的部署要求，推动民营企业涵养浩然正气，增强法纪定力，强化底线思维，真诚与党政部门、社会各界交流往来，亲而有度，清而不离，在经营管理和政商交往中做到遵法、重法、守法。

（5）推动民营企业参与法治建设，形成法治合力。坚持广大民营企业社会主义法治"忠实崇尚者、自觉遵守者、坚定捍卫者"的努力目标，推动民营企业积极参加立法协商，对于涉企法律法规提出意见建议；主动配合司法执法，健全意见诉求的法治化反馈渠道、合法权益的机制化维护机制。

2. 专项方案基本原则

（1）立足当前、着眼长效。结合当前民营企业在法治精神、法治建设方面存在的突出问题，明确法治精神提升、法治民企建设的目标任务和推进措施，长效推进。

（2）重点突破、以点带面。以大中型民营企业、工商联执委所在企业为重点，充分发挥引领示范作用，加强广大民营企业提升法治精神、加强法治建设的点线面整体推进。

（3）分类指导、务求实效。根据企业规模、行业特点、经营状况等方面的差异，坚持因企制宜、分类施策，增强民营企业法治精神提升、法治建设推进的针对性和实效性。

3. 专项方案目标内容

到2025年，推动上海民营经济社会主义法治精神有整体提升，诚信守法意识和合规经营理念不断增强,法商素养有较大提升,运用法治思维和法治方式推动发展、化解矛盾、应对风险的能力有较大提高。

重点工作建议包括以下七个方面。

(1) 推动民营企业进一步加强依法治企。

推动民营企业一是强化企业内部治理,推动民营企业逐步健全完善公司治理、建立现代企业制度。二是因企制宜充分发挥公司章程在企业依法治理上的重要作用。三是健全监督制约机制,发挥监事会、内部和外部审计人员的作用。四是完善财务审计、内控风控、效能监察等形式,预防和治理内部职务违法犯罪。五是增强"决策先问法、违法不决策"的法商意识,进一步做到依法决策、合规决策。

(2) 推动民营企业进一步规范依法经营。

推动民营企业一是落实经营管理人员学法用法制度,推动民营企业增强诚信守法意识,不断提升依法经营、依法管理能力。二是加强企业合规建设,防范法律风险,建立健全法律风险预警和防范机制,将合规管理融入业务工作全过程、各环节。三是加强重点环节管控,在依法纳税、安全生产、环境保护等重点领域不定期自查,积极配合有关职能部门开展监督检查。四是重视法务和合规人才队伍建设,不断完善法务队伍选聘和培养机制,有条件的企业探索建立法律顾问制度,不断提升企业法治化建设水平。

(3) 推动民营企业进一步做到依法用工。

积极和谐劳动关系是经济法治的重要方面。推动民营企业一是尊重和保护劳动者合法权益,依法签订履行劳动合同,保障劳动者劳动合同权益、生命健康安全和发展权益。二是依法保障劳动者参与企业民主管理,支持通过协商签订集体合同,重大决策事项注重听取职工大会和工会意见。

(4) 推动民营企业坚持依法维权。

民营企业合法权益受宪法和法律保护。推动民营企业一是依法通过正当合理渠道反映维权诉求,杜绝过激行为、违法行为的发生。二是依法通过友好协商、诉讼等方式解决企业纠纷,提高通过调解、仲裁等非诉途径化解矛盾纠纷的比重,注重矛盾纠纷的源头治理。

(5) 推动民营企业培育法治文化。

推动民营企业一是常态化开展法治宣传教育,不断增强合规意识、廉洁意识和诚信意识,使法治精神内化于心、外化于行,融入企业经营管理人员和员工日常行动中。二是以企业党建引领企业文化建设,把法治文化融入企业文化建设,在潜移默化中提升法治精神、提高依法治企水平。

(6) 推动民营企业塑造法治品牌。

坚持把民营企业法治精神提升作为系统工程,深化民营企业"诚信守法企业"创建、"法律进企业"、"法治体检"、"法治民企培育"等工作,建立民营经济立法协商联系点,推动制定民营企业合规管理指引,在此基础上推动典型、总结经验,探索打造民营经济法治建设工作品牌。

（7）推动民营企业法治持续发展。

建议有关主管部门安排委托上海市民营经济研究会等机构组织力量每年度编写发布《上海民营经济法治发展报告》（蓝皮书），及时总结2020年11月习近平法治思想提出后，上海民营企业法治建设、法治精神提升的工作举措、成效经验，持续推动新时代上海民营经济法治建设水平不断提高。

新时代全面依法治国基本方略为民营经济发展带来重要持续利好，民营经济社会主义法治精神的建设提升与实践落实从而成为重要课题、重要工作。我们要推动上海民营经济抓住时代机遇，进一步提升、弘扬和践行社会主义法治精神，担当好新时代社会主义法治经济、法治社会、法治国家建设重要生力军，推动民营经济法治水平效能进一步提高，支撑和保障新时代民营经济高质量发展，服务好国家和上海新时代发展大局。

（供稿单位：上海市工商业联合会、上海市民营经济研究会，主要完成人：赵福禧、李建伟、张捍、彭飞、李琳）

专题十七

上海民营企业服务构建新发展格局研究

在服务党和国家发展大局中实现企业发展,是广大民营企业健康发展的必由之路。围绕党中央关于"准确把握新发展阶段,深入贯彻新发展理念,加快构建新发展格局"决策部署,上海面临着国家赋予更大使命、开展先行先试的新机遇。作为经济社会发展重要力量,民营企业肩负使命、大有可为。

一、党中央关于构建新发展格局的部署要求

2020年5月14日习近平总书记主持召开中共中央政治局常务委员会,首次提出构建新发展格局重要决策以来,党中央做出了一系列部署要求。主要包括:

一是加强党对经济工作的全面领导。党中央多次强调:要加强党对经济工作的全面领导。适应新发展阶段、贯彻新发展理念、构建新发展格局,必须加强党的全面领导。

二是坚持服务党和国家工作大局。党中央指出,要加强统筹指导,督促地方和部门找准服务和融入新发展格局的切入点,更好服务和融入全国新发展格局。

三是构建国内国际双循环相互促进的新发展格局。党中央提出,适应新形势新要求,我们提出构建以国内大循环为主体、国内国际双循环相互促进的新发展格局。

四是创新发展,加快建设科技强国。党中央指出,构建新发展格局,必须深入实施科教兴国战略、人才强国战略、创新驱动发展战略,完善国家创新体系,加快建设科技强国。

五是坚持问题导向推进工作。党中央指出:坚持问题导向,立足新发展阶段,解决影响贯彻新发展理念、构建新发展格局的突出问题,解决影响人民群众生产生活的突出问题。

二、推进上海民营企业服务构建新发展格局

民营经济是我国经济制度的内在要素,是推动社会主义市场经济发展的重要力量,是我们党团结带领全国人民实现"两个一百年"奋斗目标和中华民族伟大复兴的重要力量。上海是我国民族工商业的发祥地。作为社会主义市场经济的重要组成部分,上海民营企业围绕党和国家"准确把握新发展阶段,深入贯彻新发展理念,加快构建新发展格局"

的部署要求,应做好以下工作:

民营经济是推动社会主义市场经济发展的重要力量。上海是我国民族工商业的发祥地,上海民营企业围绕党和国家、上海关于新发展格局构建部署要求,应做好以下工作:

(一) 总体重点工作

1. 把握并积极响应党的决策部署

坚持党对经济工作的全面领导和集中统一领导,是社会主义市场经济的根本原则。推进新发展格局构建,必须加强党的全面领导,发挥党总揽全局、协调各方作用,不断提高贯彻新发展理念、构建新发展格局能力和水平。

围绕党中央构建新发展格局的重大决策。作为社会主义市场经济和新时代高质量发展重要力量,广大民营企业要坚持党的领导,认真学习、准确把握、积极响应党中央的这一战略部署,承担起参与服务构建新发展格局的重要使命。

2. 找准服务新发展格局的切入点

上海在"十四五"规划中提出:以加快构建"四局"、继续增强"四力"为路径,服务构建新发展格局。由此,上海"四局"构建、"四力"增强,就成为民营企业服务新发展格局构建的重要切入点和舞台空间。

围绕加快构建"四个格局",即长三角一体化发展格局、上海空间新格局、经济发展格局、城乡融合发展格局;继续增强"四力",即向科技创新要动力、向扩大内需要潜力、向改革开放要活力、向数字化转型要爆发力,民营企业应抓住机遇,结合自身情况找好服务新发展格局的切入点和舞台。

3. 融入中心节点与战略链接建设

上海服务构建新发展格局,目标定位是成为国内大循环的中心节点和国际国内双循环战略链接。中心节点主要是赋能,助力生产、分配、流通、消费等国民经济循环更加顺畅。战略链接主要是服务,包括要素、产能、市场和规则四个链接。

目标引领发展,功能意味着赋能。国内大循环中心节点、国内国际双循环的战略链接目标定位与功能发挥,为上海民营企业提供了投资、创业、发展,更好参与服务上海、国家乃至世界经济转型升级,服务新发展格局构建的机遇与舞台。

4. 创新发展与服务科技强国建设

上海将坚持创新在发展全局中的核心地位,全面深化全球科技中心建设,加快打造国家的战略科技力量,强化科技创新策源功能,加快解决一批"卡脖子"问题,进一步发挥企业技术创新主体作用。

围绕服务全球科技中心建设和科技强国建设,广大民营企业应进一步发挥创新主体作用,加强创新链和产业链对接。加快推动一批"专精特新"等各具特色的民营企业提质升级,形成一批"硬科技"民营企业科创板等上市发展。

(二) 具体重点工作

1. 民营企业在上海全面深化"五个中心"建设中大有可为

当前,上海在大力推进国际经济、金

融、贸易、航运和科技创新等"五个中心"建设。

上海国际经济中心城市的优势产业往往具有对产业链、价值链及全球市场的控制力。围绕上海国际经济中心建设，民营企业通过延伸研发、设计、生产、销售、服务等产业价值链各个环节，可以实现对资本、创新、人才、信息等资源的全球配置优势。上海国际金融中心的深化建设，可以通过持续优化金融服务体系、完善融资服务信息平台服务、完善服务实体经济的长效机制，着力提升民营企业信贷服务效率、便利民营企业融资、支持民营企业发展。2020年，上海口岸贸易总额87 463.1亿元，继续位居全球城市首位，贸易创新功能也基本形成，对于民营企业融入全球产业链和价值链，不断提高国际化水平，提供了重要机遇和发展平台。航运中心通过对域外需求的满足，达到各种产业有机结合，实质带动的是企业包括民营企业的产业布局和发展。科技创新中心建设可以进一步增强上海民营企业科技创新的集聚度、活跃度、开放度、贡献度、辐射度，有利于优化上海民营企业科技创新版图，强化战略科技力量，推动上海民营企业高质量发展。

2. 民营企业在"三大任务一大平台"推进中大有可为

"三大任务、一大平台"是以习近平总书记为核心的党中央总揽全局、科学决策作出的重大战略部署。

上海努力把"三大任务、一大平台"重大机遇和制度创新红利转化为发展的强大动力和现实效益。一是上海自贸试验区临港新片区为民营发展创造新领域。上海自贸试验区临港新片区狠抓推进落实，瞄准目标，建设更具国际市场影响力和竞争力的特殊经济功能区和产城融合、开放创新、智慧生态、宜业宜居的现代化新城，加快推动"五自由、一联通"政策落地。二是科创板为民营企业发展带来新契机。科创板的定位是坚持面向世界科技前沿、面向经济主战场、面向国家重大需求，主要服务于符合国家战略、突破关键核心技术、市场认可度高的科技创新型企业。科创板支持和鼓励更多"硬科技"等民营科创企业进入科创板，加快把科创优势转化为产业优势、发展优势，走出一条实体经济、科技创新、现代金融融合发展的新路。三是长三角一体化为民营企业发展带来新机遇。长三角一体化发展国家战略，以更大力度、更实举措聚焦重点领域、重点区域、重大项目、重大平台，取得更大的进展为民营企业发展带来了新机遇。利好政策的叠加为长三角区域民营企业的发展创造了更加广阔的发展空间，把握发展机遇，将大处着眼与实处着手相结合，参与到区域一体化的建设中去，成为众多民营企业机遇和舞台。四是虹桥商务区为民营企业发展带来新空间。虹桥商务区打造国际开放枢纽，建设国际化中央商务区和国际贸易中心新平台，打造联动长三角、服务全国、辐射亚太的进出口商品集散地，为民营企业发展提供了机会和平台。

3. 民营企业在上海全面强化"四大功能"中大有可为

"四大功能"指全球资源配置、科技创新策源、高端产业引领和开放枢纽门户。习近平总书记要求上海强化"四大功能",为上海推动高质量发展指明了主攻方向。作为超大型的中心城市,十四五期间,上海将着力推进全球资源配置、科技创新策源、高端产业引领、开放枢纽门户的"四大功能"建设。

一是全球资源配置。在强化全球资源配置功能上,上海将持续推动金融业扩大对外开放,继续集聚一批功能性、总部型机构,促进贸易创新发展,大力发展离岸贸易等新业态新模式。二是科技创新策源。上海将强化科技创新策源功能,要加快打造国家战略科技力量、建设国家实验室,争取更多重大科技基础设施落户。强化科技创新策源功能,意味着可以进一步发挥企业的主体作用,加强创新链和产业链对接。加快培育一批"硬科技"企业科创板上市。推动大众创业万众创新,推进一批各具特色的民营企业提质升级。三是高端产业引领。包括服务、保税维修、国际分拨、融资租赁等新业态新模式,全面深化服务贸易创新发展试点;完善港航服务功能,积极发展航运金融、海事法律等高端航运服务业。在高端产业引领下,有利于相关民营企业集聚发展。四是开放枢纽门户。开放枢纽门户功能是上海增强城市核心功能和核心竞争力的重要载体。充分用好我国签署"区域全面经济伙伴关系协定"重大契机,搭建全球招商引资新网络。可见,强化开放枢纽门户功能,可进一步激发民营经济活力,集聚民营企业高质量发展新动能。

功能引领发展,功能意味着赋能,功能主导竞争,强化"四大功能"对上海民营企业的发展具有重大意义。在这一重大事业中,民营企业大有可为。

4. 民营企业在上海推进城市数字化转型中大有可为

上海提出加快在城市数字化转型上走在前列。这是整体性的转变,涵盖生产、生活、生态方方面面,包括经济数字化、生活数字化、治理数字化等各个领域;同时是全方位的赋能,让城市更聪明、更智慧,进一步提升城市巨系统的运行效率、配置效率和产出效率。

上海将加快发展在线新经济,聚焦智能工厂、工业互联网、电商平台等重点领域,布局一批在线新经济生态园,建设一批数字经济创新发展试验区。同时,大力推进一批新基建重大项目,拟新建5G室外基站8 000个。作为新兴的经济形态,数字经济表现出线上线下服务整合、数据跨区域共享、远程协作办公等诸多新特点,上海在监管方式上做出了相应调整,给企业成长留足空间。上海是国内工业互联网的高地,拥有一大批具有全国影响力的专业平台与服务商,能够有效助力民营企业数字化转型。在这一重大事业中,民营企业在加快传统产业数字化转型,形成产业数字化转型规模化服务能力等方面将大有可为。

三、民营企业在服务构建新发展格局中面临的问题障碍

（一）功能定位有待进一步明确

企业是经济活动的重要主体，是推动经济持续健康发展的重要力量。在双循环中心节点和战略链接打造中，民营企业存在地位不明、功能不清等问题和障碍。

（二）政策引导有待进一步聚焦

目前尚没有制定出台民营企业参与服务新发展格局的专门支持政策，现有有关政策比较分散，聚焦不足。应围绕支持、服务民营服务上海双循环中心节点和战略链接建设主体力量需求，进一步营造良好的政策促进与保障环境。

（三）支持服务有待进一步优化

围绕双循环中心节点和战略链接建设，政府相关部门在进一步靠前服务，坚持目标导向、问题导向和结果导向，做好支持服务工作方面，还需要加强。应用更高标准、更实举措支持、推动上海民营企业参与服务新发展格局构建。

（四）激励促进有待进一步加强

"十四五"时期，我国民营企业面临着转型升级等挑战。在此背景下，推动民营企业参与构建新发展格局，精神、物质方面的激励存在不足，激励民营企业参与服务构建新发展格局的措施不多。

（五）法治保障有待进一步健全

民营企业在创新发展、参与服务新发展格局中，不免会遇到法律问题甚至法律风险。从实践来看，部分涉企刑事法律、民商事法律和经济法律，在立法、司法理念、技术上有待进一步发展完善。

四、民营企业服务构建新发展格局的对策建议

（一）在地位上，将民营企业作为服务构建新发展格局重要力量

在民营企业的发展实践中，我们党深刻认识到民营企业的重要作用，更加深化了对中国特色社会主义基本经济制度的理解，并将这些理论创新、实践创新成果上升到制度层面。始终坚持"两个毫不动摇"的方针，是改革开放实践的深刻总结，更是事业发展的必然要求。

在双循环中心节点和战略链接打造中，民营企业肩负重要使命、拥有广阔空间。应将民营企业作为上海服务新发展格局构建的重要力量，促进民营企业肩负起这一光荣使命职责，弘扬民营企业和企业家的担当精神和家国情怀，成为上海和国家新发展格局形成发展的重要生力军。

（二）在政策上，为民营企业服务构建新发展格局做好支持保障

相关政府部门应围绕支持、服务民营这一双循环中心节点和战略链接建设主体力量需求，积极落实党中央新时代民营企业政策，进一步营造良好的政策促进与保障环境，解

决民营企业前瞻之虑、期中之难和后顾之忧，做好财政、金融、税收、用工等政策保障和落地落实，进一步做好"店小二"，更好地发挥政府作用。

建议一是推动政策落地落细落实。通过实地走访、网络调查、座谈访谈等方式，深入基层和企业，倾听企业诉求，推动政策落地落细落实，增强民营企业家政策获得感。二是维护民营企业在参与服务新发展格局构建中的合法权益，引导民营企业依法经营、依法治企、依法维权。三是加强政企常态化沟通。加强部际合作，推动建立政企合作平台。密切部门合作，多渠道搭建常态化政企沟通平台，推动构建亲清政商关系。

（三）在激励上，为民营企业服务构建新发展格局提供促进动力

对于在上海服务新格局构建中，与国家和上海发展同频共振，勇于担当，积极作为、做出奉献的民营企业和企业家的先进事迹、先进典型进行宣传、表彰。在全社会进一步形成在党的坚强领导下，广大民营企业积极投身双循环中心节点和战略链接建设，将民营经济高质量发展融入新时代新发展格局的良好舆论氛围。

建议一是摸底。掌握企业效益规模、技术研发、人才结构、发展规划等，力争多角度、全方位了解企业参与服务新发展格局构建状况以及企业诉求，使激励措施更有针对性。二是调研。实地入企业、进集群、访项目，与企业、项目负责人座谈交流，随时了解民营企业生产和经营现状，未来的发展谋划、投资方向，转型的新打算、新领域、新业态，进一步征求企业对参与服务新发展格局构建的意见建议等。三是实施。将国家、市参与服务新发展格局构建支持政策用足用好，保障民营企业享受激励政策并取得实际成效。

（四）在服务上，为民营企业服务构建新发展格局提供促进机制

围绕民营企业参与上海双循环中心节点和战略链接建设，政府相关部门靠前服务，坚持目标导向、问题导向和结果导向，做好支持服务工作，至关重要。要紧密结合上海实际和民营企业的需求，进一步优化服务，用更高标准、更实举措支持、服务好民营企业参与服务新发展格局构建。

（五）在长远上，推进民营企业服务大局法治保障不断发展完善

结合上海双循环中心节点和战略链接建设，进一步全面落实新时代以来中央关于鼓励、支持、引导民营企业发展的重要方针政策，进一步建立健全、发展完善新时代中国特色民营企业政策体系的落地落实，促进和保障民营企业在加快建设国内大循环为主体、国内国际双循环相互促进的新发展格局中充分发挥重要积极作用。围绕民营经济高质量发展，行政机关、司法机关要树牢服务理念，把服务保障民营经济高质量发展摆在突出位置，积极为新时代民营经济高质量发展提供坚实法治保障、营造良好法治环境、提供优质法律服务。

建议一是专题分析研判民营企业参与服务新发展格局构建中遇到的法律难题和法律诉求,研究提出具体措施和解决办法。二是完善立法意见征求机制,对民营企业服务新发展格局构建立法热点和一些重大问题,广泛听取民营企业的法律诉求。三是建立法律服务共同推进机制,联合建立矛盾纠纷多元化解机制,共同推动民营企业"法治体检"常态化,搭建服务民营企业参与服务新发展格局的法治保障新机制。

(供稿单位:上海市工商业联合会、上海市民营经济研究会,主要完成人:赵福禧、李建伟、张捍、彭飞、李琳)

专题十八

疫情催生发展机遇　诸多挑战不容忽视
——2020年我市电子商务交易平台发展情况分析

受疫情影响，2020年初我市电商平台运行受到前所未有的冲击，但随着国内疫情形势趋于稳定，生产生活有序恢复，以及满足于新兴消费需求的新业态加速发展，我市电商平台运行呈现逐季恢复性增长态势。基于侧重业务差异，我市各类电商平台在疫情影响下经营情况有所分化。

一、2020年我市电商平台运行总体情况

（一）平台交易规模降幅明显收窄，三大类平台呈两降一升态势

国家统计局发布的数据显示：2020年，我市电商平台全年实现交易额3.30万亿元，较上年微幅下降0.1%，降幅较一季度缩窄21.2个百分点（见图18-1）。

分平台类型看，由于疫情对依赖于线下消费场景（如旅游、餐饮等）的平台企业冲击明显，面向公众的电商平台全年实现交易额1.46万亿元，比上年下降0.8%，为近年来首次负增长，占全市电商平台交易总额的比重最大，为44.2%（见图18-2）；大宗商品交易平台（如钢铁、化工品等）全年运行情况良好，得益于国内生产建设的持续复苏，特别是基建政策带来的大量终端需求，平台实现交易额1.10万亿元，比上年增长4.7%，占比也由上年的30.8%上升至33.3%；面向集团内部企业及交易伙伴的平台（如ERP、SAP、SCM等）则由于汽车板块影响，全年实现交易额0.75万亿元，比上年下降5.4%，占比为22.6%，较上年下降3.1个百分点，是2018年以来连续下降的第三个年度。

（二）本地商家交易规模降幅较大，平台服务外地商家能级大幅提升

2020年，我市商家在全国电商平台实现商品类和服务类交易额3.50万亿元，比上年下降10.0%，较全国低14.3个百分点，是仅有的五个负增长地区之一，主要原因是我市商家中规模较大的汽车行业和旅游行业受疫情影响程度较深，而广东、北京、浙江、江苏和山东等商家交易规模排名前列的省市则分别依托于腾讯、京东、淘宝、苏宁等本地区互联网巨头的自营平台和以海尔为代表的白色家电ERP平台，仍然保持了正增长。从商家占

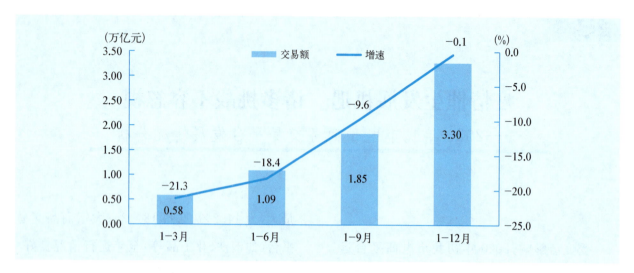

图 18-1　2020 年我市电商平台分季度交易额及增速情况

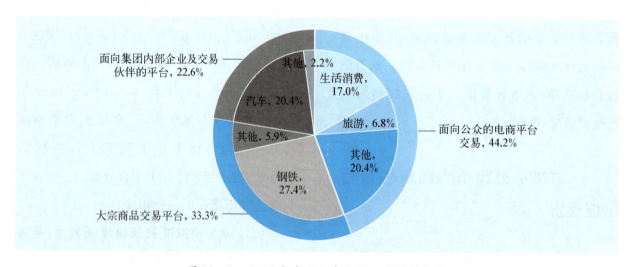

图 18-2　2020 年我市电商平台交易总额构成

全国交易额的比重看，我市商家占比为9.7%，仍居全国第二位，但我市和广东占比均有所下滑，回落幅度分别为1.1个百分点和0.1个百分点，而北京、浙江和山东占比则有所提升，其中增幅最大的浙江较上年提升0.8个百分点，江苏占比持平。

我市商家实现的交易额中，对单位（B2B/B2G）和个人（B2C/C2C）交易规模均有所萎缩。分类看，对单位（B2B/B2G）的交易额为1.93万亿元，比上年下降6.4%；对个人（B2C/C2C）的交易额为1.57万亿元，比上年下降14.1%，两者占全国比重均由第二位下降至第三位，分别被山东和浙江赶超。

从电商平台服务能力和辐射半径看，疫情对行业的洗牌，使我市具有头部优势的平台型企业地位更加夯实。数据显示，2020年，我市电商平台对外省市商家的吸引力大幅提升,外省市商家通过我市电商平台实现交易额 1.48 万亿元,比上年大幅增长 34.9%,占我市电商平台交易额的比重达 44.8%(见表 18-1)。

表 18-1　2020 年全国商家在我市电商平台实现的交易情况

	交易额(万亿元)	比上年增长(%)	占比(%)
全国商家通过我市电商平台实现的交易额	3.30	-0.1	100.0
其中:外省市商家	1.48	34.9	44.8
我市商家	1.82	-17.6	55.2

二、2020 年我市电商平台发展特点

(一)内需强劲外需回暖,钢铁交易平台快速复苏

2020 年初,受疫情冲击,主要服务于生产建设的大宗商品交易平台在供给和需求端均出现了收缩。随后国内经济逐步恢复,企业复产赶工带来需求复苏,政府救市政策发力带动终端需求持续旺盛,而海外疫情反复使大宗商品全球供应出现波动。受供需矛盾影响,全年大宗商品价格指数呈现先抑后扬、不断上涨的态势。与有色金属、化工平台相比,钢铁类交易平台行情率先回暖。由于国内全产业链优势凸显,国内外需求在双循环效应下对钢价产生明显支撑作用。从国内需求看,房地产竣工增速明显加快,基建设施建设加速带动工程机械设备需求旺盛,汽车市场自 5 月份始产销量企稳提升;从国外需求看,国外制造业受疫情影响供给量下降,国外制造业订单大量涌向国内,以家电为代表的白色家电出口数据持续向好,在上述终端需求的共同支撑下,钢材价格全年不断走高,全年市场份额加快增长。2020 年,我市钢铁现货和原材料交易平台完成交易额 9 036.98 亿元,比上年增长 10.8%,增速较上年提高 13.4 个百分点。

(二)线上消费黏性持续增强,生活消费平台"百花齐放"

近年来,随着电商平台的蓬勃发展,居民线上消费习惯已普遍养成,并成为引领社会消费增长的主动力。在疫情的催化下,线上渠道的实物商品消费规模持续增长,消费黏性不断增强,2020 年我市生活服务电商平台实现交易额 5 601.37 亿元,比上年增长 31.0%,综合类生活消费平台拼多多和一些聚焦于生活消费细分领域的中小型平台百花齐放,展现出了相当的活力。

如电商巨头拼多多全年抓住内循环增量机会,不断拓宽新农业电商边界,推进搭建"外贸转内销"通道,在全国多地联手开展"市

县长产业带直播"活动,助力农产品上行和制造业转型升级;与此同时,该平台今年调整营销策略,瞄准一、二线中高端用户,持续推出"真香节""电玩节"和"百亿补贴节"等创新营销节日,覆盖汽车、数码、护肤等领域,提升回购率和用户忠诚度。随着多方发力,全年拼多多活跃用户基数加速扩充,平台交易额比上年增长超40%;又如提供专业鉴定服务和垂直深耕潮流单品的得物APP,抓住以90后00后为代表的Z世代正成为消费升级主力这一契机,着力打造以一线大牌和潮流品牌发售的潮流网购社区,收获越来越多忠实的年轻用户,全年平台交易额同比增长继续保持在80%以上;而全球疫情造成的出境旅游停摆,间接促进了中国庞大的奢侈品消费市场回流,数据显示,全年线上奢侈品购买进一步加速,如路易威登、古驰等一线奢侈品牌线上旗舰店交易额实现翻倍增长。

(三)多渠道激发市场潜力,"内容消费"平台进入加速发展期

疫情影响为音视频、在线文学等"内容消费"市场主力渠道打开了新的产业空间。哔哩哔哩网、喜马拉雅和玄霆娱乐(阅文旗下在线阅读平台)等我市视频、音频和在线阅读龙头企业凭借着优质的内容输出和完整的渠道整合能力,继续在潜力流量池的挖掘中"攻城拔寨"。2020年,上述三家平台共实现交易额143.04亿元,比上年增长48.0%。

如二次元文化平台哔哩哔哩凭借2020跨年晚会成功"出圈",随着UP主留存量逐年攀升和新增UP主的大量涌入,2020年哔哩哔哩平台内容数量出现明显跃升,加码影视内容投入取得了良好的用户口碑。内容生态的持续丰富,提高了哔哩哔哩用户的留存转化率,驱动该平台会员业务强劲增长;又如喜马拉雅通过邀请当红流量明星作为品牌代言人等方式,开展了较以往年度营销力度更大的"423听书节""66会员日"等活动,进一步刺激付费用户增量;玄霆娱乐自2020年开始在自有平台渠道的基础上,增加了手机QQ、QQ浏览器、腾讯新闻和微信阅读等腾讯产品自营渠道,实现产品和用户导流,而疫情对在线阅读市场的促进又客观上以乘数效应放大了这一渠道带来的流量红利,全年平台销售额比上年增长超过90%。

(四)"棘轮"效应提升用户黏性,新零售平台备受青睐

疫情催生了非接触式经济的热潮,以生鲜为代表的新零售平台在疫情期间迎来爆发式增长。线上消费生鲜商品为消费者带来的便捷式体验引发了消费行为中的"棘轮效应",即消费习惯形成后的不可逆性,我市具有供应链优势的头部生鲜电商平台盒马鲜生和叮咚买菜继续做大做强,市场渗透率明显提升。

如基于"到店+到家"模式的盒马鲜生通过盒马mini、X会员店、社区团购等不断扩张新业态,在生鲜业务板块占领更多的市场,通过布局新农业"产供销",打通源头采购到零售终端消费链路,通过海外直采、自有品牌建设,持续强化盒马在"商品力"上的竞争优势;"前置仓"模式的佼佼者叮咚买菜加大商品产地直供力度,并强化品控流程,多渠道发力满足消费者对生鲜商品实惠、优质诉求。在几个重点城市扎稳脚跟后,2020年叮咚买菜在多个一线城市开疆扩域,通过版图布局谋划抓住生鲜电商快速发展机遇。全年上述两大生鲜新零售平台共实现交易额503.09亿元,比上年增长94.1%。

随着线上消费习惯在"后疫情"时代进一步固化,消费者对即时达的需求也逐渐由生鲜延伸到全品类,而线上线下一体化也获得更多实体零售商和品牌商的重视。如达达集团充分发挥旗下本地零售商超O2O平台——京东到家和同城即配平台——达达快送在即时零售与物流配送上的战略协同优势。2020年,京东到家打造的多个O2O行业知名购物节在合作商家参与度、下沉市场覆盖城市数和品类数量上均有所突破,依托达达快送智能化配送管理服务,京东到家快速增长的订单得以高效履约,用户留存能力不断增强。全年上述两大平台共实现交易额214.85亿元,比上年增长85.8%,在即时零售和即时配送细分赛道上市场份额持续提升,均稳居第一位。

(五)旅游行业仍因疫情承压,OTA平台深耕国内市场

新冠肺炎疫情对平台经济造成的负面影响也不容忽视,其中旅游电商平台遭受重创。尽管自2020年二季度起,国内逐步进入常态化疫情防控期,因疫情而压抑的旅游出行需求开始释放,跨省(区、市)团队旅游政策禁令也随之解绑,但国内零星散发的病例和局部爆发的疫情使各地政府对于人员跨地区流动管控仍未放松,加之海外疫情未见好转,跨境游仍处于"冰封"状态,各旅游电商平台运营受到严峻挑战。数据显示,2020年我市旅游电商平台实现交易额2 254.70亿元,比上年大幅下降53.4%,拉低全市电商平台交易额增速7.8个百分点。

从龙头企业携程的业务恢复情况看,尽管从8月开始该平台的国内机票和酒店业务恢复正增长,但海外业务持续疲软,国际酒店、旅游和机票业务大幅低于上年水平。在国际疫情加剧的大背景下,该公司调整业务重心,加大对国内市场的深耕细作,积极向"交易+内容"平台转型。如不断对携程APP内容生态进行优化,以视频和直播旅游逐步取代传统图文旅游传播,其王牌节目"Boss直播"自2020年3月份开播以来,吸引了上亿人次观看,有效地提升了平台旅游产品的销售效率;针对原有中高端用户跨境游需求向国内转移这一现状,携程加大了对兴趣游、精品游、主题游等产品的研发力度,牢牢把握国内定制旅游需求大幅增长契机。数据显示,自二季度以来,携程平台交易额降幅呈现逐季收窄趋势。

三、我市电商平台发展存在的问题

（一）疫情使本地成长型新兴平台发展空间受限

近年来，平台电商流量壁垒不断加固，资本、流量、人才、技术等要素加速向头部平台聚拢，行业呈现越来越强的马太效应，而疫情的催化使更多新兴的互联网细分赛道加速洗牌。如2020年处于"风口"的在线教育行业，尽管行业融资金额创下历史新高，但是融资笔数有所下降，风投资本更进一步青睐猿辅导、作业帮和跟谁学等总部位于北京的在线教育头部企业。在获得资本加持后，这些头部企业不断在课程和技术更新、师资和用户争夺中巩固自己的实力，或通过兼并整合腰部以下企业，进一步挤占普通竞争对手生存空间。而我市在线教育平台在经历沪江网校上市失败、学霸君资金链断裂等事件后，独角兽企业中仅剩掌小门一家独木难支。由于缺乏领军型平台企业，疫情对在线教育行业的助推，反而使我市与北京企业在该领域的发展差距进一步拉大，全年实现交易额及增速均远低于北京的倍数级增长水平。

（二）传统零售企业的数字化转型步伐缓慢

疫情使传统零售企业的数字化转型由"可选项"变为"必选项"，部分传统零售企业加快数字化转型步伐，通过线上线下融合方式进行营销模式创新。如我市传统零售行业巨头百联集团在"五五购物节"等一系列活动的推动下，借助旗下i百联电商平台，积极对线下卖场、超市及药店等进行数字化赋能，抵消疫情对线下零售业务的冲击。然而与新零售平台相比，传统零售企业在数字化转型过程中面临着线上获客渠道有限、高黏性、高互动营销手段缺乏、供应链数字化改造成本高昂等问题，容易陷入"船大掉头难"的困境，转型道路步履维艰。数据显示，与其他新零售平台50%以上的高增速相比，2020年i百联电商平台交易额仅实现个位数增长。

四、相关政策建议

（一）加大对互联网新业态企业和龙头企业的扶持力度

为支持有发展潜力的本土型新兴互联网平台企业成长，建议相关部门针对新兴互联网行业设立专项的扶持基金或提供政府采购服务，为其在初创期或发展的关键阶段提供资金和市场流量渠道助力；同时应继续以龙头型平台为抓手，给予其更多的税收优惠和人才落户等方面的政策支持，鼓励龙头型平台做大做强，使其充分发挥布局产业上下游的全链路能力、开拓多元化经营的全业态服务能力，通过技术人才资本溢出效应，形成互联网产业集群，带动区域内更多的中小平台企业共同发展。

（二）搭建桥梁助力国有零售企业数字化转型

国有零售企业受制于体制影响，与市场接轨较慢，且无法通过巨额融资并补贴市场的方式抢占市场份额，因此要实现数字化转型困难重重。建议相关部门一方面对于国有零售企业开展数字化项目建设提供政策与决策支持，另一方面，充分发挥协调机制，搭建国有零售企业和互联网巨头之间合作的桥梁，利用国有零售企业线下全渠道运营优势和互联网巨头技术领先优势，在"未来消费体验提升、商业模式创新升级、云和大数据"等领域进行联合创新研究，实现互惠共赢。

（供稿单位：上海市统计局，主要完成人：董子颖）

图书在版编目(CIP)数据

2021上海民营经济/上海市工商业联合会等著. —上海：复旦大学出版社，2022.11
ISBN 978-7-309-16541-8

Ⅰ.①2… Ⅱ.①上… Ⅲ.①民营经济-经济发展-研究报告-上海-2021 Ⅳ.①F127.51

中国版本图书馆CIP数据核字(2022)第201007号

2021上海民营经济
2021 SHANGHAI MINYING JINGJI
上海市工商业联合会　等 著
责任编辑/谢同君

复旦大学出版社有限公司出版发行
上海市国权路579号　邮编：200433
网址：fupnet@fudanpress.com　http://www.fudanpress.com
门市零售：86-21-65102580　团体订购：86-21-65104505
出版部电话：86-21-65642845
江苏凤凰数码印务有限公司

开本 889×1194　1/16　印张 14.25　字数 259 千
2022 年 11 月第 1 版
2022 年 11 月第 1 版第 1 次印刷

ISBN 978-7-309-16541-8/F・2936
定价：88.00 元

如有印装质量问题,请向复旦大学出版社有限公司出版部调换。
版权所有　　侵权必究